臺灣政治有意思！

若林正丈的臺灣民主化現場

若林正丈
Wakabayashi Masahiro

黃耀進——譯

台湾の半世紀：民主化と台湾化の現場

推薦語

小笠原欣幸／清華大學榮譽講座教授

本書為若林正丈老師五十年的臺灣研究生涯的回憶錄。這半世紀裡，若林老師多次來臺進行實地考察，陪伴臺灣走過了民主化與中華民國臺灣化的現場，本書不僅是臺灣近代史的歷程，亦是這位日本頂尖學者的研究生涯回望。

松田康博／東京大学東洋文化研究所教授

當日本國內還沒有人關注臺灣時，若林正丈教授就已經是臺灣研究的先驅。他研究臺灣超過五十年，專注於臺灣的歷史與政治，並出版許多著名的作品。要知道這些著作是如何產生的，並非易事。而本書可以從中了解若林教授的研究歷程，是一本富有價值的必讀書籍。

野島剛／作家、日本資深媒體人

歷史的見證者，同時也是當事人的研究者

本書作者若林正丈，在臺灣政治研究領域樹立了不可動搖里程碑的人物。自一九七〇年代起，即日本社會普遍對臺灣「麻木」般冷漠的時期，若林便作為日本學界幾乎唯一的臺灣政治研究者，與被稱為「黨外」的民主化運動人士交流，並和臺灣政治的民主化進程一同前行，開展他的研究人生。

本書的內容框架，源自多語言網站 nippon.com 連載的〈我的臺灣研究人生〉。當時，我擔任該網站的總編輯，曾親自邀請若林先生撰寫這個專欄，因為我深信，他的親身經歷值得被記錄在歷史之中。

「身為研究者，能在人生精力最充沛的時期，恰逢臺灣現代社會邁向自由與民主的『最好的時光』，這是莫大的幸運。」這是若林先生在本書後記中的一段話。當時，不僅日本人，即便是臺灣人自己要研究臺灣政治都極為困難。而若林，幾乎是在一片無人開墾的荒野上，獨自與臺灣政治纏鬥了半個世紀。他不僅是臺灣現代史變革時期的珍貴見證者，更可說是這段歷史的當事人之一。如今，這位研究者珍貴的記錄繼日本之後，也即將在臺灣出版，令人由衷欣喜。

薛化元／政治大學臺灣史研究所及歷史學系合聘教授

《臺灣政治有意思！》是日本臺灣研究權威若林教授自述五十年研究軌跡的成果，透過本書可以了解他的臺灣政治發展研究洞見，透過人際互動認識臺灣本土前輩對其研究的影響。若林教授的研究不僅論證而且見證臺灣政治改革的歷程，也指出了臺灣發展的問題。

本書也論述了，若林教授透過學術研究及學術伙伴的努力，使臺灣研究從日本學術邊陲成為學術社群／學術範疇。而臺灣的民主化，不僅是學術研究的重要課題，也是臺灣研究受學術界重視的重要因素。

透過他的研究人生，更可以感受到學術背後研究者的熱情與溫度。

推薦序

共感與同行：若林正丈的半世紀臺灣研究之路

吳密察／前國立臺灣歷史博物館館長

與若林正丈教授的初識，就是在一九八〇年二月底，這是我們兩個人絕對不會忘記的年月。因為就是在我們認識的時候，發生了「林宅血案」這個令人髮指的非人道政治虐殺慘案！而且，若林那時候就住在離慘案現場走路只要幾分鐘的地方。這件慘案對於我們兩個人來說，都有難以評量的巨大衝擊。對他一個原本研究日本殖民地時代臺灣史的日本學者來說，這次應該著實地讓他感受到了臺灣當代執政者的殘忍無道，而我這個原本不敢想過要出國的鄉下孩子，則因此在心裡暗暗立誓：「爬都要爬出去呼吸自由空氣！」

從那以後，我與若林成了近半個世紀的朋友，我們也彼此了解各自的研究主題與進展，而且有各種合作。他在一九八〇年代中期漸漸轉到對於臺灣當代政治的觀察，似乎從原本的歷史學者向政治學者的方向傾斜了；而我則一方面將我在黨外運動中認識的一些朋友介紹給他，一方面充當他進行臺灣政治觀察時的討論商談對象，因此也認識了一些當年來臺灣報導選舉的日本媒體人。當年若林來臺灣從事選舉觀察後，經常在日本媒體介紹臺灣的民主化進程，大大地提高了臺灣在日本的能見度，讓日本人漸漸地了解臺灣，這些對於當代臺灣民主化的文章，後來不但在日本結集出版，也都立刻翻譯成中文在臺灣出版。他的這些書將臺灣的民主化過程當成是轉型的「移行期」，因此他的這些書多有「轉型期」的關鍵字。一九八〇年代中期以後觀察臺灣選舉的理解，讓若林發展出了戰後臺灣政治史發展的基本認識架構：國民黨政權在臺灣建立威權統治之後，在一九七〇年代初期外部正當性不足的情況下，走上了「中華民國臺灣化」的道路。而在這其中，「黨外」則透過「民主假期（選舉的自由）」向國民黨施壓，「擠牙膏式」地要求鬆綁黨國體制；執政者則「分期付款式」地給付了原本就應該進行的民主改革。若林的這個戰後臺灣政治史的架構，基本上已經成為臺灣的共識。不過，如果從終於達成政黨輪替，當成「轉型期」的結束（即，抵達「移行」的目的地），那麼達成轉型之後的二十一世紀二十五年間之臺灣政治（史），要如何來理解呢？

這本書所記錄的，可以說是若林教授半個世紀（一九七二～二〇二二）以來的學術回憶錄。記載了他作為一個學者，如何認識臺灣、如何研究臺灣的半個世紀之知識歷程；但幾乎同時也從另一種現場的角度描繪了臺灣社會從威權統治，甚至還會有像「林宅血案」這種非人道政治虐殺的時代，終於在制度上達到政治民主的半個世紀。這種雜揉著書寫研究對象，也同時書寫研究者自己之經歷的手法，充分發揮了若林的文筆功力。同時也顯示若林的臺灣研究，並不只是他個人的學術「研究業績」，也是他與臺灣社會「共感」與「同行」的歷程；而我這個若林的朋友，也在他的文章中，看到了自己的側影。

最後，作為多年的好友，趁著他這本也具有回憶錄性質的書在臺灣出版之際，有一件事我想公開對他再說一次（雖然私底下我不斷地跟他說過了）。

對於上面那個達成（制度上的）民主化之後，臺灣的政治（史）可以如何理解的問題，若林並沒有正面回答，他卻轉而關心「臺灣的來歷」。顯然，他想要在更具有歷史縱深的方面上理解臺灣。但他因此而跟我談起臺灣歷史研究時，我用玩笑口吻說了一句話：「你是臺灣歷史研究的逃兵。」我的本意是，他原本是個研究日本殖民時代臺灣史的學者，後來改而成為臺灣當代政治的觀察者與研究者，並且卓然成家，如果延續著他的既有研究，應該會相對簡單；但他卻未如此做，轉而想要研究時代較為久遠以前的臺灣史，這便需要先吸收很多史料、追趕很多先行研究。因為就在他將注意力轉到當代政治研究時（一九八〇年代中期），臺灣歷史研究在臺灣國內也正好得到了「市民權」，四十年來在社會需求孔殷、政府也積極挹注資源支持的情況下，各方面都已經累積了相當數量的成果，因此上場之前需要有相當的暖身運動。我希望這個老朋友斟酌自己的年紀、體力，量力而為就好，如今最好就是

「快樂讀書（閱讀）」，畢竟「一代人只能做一代的事」。何況，你已經做了很多人幾代都做不到的事了！不但你的人生很充實，而且對臺灣你也做出很大的貢獻了！

二〇二五年三月二十八日

目次

第三章 在「自由的空隙」中站起的臺灣國族主義 079

第四章 國民黨一黨專政的動搖 108

序章

臺灣現代史上的一九四九年與一九七二年

一九四九年與一九七二年

我生於一九四九年十一月。一九七二年考上研究所，正式邁向學術研究之道。

自不待言，一九四九年是中華人民共和國建國之年，同時也是蔣介石與中國國民黨的中華民國於國共內戰中戰敗逃往臺灣的一年。十月一日毛澤東在北京天安門廣場宣布中華人民共和國成立，同年十二月上旬中華民國中央政府遷移臺北。就在這段期間，我誕生於日本長野縣北部的小鎮一隅。

此時，國民黨政權的命運似乎已經走到盡頭。隔年一九五〇年一月，當時美國的杜魯門政權採取不介入中國內戰的態度，國務卿迪安・艾奇遜（Dean G. Acheson）聲明美國在東亞對抗蘇聯的「不後退防衛線」係北起阿留申群島，之後是日本列島，接著是朝鮮半島南方海面，再通過臺灣東側海面接上菲律賓群島。換言之，韓國與臺灣被預設在這條防線之外。

但，眾所周知，一九五〇年六月韓戰爆發後，美軍第七艦隊介入臺灣海峽，旋即也派兵朝鮮半島。「艾奇遜防線」出現所謂的「推進」。之後的結果便是兩個主張自身方為正統中國的政治實體——中華人民共和國與中華民國隔臺灣海峽對峙。往後，無論日本或臺灣，甚至韓戰停戰後的韓國，都位於推進至臺灣海峽與朝鮮半島三十八度線的美國防衛線內，享有扭曲的和平直至今日。

一九四九年生的筆者，一直以來的人生都與把隔著臺灣海峽對峙的兩個中國，以及美國的「不後退防衛線」推進到臺灣海峽與朝鮮半島三十八度線的世界視為理所當然的時代相重合。包含所謂的「團塊世代」人們在內，東亞同世代的人們竟因位在東西冷戰線，亦即「不後退防衛線」的東側與西側而呈現出大為不同的人生。

中國海洋戰略中的第一島鏈與第二島鏈。前者的重要部分與迪安・艾奇遜提出的部分重合（出處： nikkei4946.com，根據〈經濟知識銀行 今日的詞彙篇〉製作而成）

一九七二年是「中美接近」（中美關係改善）開始的一年，也是東亞國際政治史的分界線。此年春天美國尼克森總統訪中並發表〈上海聯合公報〉，受這股強烈波動（外交上的「尼克森震撼」）影響，日本當時的田中角榮首相與大平正芳外相前訪中國，並與中國建交，日本也因此與臺灣的中華民國斷交。在前一年，中華民國已經退出聯合國。中美建交，即臺灣的中華民國與美國斷交，雖然遲至一九七九年，但臺灣的國際身分，卻被迫從聯合國創立時的聯合國安全理事會常任理事國，轉變為特異的不被承認國家。

然而另一方面，雖與美國的同盟解除（一九七九年底廢止《中美共同防禦條約》），但基於美國國會制定的《臺灣關係法》，讓臺灣仍一直接受來自美國一定程度的安全保障承諾，且持續至今。即便美國改善與中國的關係，仍舊不讓臺灣脫離戰略性防衛圈，換言之，「不後退防衛線」前進至臺灣海峽西側一事，依然維持不變。

有人勸我「反攻大陸」的時代

我記得大概是在進入博士班不久後的事情吧。在研討課後回家的路上，研究所的學長問我，「打算大概何時『反攻大陸』（轉換跑道研究中國）啊？」這是出自於學長關心我這個連什麼是臺灣研究都還摸不著頭緒的學弟而做出的詢問。面對這樣的問題我並不感到驚訝，只是更加感受到：原來如此，這才是社會上一般的想法啊。這段回憶迄今一直留在我心中。之後，我既不能反攻大陸，也沒反攻大陸。多年以後忽然想起，這麼說來，就算逃往臺灣的蔣介石終生疾呼「反攻大陸」，最終也未能反攻。結果，我的研究人生，也成了研究臺灣的人生。

我人生的時間與「艾奇遜防線」推進之後的東亞國際政治、兩個中國（統治中國大陸的中華人民共和國與立足臺灣的中華民國）對峙的歷史相疊合；我的研究生涯，也與一九七二年之後臺灣的中華民國進程相重疊，即與日本、美國斷交，仍以一種曖昧的角色存在於美國的戰略邊緣的半世紀。理所當然，這也是日本與臺灣斷交，維持「非政府間實務關係」的半世紀。

我自身的人生時光與臺灣現代史帶著這種時間上的緣分。進入研究的人生後，最初的十年研究日本殖民地統治時期的歷史，之後便一頭陷入正開始啟動的臺灣民主政治觀察，就此度過四分之一個世紀，再之後又重新開始對歷史的鑽研。

民主化與中華民國臺灣化的現場

本書中，透過與我自身研究上體驗的重合，筆者將回顧這種因緣際會而與我研究人生疊合的臺灣的半個世紀政治史。我半世紀的研究人生中目睹最重大的事情，便是臺灣政治民主化，以及面對這種成果，也就是民主體制下臺灣面臨的考驗。

無論在哪個地區，民主化都不會只停留在民主化，臺灣的現代史也不例外。在我的臺灣政治研究經歷後半部，為了掌握這種政治結構改變的面向，將其概括為「中華民國臺灣化」。因此，我的述懷與觀察就是走在民主化現場的一個研究者的經歷（主要集中在第Ⅰ

部），同時也是觸及這半個世紀「中華民國臺灣化」這種政治結構改變脈動的，一個研究者的經歷（主要集中在第Ⅱ部）。

第 I 部

踏查民主化的現場——從反對勢力切入

第一章

臺日斷交之際
——臺灣研究的開始與首次訪問臺灣

1 開始臺灣研究時——在缺乏關注與被輕視之下

按下「臺灣」這枚開關的時刻

最初我是為了什麼而開始臺灣研究?如果說人們是為了理解自身的「無知」而開始做學問,那麼我的臺灣研究也是如此。

在還是東大教養學部教養學科的大學生時代,當時是亞洲經濟研究所研究員(日後為立教大學教授)的已故戴國煇老師(一九三一~二〇〇一)給我們介紹了臺灣作家吳濁流(一九〇〇~七六)的作品《亞細亞的孤兒》,我閱讀後感到相當震撼。故事的主角彷彿作者的化身,講述著地主之子胡太明,這位接受過殖民地教育的知識分子充滿糾葛的一生。主人公在日本統治下的臺灣被迫同化成日本人,但同時又遭到日本人的歧視,為了求得一處出口而前往中國，但當中國人得知他是臺灣人後便在背後指指點點，稱他是「日本走狗」。這種臺灣人背負的象徵主題，即便進入作者過世後的一九八〇年代，此書名仍屢屢被當作象徵臺灣人國際身分的詞彙。

不過，這些是後話。當時對我而言，較之內容給我的震撼，因閱讀此書而察覺自己對「臺灣」的「無知」更讓自己震驚。此外，戴國煇老師這位活生生的臺灣人——出身中壢的客家族群，後文將提及他是來自臺灣的二戰後日本留學第一世代，於日本研究機構取得職位，能夠無礙使用日語——站在自己眼前，或許也是要因之一。的確，「戴老師」對我而言，與吳濁流同為我理解臺灣的「原初體驗」之一。

當時也適逢開始思考畢業論文的時期，在映入眼簾的文字中，突然對「臺灣」二字帶有敏銳感受，因為在一九七〇年代前半日本報紙上鮮少出現「臺灣」二字，當時就是這樣的時代。要說我對這兩個字有多敏感，就是自己連見到報紙上的「台所」（譯註：廚房之意）二字都會特別留意，對於這種狀況自己也只能屢屢苦笑。這時候我關注「臺灣」的開關已然開啟。

在這種狀況下，滿足與筆者同時期投身臺灣研究的同世代友人所渴望的，就是在日臺灣人學者的成果。一九五〇年代末起二戰後第一世代的臺灣留學生完成學業，他們的博士論文陸續獲得東京大學出版會的出版，其中可舉劉進慶的《戰後臺灣經濟分析》、涂照彥的《日本帝國主義下的臺灣》、黃昭堂的《臺灣民主國的研究》、許世楷的《日本統治下的臺灣：

抵抗與鎮壓》等等。這些研究的背景原因中，或許也有矢內原忠雄（一八九三～一九六一）的傳奇。矢內原是《帝國主義下的臺灣》（一九二九年刊行）一書的作者，此書被評為「臺灣研究的經典」、「社會科學研究的經典」，二戰之後曾擔任東大校長較長時間（一九五一～五七）。透過貪婪般閱讀矢內原的著作與上述的著作，讓我多少體會到何謂學術性的臺灣研究。

缺乏關注與被輕視

那麼，為何當時日本對臺灣缺乏關注，甚至到了連報紙都鮮少出現「臺灣」二字的程度呢？這是個相當深奧的問題，如果要從正面切入，絕非筆者所能解答。說得誇張些，這或許該稱為日本近現代思想史的問題。因此，此處只針對兩點，陳述筆者的推論。

其一，前述美國總統尼克森訪中、中華民國退出聯合國、日中建交與對臺斷交等國際政治的重大轉變，造成了包含日本在內的，當時國際政治上的氣氛。此時的轉變在國際政治上，明確「解決」的僅有聯合國中國代表權問題，因此各國的外交當局仍苦惱於在實際層次上如何處理各種臺灣相關事務。即便如此，另一方面國際社會仍認為基本上臺灣問題已然解決，飄蕩著一股即便對臺灣問題不那麼在意也無妨的氛圍。

根據美國外交史專家金德芳（June Teufel Dreyer）的論文[1]指出，一九七二年美中發布〈上海公報〉之際，當時立下大功的國家安全顧問季辛吉顧慮的是，在臺灣被中華人民共和國以某種形式吸收為止，對一直以來支援臺灣的美國而言，重點要放在「這段過渡期不要搞得太難看」。因此，尼克森訪中之際並未直接推動建交，面對中國對臺灣的主張，談判時尼克森總統即便接受對方的發言，發表公報時並未提及「承認（recognize）」，而是要求中國使用「認知到（acknowledge）」。

關於日本部分，這是進入一九八〇年代後的事情，當時尚位於東京神谷町的交流協會（現在的日本臺灣交流協會）本部辦公室已顯侷促，筆者曾聽聞這是因為該協會設立當初大家都默認此組織並不會持續太久，很快就會遭廢除，因此才租用了如此狹小的場所。當然這種傳聞的真偽不明，不過從一九七〇年代初美中接近、日中建交這種時代氛圍來看，那些曾身處其中的人就感觸上而言，即便該協會成立之初有這樣的氣氛也不足為奇。

但，就在這種氛圍中，之後並未朝縮小「非政府間實務關係」的方向邁進，而是在「日中聯合聲明」的框架約束下，與臺灣各方面組織交流，且年年擴大，而居中處理業務，包含日方交流協會、臺灣方的亞東關係協會等在內的臺日關係務實者們，理當厥功甚偉。

1 Dreyer, June Teufel, "The Fictional 'Status Quo,'" *Taipei Times*, Dec.20, 2000.

共鳴的「過渡期」論與「反動的殘餘」論

另一點就是，自一九五〇年代起至一九七〇年代左右為止，左派影響力龐大的日本知識界對臺灣的認知。此處有段象徵性的軼事，這是前述的戴國煇老師在其著作中談及之內容，他在東大農業經濟學研究所留學時，與日本人研究生有段關於臺灣的交談。二人的談話中，日本學生明顯表現出臺灣不值得一談的態度。那是社會主義理念仍在學術世界擁有高度威信的時代，對於中國共產黨領導的中國革命，不僅左派，連所謂「進步的文化人」與他們的預備軍——學生，也給予中國高度評價。如此一來，如反射動作般認定蔣介石、中國國民黨敗給中國革命，是在美國帝國主義庇護下的反革命派、反動派，臺灣只不過是這種反動派潛逃據守的島嶼。這種臺灣觀念在當時可說是主流。對此，當時戴老師以如下發言進行反駁。「你們開口閉口都是人民、人民，那麼蔣介石反動派統治的臺灣下，難道就沒有你們所說的人民嗎？」

面對來自臺灣的一名留學生做出的反駁，當時日本的進步派學生如何對待，已不得而知。聽到這段軼事時，筆者已經開始進行臺灣研究，即便如此內心仍忽然感到一陣悸動，因為我察覺自己也無意識地帶有這種雙重標準：亦即，稱讚中國人民，但對於在反動派統治下，應該也生活於苦難中的臺灣人民，覺得即便不去考慮他們也無所謂。

這種狹隘的知識分子世界其實不容小覷。一九七〇年代為止，左派與進步的文化人士在日本學術界、文化界與出版界皆擁有一定影響力。類似此種對臺灣的先入為主式默認滲透甚廣，這也是當時日本認知上的習慣。前述的日中建交、對臺斷交造成的氛圍，可說再度對這種社會認知中的臺灣認知起到增幅的效果。

臺灣處於戰略家季辛吉基於地政學上勢力均衡觀點發想之「這段過渡期不要搞得太難看」認知下，這與日本左派認為臺灣總歸是遭社會主義勢力淘汰的反動派據守之島的邏輯，基本上類似並相通。這樣的看法或許過於穿鑿附會，但這兩者都有一個共同點：作為臺灣以外的政治主體或論述主體，在其各自的邏輯中都將臺灣視為歷史進程中的殘餘存在。一九七〇年代初達成日中建交的外交狂喜（Euphoria，指「日中友好」）裡可說也存在這種共鳴。同時，一九七〇年代前半漸次問世的前述二戰後日本第一代臺灣留學生的上述著作，也可說是在寧靜地抵抗著此種傾向。

「您丈夫，沒問題吧？」

筆者一九七二年春向東大教養學科提出的畢業論文，係以一九二〇年代中葉臺灣文化協會（一九二〇年代臺灣漢人知識分子組成的民族啟蒙運動團體）的「左右分裂」為背景展開的「中國改造論爭」（中國應該依靠民族主義走上資本主義之道，或者立刻走上社會主義之道的論爭）為題。提出接受審查後，進入東大的社會學研究科的國際關係論專門課程。說是國際關係論專門課程，當時感覺還與區域研究併在一起，志在蘇聯、東歐研究、中國研究以及現代國際政治史研究的人皆進入此所，即便從事臺灣研究也沒有老師可以指導，如此反而可以隨心所欲進行研究。

筆者在研究所開始臺灣研究，所以打算先去臺灣看看，碩士班第一年結束後前往臺灣進行一個月左右的旅行，也請戴老師寫了介紹信，麻煩已經體驗過臺灣地理環境的河原功先生（現為臺灣協會理事）指引帶路，介紹人脈，包含臺北、臺中、臺南、高雄在內，還前往鵝鑾鼻、臺東、花蓮以及從太魯閣乘巴士經中央山脈橫貫公路前往臺中，在臺灣環島一圈。

關於當時的見聞與認識的人們將於後述，此處只想先說一件事。當時日本的經濟高度成長雖然大概接近結束，但仍處於日本男性前往臺灣、韓國旅行時常被冠以「買春觀光」等詞語來形容的時代，且往往遭人議論。一如預料，在臺灣各都市進入旅館房間休息後便有人來敲門，開門一看是飯店的服務生來詢問今晚是否需要人陪伴。一九九〇年前往廈門時也發生過相同的狀況。這是在一九八三年中國剛開始「改革開放」時難以想像的事情。

該次訪臺是我新婚不久後的事情，回國後才聽說太太被認識的女性問道：「你丈夫沒問題吧？」之類的。記得在那之後聽聞某個認識的生意人得意洋洋地暢談「北投溫泉之夜」的「獵豔英雄事蹟」，讓我不禁啞口無言。這雖不是愉快的回憶，不過作為展示當時臺日關係的一環，仍於此記下。我的確記得進入一九九〇年代後，日本的電視上出現以年輕女性為目標受眾的臺灣觀光宣傳廣告，見到這些廣告也讓人深深感覺時代變化。

在碩士論文中撰寫「臺灣共產黨」

之後，我當然開始撰寫碩士論文，內容處理日本殖民地統治時期的臺灣共產黨。在碩士論文的口試上，現已過世的審查委員衛藤瀋吉老師問及：「謝雪紅戰後怎麼了？」我回答：謝雪紅在一九二五年從上海前往莫斯科受訓之後再度返回上海，是參與創立臺灣共產黨（一九二八）的女性領導者，於二戰後的二二八事件（一九四七）後偷渡香港進入中國解放區，組成臺灣民主自治同盟，參加中華人民共和國建國，但之後在反右派鬥爭與文革中遭受迫害，日後似乎獲得平反。這種程度的事情當時也是能得知的，但如果再深入追問我大概就無法回答了，所幸老師並無進一步提問，口試平安及格。事後思考，老師大概想確認我撰寫論文時除了臺灣共產黨的直接相關資料外，是否也涉獵了周邊知識。

但，我當時因疏忽而忘了申請博士班必須接受健康檢查，雖然慌忙之中做了健檢並順利進入博士班，但是後來聽聞我的指導教授——已故的上原淳道老師在研究所委員會上，因為我的原因而低頭道歉。今日回想起來，實在羞赧至極。

在這樣的因由下進入博士班，但博士論文該以何為題卻讓我感到迷惘，甚至有段時間還罹患了自律神經失調症。大學三年級前往中國旅行時認識的友人此時竟然成了針灸師，在對方為我提供低價的治療下，總算渡過這個難關。後來開始鑽研臺灣議會設置請願運動（後述），並發展成為博士論文，不過這是稍後的事情。

2 「蔣介石逃到了一個好地方」——「主觀印象」開始崩毀

在臺北與吳濁流先生重逢

翻閱舊時的護照，發現首次前往臺灣旅行是在一九七三年二月二十七日到三月二十三日。那是還沒有網際網路也沒有智慧型手機的時代。前往海外旅行需透過旅行社取得簽證，購入機票後才能出發。購買海外機票時可以獲得印有航空公司標籤的背包，就這樣背著若無其事地進行炫耀，那是個大家都這麼做的時代。

當時是由羽田機場飛往臺北松山機場進入臺灣。在機場，舊識河原功先生與他的「臺灣的父親」開著中古達特桑來接我。那臺達特桑看來頗有年頭，不過聽說購入時因稅金高昂，因此即便是中古車，花費的價格在當時的日本差不多已可買輛新車。街上奔跑的計程車也多半是老爺車，臺灣還得過一段期間才會進入大眾購買私家車的年代。

河原先生當時是成蹊大學的研究生，關注臺灣日本殖民地統治時期的文學，從大學生時代起即開始收集資料與建立人脈。他日後將日本殖民地統治時期漢人知識分子的「臺灣新文學運動」彙整為碩士論文，成為日本該領域研究的先鋒。他熱心收集、發掘殖民地時期的雜誌、文學書籍，經他手復刻的史料對日後臺日學界多有裨益。

就這樣展開的最初臺灣之旅，先在臺北處理完戴老師委託代送物品的雜事，接著在河原先生的帶領下前往位於臺北古亭一帶的舊書店，之後沿著西部平原南下臺中、臺南、高雄、屏東，輾轉投宿各地，東部則經由臺東前往花蓮，住宿一晚後搭乘觀光巴士從太魯閣經「中部橫貫公路」穿越中央山脈再度抵達臺中，之後返回臺北。除了東北部的宜蘭之外，算是大致環臺一周。臺北與臺中由河原先生帶路，其餘的地方則依靠戴老師的人脈關係。

透過河原先生介紹了幾位經歷過日本殖民地統治的本省人知識分子。在臺北與前述的吳濁流老師會面，實際上吳濁流老師之前來東京時我曾與他見過面，當時吳濁流老師發表書寫二二八事件的新自傳小說《無花果》後，在某種意義上為了避難而前往海外旅行，故而也途經東京。為重刊他的小說而盡力的戴國煇先生，集合認識的中國研究者與記者等為他舉行宴席，河原先生與我也一同出席。

在臺北我前往他的自宅拜訪。當時吳老師的夫人剛過世，為此河原先生先在臺北車站前買了花，才前往位於新生南路的家宅拜訪。彼時的新生南路仍在施工，還記得下公車後沿著充滿塵埃的馬路步行了一陣子。吳老師本身也是漢詩作家，之後贈送我他自行書寫的

吳濁流（1973 年 3 月，由同行的河原功拍攝）

七言絕句。我與妻子商量後裝裱為卷軸，至今仍慎重保管，思忖哪個時候必須寄贈給臺灣的研究機構以資紀念。下文先謄錄該詩。我不具詮釋此漢詩的素養，不過每次見到這幅卷軸總讓我想起醞釀出吳老師人格的那股風韻。

神州板蕩幾多年　又在東京會後賢
常伴美人休笑我　放懷天地聳吟肩
莫笑多情好伴花　人生何時足堪誇
壯懷自傲詩和酒　放浪形骸到處家

除此之外，在臺北也與河原先生拜訪過當時國語日報社社長洪炎秋（一八九九～一九八〇）。此處的「國語」，係中華民國的國語，亦即中國所稱的普通話，二戰之後國民黨政府為了排除殖民地時期的國語，也就是標準日語的影響，強力推進國語普及運動。主要的途徑是透過學校教育，《國語日報》則是作為其他普及方式之一而成立的報社，該報的版面對所有的漢字都附上中華民國的注音符號。洪炎秋出身臺灣鹿港，父親是位討厭日本統治、不願剪辮並以「棄生」為字的文人，因此他並未就讀公學校，被父親隱匿於家中，透過購自東京專門學校（早稻田大學前身）的函授課程錄自學。一九二〇年代前往中國大陸，在北京大學就讀教育學，之所以能擔任《國語日報》社長，便是因為這段緣由。

既無成田機場也無桃園機場的時代

那個時候，無論羽田機場或松山機場，各自都是當時日本與臺灣的「對外玄關」，彼時尚無成田國際機場與桃園國際機場（最初稱中正國際機場）。成田機場因「三里塚鬥爭」，幾經波折後於一九七八年啟用，桃園機場是蔣經國擔任行政院長時推動的「十大建設」重要項目之一，一九七九年啟用。

一九七二年臺日斷交後，雙方的國家航空公司一度停飛彼此航線，在外交上的一番折衝後，日航另外成立一家名為日亞航的公司經營臺日航線，而全日空飛臺灣時，改用過往已成立的子公司日空航空（Air Nippon）名稱，重新啟航臺日航線。這段期間我並未前往臺灣，一九八〇年我第二次訪臺時，即是從成田—桃園往返。

之後一段期間我進出時使用的機場都是羽田—桃園，且都是使用中華航空（進入一九九〇年代也使用長榮航空）。當時雖然臺日航線恢復，但因與中國的關係，中華航空並無法停靠成田機場，因此都使用羽田起降。羽田機場較成田機場方便但價格較高，因此羽田—桃園航線即成為中華航空的搖錢樹，只是，透過在偌大的機場一隅設置之單獨的國際線航廈進出，讓人確切感受到當時臺灣遭國際孤立的狀態，也曾在臺灣聽過不喜這種安排的聲音。

接著，二〇一〇年羽田機場再度成為國際機場，同時臺灣方面的松山機場也再次成為國際機場，日本的航空公司開始飛往松山，之後我總是搭乘羽田—松山的航線往返。

歷經超過三十年的歲月才回到與首次前往臺灣時相同的航線，長期往返臺日之下，因為從哪個機場起飛、哪個機場降落的變遷，也不得不感受到時光的荏苒。

「豐饒之島」的感觸

最初來到臺灣立刻感受到的是，這裡果然是個豐饒之島。之後經過各種反芻，這種感受依舊沒有消失。街道上滿溢超乎預期的活力，田野山林綠意盎然，最重要的是食物非常豐富、多樣且美味。我有位朋友雖然喜歡臺灣，但對雞肉與雞蛋過敏而無法享用這類菜餚，但對天生就是貪吃鬼的我而言，臺灣簡直就是天堂。

在餐廳當然有豐盛的料理，在街頭巷尾也有各種水果攤與果汁攤，今天的大城市中已經見不到了，當時在街邊也販賣甘蔗，老闆以銳利的鐮刀刷刷刷地削皮，接過後咬下白色的果肉，吸吮那份甜味，之後再把甘蔗渣呸地吐出。我個人最喜歡的是燒餅、油條、豆漿的三合一早餐。剛炸好的油條以尚有餘溫的燒餅包裹，泡著豆漿食用。這樣一份早餐只要新臺幣三元，記得在當時被我當作臺北宿舍的昆明街ＹＭＣＡ（一晚約一百元，一九八〇年代去的時候已經變成了英語教室）食堂，吐司加咖啡的套餐卻要價二十元，而且咖啡還是即溶咖啡，吐司則烤得焦黑，表面抹上乳瑪琳。高級餐的狀況我不清楚，但當時臺北街頭的咖啡與麵包，程度還是不行。

「蔣介石逃到了一個好地方」

在這樣的日子中，某日王崧興老師（一九三五～九五）突然邀約我吃飯。王老師是在東大取得博士學位的文化人類學者，此時為中央研究院民族學研究所的研究員。實際上他夫人是日本人，在來臺灣之前曾擔任河原先生的高中老師。王老師之後前往香港中文大學，一九八五年我以香港總領事館調查研究員身分逗留香港時，曾與他再度見面。再之後他前往日本的千葉大學任教，趁該大學研究休假回到老據點中研院民族學研究所時，我也恰巧在該處逗留進行研究。我心想這是個大好機會啊！可惜正當老師教導我各式各樣知識時，卻突然因病過世，王老師的過於早逝，對臺灣民俗學而言是損失，對我而言亦是如此。如果當時能多獲得一、兩次與老師談話的機會，我日後的臺灣研究開展，或許會呈現出不一樣的形式。

一九七三年春天，在臺北車站附近餐廳的二樓，王老師從席位上看著樓下，突然以日語感嘆道：「蔣介石真的是逃到了一個好地方啊。」當然，當時在公開場合絕不可能以中文說出這樣的話。已經實際體驗到臺灣豐饒的我，聽到老師的說法，內心不覺也感到同意，心想原來事情也可以如此解釋啊。

「為了落選而競選」

一九七三年春天，當時完全想不到，自己會投入那麼多年頭把觀察、研究主力放在同時代的臺灣政治。因此，雖然意識到了半年前的一九七二年九月日本與臺灣斷交，但在我訪臺僅兩個月前的十二月，臺灣首次舉行「動員戡亂時期中華民國自由地區中央公職人員增補選」，這個名稱很長的國會選舉可以說是日後臺灣政治民主化的過程中，一個重要的里程碑，當時我卻全然沒意識到此事。中華民國中央政府遷臺以來，屬於為了鎮壓共產黨叛亂的總動員非常時期，蔣介石以此理由維持由大陸一起逃來臺灣的國會議員議席，不加改選，到了這個時期仍不改動中國大陸籍的非改選議員議席，僅增加在臺灣的員額，並讓此框架中的議員進行定期改選，啟動了非常奇妙的國會選舉。

對於臺灣現代史上最大的悲劇，亦即一九四七年的二二八事件，筆者當時也算是有基本的了解。因為戴國煇老師介紹過資料，亡命日本的臺灣獨立派也出過書籍。那時，抵達臺北的隔天即是二月二十八日，理所當然地沒有發生任何事情。已經與本省人知識分子有所聯繫的河原先生告訴我，這天警察會悄悄加強警戒，在暗地裡其實存在著緊張的氣氛。

我對同時代臺灣政治的認知，僅止於這種程度，不過在旅途中發現的一些事情，至今仍讓我記憶深刻。我記得那個奇妙的光景確實是發生於臺中的街道上，當地似乎在舉辦什麼選舉，我目睹了一輛在大看板上寫著「為落選而競選」的選舉車。

今日回頭查年表，知道那年三月十七日舉行的是臺灣省縣市議會議員暨鄉鎮長選舉的投票，當時我應該是碰巧遇到了某位候選人的選舉宣傳活動。日後才得知，前一年的「增額選舉」上，已有少數即將被稱為「黨外」，具備明確主張的候選人登上政治舞臺。根據比較政治學者，同時也是臺灣政治史研究者的岸川毅教授（上智大學）說法，臺灣在地方政治層級，於更早時期便出現了根深柢固的政治運動，因而當時我能遇到候選人以競選車展開如此明目張膽揶揄國民黨政治壟斷的競選活動，也不是那麼不可思議的事情。

「主觀印象」開始崩毀

先前提及，進到臺北市區時的第一印象是「超乎預期」地充滿活力，而此時期「超乎預期」的這種與臺灣社會的最初感觸，也讓我日後持續不斷反思。所謂的「預期」即是我對臺灣的先入為主觀念或者主觀印象。若從經濟史角度回頭來看，臺北街頭充滿活力，應該是理所當然的事情，臺灣經濟從一九六〇年代起至一九八〇年代中期為止都處於高度成長狀態。偶然因為石油危機而在一九七三年陷入負成長，但因內部仍深具動力，故也迅速恢復成長。

而會覺得「超乎預期」，大概係因如前節所述般，我一直受到日本知識界「臺灣是蔣介石反動派的逃亡之島」的印象所影響。若從當時日本知識界的左派發想來看，蔣介石等人乃「敗給中國革命的反革命殘黨」，他們理當沒有什麼將來，在他們的統治下社會應該是缺乏活力且飄蕩著極為困苦的氣氛，而這種觀念不知何時也成為我先入為主的看法。

反覆提及，我因接觸吳濁流的小說而察覺自身對臺灣的無知，而這種「無知」又被無意識的先入為主觀念加強。而親眼見到的「超乎預期」與「為了落選而競選」的自我主張，或許在不知不覺間開始拆毀我對臺灣的先入為主觀念。

3 葉榮鐘先生的「述史之志」——殖民地時期知識分子思索後殖民的歲月

「炒米粉餉客方辭去」

一九七三年初次訪臺時認識的臺灣本省知識分子之中有位葉榮鐘（一九〇〇～七八）先生。這也是由臺灣文學研究者河原功先生陪同，於三月六日前訪葉先生位於臺中市內的宅邸。我手頭還留著當時離開之際在葉先生宅邸前拍攝的，他與夫人施纖纖女士的二人合照。超過四十年的照片已大為褪色。

還知道訪問的確切日期，係因河原先生在旅行日記中保有紀錄，實際上葉榮鐘先生的日記中也留有我們二人前訪的紀錄。葉先生的遺稿，包含已經出版的著作與未公開的日記、書信、漢詩等，在他過世後家屬花費相當時間整理，之後出版了《葉榮鐘全集》（全九集十一冊，臺中：晨星出版，二〇〇二年）。此外，這些遺稿的原稿與藏書寄贈給位於新竹的清華大學，經整理後公開。我也在該大學劉柳書琴教授的關照下得以閱覽。

日記分為上下二冊收錄，二戰結束前的一段時期部分以日語書寫，其他全為中文。在日本文具公司製造的左右跨頁一週用的商用筆記手冊上，一天的紀錄長則五、六行，僅是淡淡記錄身邊事宜，幾乎沒有個人的感想或見解。這也在情理之中，畢竟二戰結束前存在著臺灣總督府特高警察的耳目，二戰之後又處於長期的戒嚴令下，故一九四七至一九五四年之間僅留下簡潔的日記。

葉榮鐘、施纖纖夫婦（筆者攝影，1973年3月6日）

以下是該日記的紀錄，一九七三年三月六日的條項如下：「上午十時河原偕若林如約來訪，談到中午猶未去，內子乃做炒米粉餉客，飯後一時四十分方辭去。」

在臺北的書店找到《全集》後購入帶回，之後又過了不知幾年偶然想起，站在自宅書庫前翻開葉先生日記搜尋該當部分時，我不由得意識到周圍，當然，在自家狹窄書庫中並沒有其他人影，但這一條項中

「方」這個副詞，讓我充分意識到青年期造訪人家卻不辨禮數的羞愧。

只是，我當時真的很天真爛漫，完全未曾想像到葉先生內心的苦笑模樣，在繞往南部、東部後，經穿越中央山脈的中部橫貫公路回到臺中，我又再次訪問葉先生。當時葉先生還帶我去看了霧峰林家（後述）的屋宅遺址。

從那之後已經歷三十多年的風霜，發現葉先生日記時的我，也來到了與當時葉先生相仿的年紀。自己的臺灣研究也從當時為止的日本殖民地統治時期拓展到臺灣現代史。這段期間我也成為父親，得面對守護孩子成長、離巢的時刻，對於這樣的我而言，讀到這個條項算是一個震撼。那不只是自己年少無知的一隅成為活字且被公開，而且還是我可能對葉榮鐘先生做了失禮的事情而喚起了後悔的心情。

進入研究所碩士班的我，決定以日本殖民地統治時代的臺灣漢人之政治、社會運動為研究主題，開始閱讀被視為臺灣研究經典的矢內原忠雄《帝國主義下的臺灣》、進入碩士班後不久出版之許世楷《日本統治下的臺灣：抵抗與鎮壓》（東京大學出版會，一九七二年），以及許世楷書中大量依據的臺灣總督府警務局編《臺灣總督府警察沿革誌第三卷：臺灣社會運動史》等資料。

臺灣中部的大資產家霧峰林家家主林獻堂，乃日本殖民地統治時期參與過臺灣議會設置請願運動、臺灣文化協會運動等之穩健派政治運動領導者，同時也是最大的贊助者。一九七三年三月當時我已得知葉先生是林獻堂的祕書，同時比許世楷更早撰寫了在臺灣戒嚴令下的《臺灣民族運動史》（臺北：自立晚報社，一九七一年）。正因如此，我才希望盡可能更進一步接觸研究對象。

霧峰位於臺中盆地靠近中央山脈的山麓上。清代乾隆初年，此區尚屬所謂「番界」之外，是有可能與原住民發生衝突的地區，林家的祖先來此開墾並成功成為當地的豪族。之後也歷經與周遭豪族相爭，與官府拮抗等曲折，清末時已發展到擁有傭兵可以進入山地採伐樟木，藉生產樟腦累積巨額財富。其家族成員也在科舉的鄉試中及第，舉人輩出。

霧峰林家在林獻堂的領導下，於日本殖民地時期一直都是穩健的批判勢力，到了戰後初期也與國民黨政權保有複雜的相互關係，林獻堂最終厭惡蔣介石的統治而離開臺灣，客死於東京久我山。若將這樣的狀況也納入視野，那麼霧峰林家的盛衰可說代表了在臺漢人歷史的許多部分。

葉榮鐘先生的生平

葉榮鐘先生出生在中部港都鹿港的經商之家，九歲起進入公學校，同時也開始在書房求學。公學校乃臺灣總督府設立之殖民地初等教育機構，教育重點在教導「國語」（日語）（另有提供日本學生就讀的小學校，與日本文部省管轄的學校體系有承續關係）。書房是臺灣式的教育單位，類似日本的「寺子屋」，是教導漢字、漢文的民間傳統啟蒙教育設施。葉榮鐘先生日後成為兼通中文與日文的人才，被政治運動相關人士視為珍寶，背景原因便是他擁有接受此種雙重教育的經驗。

只是，當他開始接受這種教育之初，他的父親便溘然離世，家道開始中落，公學校畢業後不得不進入藥局等處工作養家。然而向學心覺醒的少年葉榮鐘仍想升學，就在此時，他就讀的鹿港公學校教員施家本，成為林獻堂的日語祕書，並將葉榮鐘引薦給林獻堂。林獻堂打算送自己的孩子前往東京留學，故也讓少年葉榮鐘陪同前往，這年是一九一八年。

進入一九一〇年代後，公學校得到一定程度的普及，但殖民地臺灣的教育制度除臺灣總督府醫學校與實施師範教育的國語學校之外，仍卻乏中等以上的教育體系，因此許多臺灣漢人的富豪都會將自家子弟送往日本，其中甚至出現從初等教育便將孩子送往日本的人。林獻堂的孩子也屬此類，而少年葉榮鐘便是所謂大富豪家子弟的「學友」，以這種身分一同前往東京求學。

他進入專為升上更高階學校的預備校——神田的正則英語學校就讀，不過，一九二一年林獻堂將他喚回擔任自己日語祕書，並一直服勤到一九二七年林獻堂打算展開長期的世界漫遊旅行為止。此時青年葉榮鐘請求林獻堂再次援助他留學東京，之後進入中央大學就讀，一九三〇年畢業後再度被林獻堂喚回，同年成為由民族運動穩健派成立之臺灣地方自治聯盟的書記長。

三十多年後的後悔

葉榮鐘就這樣成為非常貼近穩健派領袖兼贊助者林獻堂的人物，也是通曉從一九二〇年代起至一九三〇年代前半的臺人抗日政治、社會運動情狀的人。在我記憶中戴國煇老師以這樣的口吻推薦葉榮鐘先生：「葉先生既知道內幕也知道外情，如果能告訴你那就太好了。」

所謂我個人的悔恨，就是三十多年前的那個時候，我僅有那樣的氣量，就是僅把葉先生當作對我自身研究焦點能提供有用資訊的情報提供者（informant）。今日回想起，面對站在自己眼前，身著熨燙齊整的唐裝紳士，親切仔細接待來自日本、初次見面的年輕人，我竟只看到了這點——這對葉先生而言太過失禮，這樣的想法在讀到他日記的數行描述時，就這麼突然湧上心頭。

經歷過二戰結束前抗日政治、社會運動的人們，其人生不可能在二戰結束前就結束，戰後他們仍舊度日，過著所謂後殖民的歲月。我察覺到自己欠缺深思熟慮，把對方當作熟知戰前事務，大概能告知對我自身論文有用資訊的人，以這種狹隘的態度面對對方，實在是大錯特錯。

「述史之志」與《臺灣民族運動史》

因為如此，我對葉先生如何度過戰後歲月，將範圍更推廣些便是臺灣抗日知識分子的後殖民歲月的狀況，湧出了理解的興趣。大量搜尋、閱讀葉先生戰後的著作、遺屬整理並公開的日記與書信，以及有關林獻堂等人物的資料。

因此得知的有如下二點。第一，葉先生不斷堅持書寫自己一路生活過來的臺灣同時代歷史，並透過前述《臺灣民族運動史》加以體現，他在一九三〇年代後半已立志撰寫自身從事與目擊之臺灣人殖民地統治批判的政治、社會運動歷史書籍，然而戰後的戰時體制並不容許這種著述，且戰後初期的二二八事件等動亂也不容他執筆，即便如此，他從未忘卻自己的志向。

這種志向，我在自身論文[2]中稱之為「述史之志」。根據他寫給長男的信件內容，一九六五年當他從戰後長期任職的彰化銀行退休後，如實引用他的說法便是：立志撰寫「自傳」、「先賢印象記」、「臺灣政治運動史」以及「國家統治下二十五年史」四項歷史敘述。《自傳》、《先賢印象記》先以多篇歷史隨筆形式發表於各雜誌，之後收錄於他的隨筆集，而「臺灣政治運動史」部分則以《臺灣民族運動史》的形式出版。

「國家統治下二十五年史」最終未能實現。那個時代仍處於提到日本殖民地統治期時僅可遵循國民黨版的中華國族主義進行敘述的時代。進入一九七〇年代被稱為「黨外」的反對運動逐漸興起時，開始挑戰這種限制，《臺灣民族運動史》也可說承擔部分這種挑戰，不過此書或許仍符合國民黨的反共政策，畢竟書中幾無提及一九二〇年代抗日運動左派的狀況。

然而在這種時局下欲書寫直接論及國民黨統治的「國家統治下二十五年史」，政治上的障礙應當相當龐大。但是在葉榮鐘的日記中留下了足以窺見此志向背後心情的新詩與漢詩各一。

《臺灣民族運動史》封面

一九七〇年十月二十五日（新詩）

但願這是一場惡夢
一覺醒來月白風清
無恥與殘虐隨風消失
歧視與壓迫化於無形
憤怒不再動我的心火
醜惡不再污我的眼睛
啊！二十五年的惡夢

2 若林正丈，〈葉榮鐘的「述史」之志〉，中央研究院臺灣史研究所，《臺灣史研究》，第十七卷，第四期，二〇一一年；同氏著，〈葉榮鐘における「述史」の志〉，愛知大学現代中国学会，《中国21》，三十六號，二〇一二年。

一九七一年十月二十五日（七言絕句）

年年此日最傷神
追悔空教白髮新
送虎迎狼緣底事
可堪再度作愚民

在盡到為人家長最後職責的同時

我理解到的第二點是，他實現「述史之志」的過程，也與葉榮鐘、施纖纖夫婦身為父母盡到守護孩子「離家獨立」這種最後職責的歲月相疊合。實際上這段期間夫婦面對嫁去東京的長女不幸病逝，但日記中也淡淡寫道長男在美國取得博士學位、長孫誕生、次女訂婚並與未婚夫前往美國、次男考上大學等等事宜。

葉榮鐘的「述史之志」及實現此志的歲月，與葉氏夫婦為人家長善盡職責的時光相疊合，得知此二點後我感到終於能稍微理解、貼近當時葉氏夫婦的真實身影。此外，這雖然是我自身的藉口，不過我對葉先生的失禮與懊悔似乎也能因此消解一部分。然而，此際葉先生已然仙逝，果然還是感到悔之晚矣呀。

第二章　觸及民主化的胎動

1　一九八〇年春，民生西路的西餐廳「波麗路」

時隔七年重訪臺灣

一九八〇年春，我第二次前往臺灣旅行。距離一九七三年首次訪臺已過七個年頭。此次訪臺前兩年我獲聘為東京大學教養學部的助教，終於能夠不再以打工的形式維持經濟上的穩定，因此尋思差不多可以再度前訪臺灣了。

這次獲得在臺灣大學歷史系研究所留學的近藤正己先生與羅成純夫婦的照顧。近藤先生是當時在信州大學執教的田中宏老師（日後進入一橋大學）的學生，在田中老師的介紹下與他取得聯繫。我在臺北站前的ＹＭＣＡ放下行李時正好近藤先生前來，告知他公寓有間空房，我可以住在該處。因此我立刻把剛辦好入住手續的旅館退房。

順帶一提，近藤先生日後撰寫《總體戰與臺灣：日本殖民地崩壞之研究》（刀水書房，一九九六年）一書，至今仍為相關研究持續引用的臺灣近代史研究里程碑式著作。

近藤夫婦的寓所位於接近信義路的新生南路一隅，這個場所日後偶然具備了一種間接的意義，當然當時我對此毫不知情。在近藤先生的帶領下，我迅速前往臺灣大學，他為我介紹了當時擔任歷史系助教的吳密察先生。吳先生又為我引見了當時在研究圖書館的曹永和老師（一九二〇～二〇一四。日後的中央研究院院士），我第二次的臺灣之旅就此展開。

訪問王詩琅先生宅邸

之後我再度前往臺灣大學助教室造訪吳密察先生，他從容地拿起電話撥打，以中文向對方說：「若林正丈來了。」當時的電話還是黑色轉盤式的。之後他改以臺語對談，所以我不知道說了什麼，等通話結束後，他告知已向王詩琅先生（一九〇八～八四）約好見面時間，接下來帶我前往臺北市萬華汕頭街的王先生宅邸訪問。

我在一九七三年首次訪問臺灣時，曾在臺中的臺灣省文獻委員會的一室中見過王先生。那也是訪問葉榮鐘先生宅邸時同行的河原功先生所幫忙引見。關於王先生，我是在臺灣總督府警察編纂的紀錄中見過這個名字，當時他被標記是「臺灣黑色青年聯盟成員」，在戰前他是一位受無政府主義影響的臺北文學青年。戰後在省文獻委員會工作之餘，也在《臺北文物》、《臺灣風物》等雜誌擔任編輯或發表文章。透過當時河原先生，以及進入東大中國文學科研究所開始研究臺灣文學的松永正義先生的介紹，我也閱讀了一些關於王先生在日本統治期的臺灣文學運動史論文。

抵達王先生宅邸後，吳文星先生也在。吳先生當時是臺灣師範大學歷史學博士班的博士生，當時他研究日本殖民地統治期的師範教育，之後更把視野放寬到殖民地統治下臺灣社會菁英的變遷，論證清朝時期的傳統仕紳、富豪交棒給學歷菁英與同階層的人們，發表了同樣堪稱里程碑式的著作[1]。

王詩琅先生，1973年，攝於臺中市干城的臺灣省文獻委員會（由筆者拍攝）

除此之外，還有另外幾位與王先生同樣輩分，似乎是常客的人士也前來，其中一人據說二戰期間曾渡海前往中國參加抗日戰爭。我記得當時對那位人士的經歷感到興趣，想要追問當年狀況時，他卻改變話題說，臺語中有許多發音與日語相同唷，刻意迴避了我的詢問。

此外，許久之後我才知道，汕頭街王先生的住宅

1 吳文星，《日據時期臺灣社會領導階層之研究》，臺北：正中書局，一九九二年（二〇〇八年改書名為《日治時期臺灣的社會領導階層》重刊（臺北：五南圖書出版））。

與一九七〇年代「黨外」明星政治家康寧祥的住所僅隔著一條小巷，算是鄰居。根據康寧祥的回憶錄[2]，他經常隔著窗戶與王先生以臺語交談，從王先生處聽到日本統治時期臺灣史上的人物相關知識。被稱為「臺灣史活字典」的王先生，其知識大概也透過吳密察先生、吳文星先生等當時的學者預備軍，或是透過康寧祥這般反對勢力的政治家等，傳達給了往後的世代。

民生西路的西餐廳「波麗路」

這次拜訪的數日之後，吳密察先生來電話聯絡，要帶我去位於臺北市大稻埕地區民生西路名為「波麗路」的餐廳。他告知，因為聽說若林來了，所以王詩琅先生集合臺北有日本留學經驗的本省人知識分子。患有糖尿病的王先生此時健康狀況已經不佳，今日想來，真的非常感謝當年他的盛情好意。

據吳先生稱，從一九三〇年代起「波麗路」即成為臺灣人（日本時代稱「本島人」，戰後稱「本省人」）知識分子的聚集場所，是知道的人就知道的一家餐廳。裝潢家具與菜單都帶有一股穿越時光的懷舊感，讓人印象深刻，至今為止數度隨興所至前去用餐，整體氣氛一直維持不變。與殖民地時期的臺北市內，亦即所謂「城內」的日本人地區相對，王先生居住的萬華與大稻埕屬於「本省人」的區域，或許王先生也遵循從日本時代起臺灣人的傳統而選擇了這家餐廳。

「我拒絕署名」

這頓午飯的聚餐約莫來了七、八人。當然現場王先生將所有人都介紹給我，不過很遺憾也很抱歉，今天僅記得其中兩位的名字：林明德老師（師範大學歷史學系教授）與鄭欽仁老師（臺灣大學歷史學系教授），之後我在其他地方也獲得兩位的指導。我依稀記得林老師說了一些有關臺日關係的話，而鄭老師的話相當震撼，讓我記憶鮮明。他劈頭就以強硬的口吻說「我拒絕署名」。所謂的「署名」，是指在大學教授連署刊登新聞廣告，將「美麗島事件」中遭鎮壓的「黨外」人士指責為「臺獨」、「暴力」、「國家叛亂分子」的署名。自不待言這是國民黨預先籌劃的一場戲，鄭老師則扛住壓力拒絕連署的邀約。

美麗島事件是一九七九年十二月十日世界人權日當天，反對派的「黨外」勢力——美麗島雜誌社於高雄主辦的遊行遭取締，引起與警方的衝突，之後連事發當時不在現場的人也被指名，發展成大規模逮捕「黨外」勢力的臺灣現代史上一次重大政治鎮壓事件。事後得知，為了審理遭舉發的「黨外」活動家，我逗留臺灣的那段期間當局正開始進行「預審」。當時的臺灣，大多數的人都被迫沉默，處於寧靜中的緊張狀態。

2 陳政農編撰、康寧祥論述，《台灣，打拼：康寧祥回憶錄》，臺北：允晨文化，二〇一三年。

與此相較，當時在許久未至的臺北享受旅行氣氛的我，或許有點太過狀況外。從一九七〇年代末起，我開始訂閱香港的時事評論月刊雜誌《九十年代》，只要是該雜誌上刊登與國民黨敘事不同的臺灣政治動向報導，我一定會加以閱讀。日本的媒體幾乎不報導臺灣的狀況，當然也沒有網路，當時是傳真才剛開始普及的年代。不過，我自信地認為對臺灣政治情勢概況，有一定程度的理解。

然而，當時自己的感覺與臺灣現實狀況還是出現相當的乖離。鄭老師以強硬口吻表達反抗的態度，加上當時「波麗路」的氣氛，讓我強烈意識到自己身處美麗島事件發生不久的臺灣。這是對「狀況外」的我給予當頭棒喝的一次震撼教育。

一九八〇年的二度訪臺給我的震撼尚未結束。這些震撼相互疊加，對我而言就如同透過震撼接受了一堂現代臺灣政治的導引課程一般。

2 兩個震撼——林義雄「滅門」事件與作家葉石濤的一席話

在高雄得知林義雄省議員全家遇害事件

在臺北民生西路「波麗路」餐廳親身體驗「美麗島事件之後不久」的感受後，近藤正己夫婦便帶我前往高雄。近藤夫人的兄長居住高雄經商，我們因而得以寄宿其宅邸。我的旅行日記上並無寫明日期，不過這一天不需紀錄也能記得，當日正是二月二十八日。

抵達高雄後，我們先去近藤夫人的兄長家，接著乘車為我介紹市內各處後再返回宅邸。當時客廳桌上放著晚報，而注意到晚報頭版的人正是近藤先生。那是日後被臺灣稱為「林宅血案」的恐怖事件。

臺灣省議會的議員林義雄，是在美麗島事件中被送上軍事法庭審判的八名「黨外」主要領導者之一。當天午後，不明人士闖入位於臺北市信義路的林義雄住宅並襲擊其家中成員，夫人方素敏因前往監獄探望丈夫而倖免於難，但林義雄的母親與三位女兒中的兩位遭到殺害，另一位則身負重傷。

對抗體制的父親已遭逮捕，為何還要對其家人，而且是與政治活動幾無關聯，對暴力無還手之力的老母與幼女們執行殺戮？這種慘無人道的做法，即便原本被認為對臺灣政治不太關心的一般民眾，也覺得強烈違背了社會道義。林義雄的住宅是政治犯的住處，在戒嚴令下理所當然有政治警察加以監視，而就在這種狀況下，竟然在大白天堂而皇之入室殺人。即便這不是由最高領導者蔣經國下令，也很明顯是體制內的某人下達的指令。看在關心政治的人眼中，這種做法讓人產生對體制的不信任感，且還加以增幅。當時我對臺灣政治還不具備充分知識，但上述想法仍在腦海中不斷翻飛。就算從事後諸葛的角度來看，此事件終究對打算給「黨外」領袖定罪的體制正統性造成明顯的傷害。

只有「慟」一個字的封面內頁

這次旅行中為了理解「黨外」的主張，我訂購了當時唯一發行的《八十年代》系列雜誌（亦即康寧祥的系統，該雜誌遭禁之後改名《亞洲人》月刊，之後則是《暖流》月刊）。

回日本後不久寄到的就是《亞洲人》對此事件的特別號，我讀過封面後翻到封面內頁，整面黑底中僅有一個白色的「慟」字，設計感非常震撼。為了向在這趟旅行中認識的吳密察君道謝以及做些研究上的討論，我也寫了好幾封信給他，但超過半年以上都沒收到回信。日後他回憶道，「當年因為這個事件心情非常沮喪，完全提不起精神回信。」

順帶一提，吳密察君之後進入東京大學的東洋史研究所留學，返國後回臺灣大學擔任副教授、教授等職位提攜後進。二〇〇〇年起在陳水扁政府下擔任行政院文化建設委員會副主任、國立臺灣歷史博物館籌備處主任，二〇一六年起在蔡英文政府下歷任國史館館長、故宮博物院院長等文化行政職。在臺灣，學者成為政務官，有時在選舉中也成為候選人的例子較日本更多。只不過，一些學界的友人表示，只因

1980 年 3 月號《亞洲人》封面與封面內頁

政權交替就成為政務官坐上官僚機構的高層位子，讓人沒什麼真實感。這大概說明他同樣擁有優秀的行政手腕吧。

然而，我寄宿的近藤夫婦公寓，往南一個街區即是林宅，回到臺北後某天早上懷著戒慎恐懼的心情經過該處，但街道上彷彿什麼事都沒發生過般，只聽到附近小學傳來孩子們的歌聲迴盪。

在那之後又過了十幾年，我太太從以消費者團體為基礎的地方政黨出發，成為相模原市議會議員，而臺北的消費者團體透過我臺灣的朋友委託她，談談如何由消費者運動投身參與政治運動，打算舉辦一場小的演講會，我也隨行前往參加。會場在「義光教會」，地址是臺北市信義路三段三十一巷十六號，此處正是由林義雄住宅改裝而成的教會。

此處再提另一個因緣際會的場所，那就是吳密察君介紹與曹永和老師見面的臺灣大學研究圖書館（現在編入圖書資訊系）旁空地，在我訪臺的一九八〇年的隔年夏天，此地又成為政治謀殺事件的舞臺。當時在卡內基美隆大學（Carnegie Mellon University）擔任數學副教授的陳文成返鄉回臺之際，於七月二日被喚去警備總司令部，隔天他的屍體卻在研究圖書館旁的空地上被發現，就是這起事件。據說陳教授在美國除參加臺灣同鄉會的活動，也提供《美麗島雜誌》資金。

關於陳教授的死亡，當局表示係「畏罪（跳樓）自殺」。之後的法醫鑑定明確指出應當不是自殺，但真相依舊不明，三十年後學生團體發起了在陳教授遺體發現處建立紀念碑的活動，又過了十年該處終於改為「陳文成事件紀念廣場」。現在的Google地圖也以此名稱標示該處。

葉石濤先生的座談——「開始被論述的現代史沃野」

另一件在一九八〇年訪臺時難以忘懷的事情，便是首次見到葉石濤先生並聆聽了他的一席話。逗留高雄期間的某天傍晚，同樣在近藤夫婦的介紹下，前往位於高雄市郊左營的葉先生宅邸拜訪。葉先生是在一九七七至一九七八年所謂「鄉土文學論戰」中以主張「臺灣文學論」的文學家而聞名，當時他仍擔任小學教師，因此從日文的字面來看乃名符其實的「葉先生（老師）」。

從微微昏暗的入口爬上二樓後，就是葉老師家的客廳。就在我們四人以日語交談時，有一位青年來訪。葉先生的客廳也是文學青年的沙龍空間，此時葉先生轉換成中文說「來談談歷史吧」，接著繼續說下去。

實際上我在數年後的文章中發表過此時的事情，這是我最初、也是最後的文學作品解說。我想大概是一九八三年左右，由上一節提到的松永正義先生帶頭，聚集幾個好友進行翻譯，打算出版現代臺灣文學作品的選集，我也分配到一篇，歷經千辛萬苦做出了翻譯。不僅如此，還發揮初生之犢的蠻勇在《臺灣現代小說選》Ⅰ、Ⅱ、Ⅲ（研文出版，一九八四～八五年）中負責撰寫第Ⅲ集《三腳馬》的解說。松永先生負責剩下兩篇解說，以日本最初的現代臺灣文學選集編譯者角色成功出道，成為臺灣文學研究者。

我的「解說」以〈開始被論述的現代史沃野〉為題。從題名可立刻察覺，本文並非討論文學本身，但卻充分傳達我一九八〇年的臺灣之旅經驗。雖然有點長，以下試節錄幾段。另，《小說選》出版至一九八五年為止，彼時尚在實施長期的戒嚴令，文中的Y氏即是葉老師。

「之後大概一個小時吧，雖然不算非常標準，但Y氏仍以口齒清晰的北京話暢談。話題從Y氏青年期的戰爭時代開始，一直到戰後擾動臺灣的動亂，以及反覆說明無論如何都得提到的『二二八事變』及其相關事宜。」

「Y氏的口述，充滿臨場感與魄力，我當時也感受到一種心理上的震撼。（中略）當時的我，一方面聽Y氏的敘述，一方面對臺灣現代史中至今未能公開講述處之博大、之精深，不禁感到愕然。」

今日想起一九八〇年的臺灣之旅，所謂「不禁感到愕然」，或許不只是因為葉老師那場談話的震撼。民生西路「波麗路」西餐廳的衝擊、林義雄議員一家遭恐怖攻擊的衝擊，也都交相疊合。我那篇〈開始被論述的現代史沃野〉的「解說」標題，當然指涉的是同時代的臺灣文學開始論述戰後臺灣的現實。不過，這或許同時也在陳述當時我自身的想法，堪稱是我的告白。亦即，當時的我，比起臺灣現代史，更開始對在眼前啟動的臺灣政治變動的「沃野」感到興趣。

3 開始政治研究前的迂迴之途

反抗無果，再度被「真空」吸引

一九八〇年二月起至三月的第二度訪臺經驗，成為我日後邁向臺灣政治研究的重要契機。把剛發生不久的美麗島事件氛圍直接傳達給我的「波麗路」餐會、在高雄最初得知「林義雄省議員滅門事件」的震撼，以及從葉石濤老師的談吐切實感受到存在著「臺灣現代史的沃野」等，與首次開啟關心「臺灣」開關的一九七〇年代初一樣，我再度認識到吸引我的「知識的真空」就在此處。

葉石濤（中央）與對談的筆者（左）及林瑞明（右）。1982 年夏，高雄市內的咖啡館（照片由林瑞明提供）

雖說如此，我並未能立刻一頭栽入同時代的臺灣政治研究中。越是回想便發現有越多的理由，其中也有一些不得不違抗這種「真空」吸引力的事由。之後一九八〇年秋與一九八三年春我前往中國，而非臺灣。前一段行程是因當時職場（東京大學教養學部）的教授受託擔任首相府派遣訪中青年團的團長，我則以「通譯」的角色隨行。對我而言，這是從一九七〇年以後時隔十年再度訪中。後一段行程是以日本學術振興會的派遣研究者身分，總之在廈門大學逗留了三個月。擔任「通譯」時我的中文聽、說能力還略顯生澀，經歷在廈門的三個月後終於可以使用無礙。

之所以選擇廈門大學作為訪問目標，係因得知該大學設立了臺灣研究所。當時該所剛成立不久，約莫於中國「黨外人士」的中國民主同盟成員陳碧笙（一九〇八～九八）擔任所長時，他在一九四七年的二二八事件後不久曾嘗試藉由名為閩臺協會的團體前往視察，但抵達臺北機場後憲兵旋即包圍他搭乘的飛機，之後將他帶往市區的旅館，隔天不得不就這樣返回。因為想要聽聽這段經歷而請託對方接受我的訪談，當時逗留廈門期間已快結束，因此只能邊聽陳述邊思考下一個提問，而這段期間鍛鍊的中文確實也派上用場。陳所長是位相當有品格的人，面對我的提問都悠然地加以暢談，至今仍能回憶起他回答問題的身姿[3]。

3　此時期的經驗，包含陳碧笙訪談紀錄皆以〈廈門通信〉為題，於《アジア経済旬報》第一二九四～一二九六號（一九八四年五月一日、十一、二十一日）連載，之後收錄於《海峽：臺灣政治への視座》（研文出版，一九八五年）。

博士論文、香港總領事館專門調查員、升任助教授

話說，我最初被印刷出版的論文是一九七五年刊登於《思想》（岩波書店）雜誌四月號的〈「臺灣革命」與共產國際——關於臺灣共產黨的組成與重組〉。此篇撰寫的是碩士論文的精華部分，由戴國煇先生介紹給該雜誌，原稿的確被退稿兩次左右，但對於撰寫文章來說，是絕佳學習機會。在東京板橋區偏僻的廉價公寓收到雜誌時，妻子也一同為我感到歡欣。

幾年後，碩士論文審查委員之一的衛藤瀋吉老師，建議我在亞細亞政經學會的現代中國研究叢書出版書籍，這項建議來的非常及時，我深深感激。為此我與當時在日本國會圖書館工作的春山明哲先生商量，在第二度訪臺後出版了《日本殖民地主義的政治性開展：一八九五～一九三四年》。春山先生在此書中寫了〈近代日本的殖民地統治與原敬〉，此論文日後在臺灣殖民地統治相關的政治史研究中成為劃時代的一文。我則寫了長篇論文〈大正民主與臺灣議會設置請願運動：日本殖民地主義的政治與臺灣抗日運動〉。

我的論文是關於殖民地時期臺灣代表性的政治運動「臺灣議會設置請願運動」，調查從殖民地臺灣向東京帝國議會提出的請願如何被處理，透過請願委員會的會議紀錄，試圖闡明這場由殖民地居民發起的民權運動，如何在後來被稱為「大正民主」的時代背景中被定位。為了準備論文必須在國會圖書館調閱帝國議會的會議紀錄，而去圖書館的中午時分便會叫上

春山先生一同去食堂用餐，當時暢談研究上的各種想法，至今想來仍感愉快。二〇二一年是此運動開展後的一百週年，關於此事將於後文闡述。

在這篇論文之前，我也在以戴國煇先生為核心營運的研究團體所出版之《臺灣近現代史研究》第二號（一九七九年刊行）發表過〈關於黃呈聰「待機」的意義：日本統治下臺灣知識分子的抗日民族思想〉。包括這篇論文在內，我的研究涵蓋了從臺灣共產黨到穩健派的臺灣議會設置請願運動，完整描繪了一九二〇年代殖民地臺灣政治運動從左到右的光譜。之後，我萌生了將這些研究彙整成書的想法。這次也在戴先生的介紹下，於一九八三年在研文出版社出版《臺灣抗日運動史研究》，一九八五年透過此書申請論文博士學位，相當感謝的是博士課程所屬單位的平野健一郎老師辛勞主審之下，順利獲得學位。當時我隸屬的國際關係論領域位於東大的社會學研究科之下，因此成為與自身學問不太相符的「社會學博士」。

職是之故，我自一九八五年一月起，開始在日本政府的香港總領事館擔任專門調查員，四月起全家人齊聚，展開在香港的生活（此時家人增加到五人）。因為離開職場超過一年故辦理休職，但並不保障能夠復職，所以實際上等於是辭職赴任。換言之，對我而言就是背水一戰，但其實也沒那麼悲壯。關於我去香港任職，聽說是受到橫濱市立大學矢吹晋老師的推薦，他當時是活躍的中國觀察員，也曾有擔任過專門調查員的經驗。

就在一家人於香港生活的某天，東大的中文教室高橋滿教授來了通國際電話，告知為了對應選修中文人數的驟增，而擴編了中文教師員額，我也獲得人事採用。許久之後我才聽聞，人事選考委員會上有委員發言表示「已經拿到博士學位，所以沒問題」，接著便順利決定聘用。如此一來，一九八六年三月結束在香港的生活，四月起成為東大教養學部的助教授，在自己的努力與託周遭人們背後助力之福，生活終於穩定下來。

差不多該「進入狀況」

進入臺灣政治研究所後才知道中文裡有個「進入狀況」的說法。如果某個政治家剛上臺，還摸不清楚職務相關狀況與脈絡，便以否定的形式說「還沒進入狀況」。我一直未能轉換至臺灣政治研究，除部分因上述世俗事務的關係，同時現代臺灣並非信手拈來就能「進入狀況」，這也是很大的原因。

不過，我也獲得了一些「助力」。前文已經提過，我一定會閱讀香港評論家李怡（一九三六～二〇二二）在《九十年代》上的臺灣報導與時事評論。這是成為助教後，參加前述矢吹老師一個月一次共同研讀中國相關月刊雜誌會時開始的，會上我負責介紹《九十年代》等香港月刊雜誌的臺灣報導。一九八〇年逗留臺北期間之所以辦理匯兌、匯款，以方便在日本購讀康寧祥辦的《八十年代》系列雜誌，也是受到這個研究會的影響。

那麼，我是從何時開始，又是如何「進入狀況」的呢？回顧我的臺灣政治研究歷程，是在重新認識到臺灣現代史中那「真空」般的吸引力之後，即便試圖抗拒，最終還是被其牽引而深入其中。一九八〇年代前半我的研究意識依舊更關注殖民地時期的歷史研究，因此對於臺灣政治研究，事前並無應當如何處理的研究戰略、方法或手法意識。老實說，就是走一步算一步，而實際上也是朝這個方向發展。

如果今天特意對該過程進行整理，大概是①「與人見面」、②「前往選舉觀察」、③針對臺灣的政治「閱讀新聞」，待這三個互相搭配的點依次完備後，我也逐漸「進入狀況」。若概略地說明原委，大概就是一九八二年夏天以與臺灣政治紛爭中的「人們相會」為始（下章詳述），一九八三年十二月「增額立法委員選舉」訪臺時以「前往參觀選舉」為開端（第四章），接著是一九八五年在香港日本總領事館擔任專門調查員時期（第五章），每天的業務就是閱讀香港、臺灣報紙，這也就是「閱讀新聞」（為此必須進一步理解威權體制時代特殊的政治詞彙，此點請容後述）。

成為「臺灣政治研究者」

只是，僅是做到這些尚稱不上是臺灣政治的「研究者」，還必須把已能閱讀的新聞與文本以學術性的語言加以論述。此處我仍舊沒有研究上的戰略，只是根據需要，臨陣磨槍式地，嘗試把可能有關的政治學、社會學用語「採納」進來。例如所謂的「威權主義政治體制」、政治體制的「轉型」、「族群」、「國族主義」、「侍從主義」（譯註：clientelism 或 client politics 或 regime patronage system，也譯恩庇主義、庇護主義）等。關於這點，與我同一職場，自研究生時代便是好友的恒川惠市也給予我相當多的幫助，他到美國留學回國後，便從拉丁美洲研究學者轉變回比較政治學者，他的轉換跑道彷彿給我一劑強心針，因為我自己臨時抱佛腳學習、書寫的內容若感覺有問題，偶爾與他進行討論即可獲得一定程度的確認。

雖然從時間上來看稍後才發生，當時我也與當地的臺灣學者進行交流。臺灣當地開始自在地使用上述詞彙，不再使用政權意識型態進行敘述，處理臺灣現實狀況的論文逐步登場。這些與我大約同世代留美歸國的少壯學者能做出如此的研究，某種意義上這也屬理所當然，等我察覺時我已經在收集、咀嚼、吸收這類臺灣學者對同時代臺灣政治、社會理解的業績與成果。而在臺灣實際與他們見面、交換意見，也成為我不可或缺的研究活動。

我並不太關心理論體系，也缺乏追究系譜的志向。我的臺灣政治研究與政治學、社會學規範的關係，如前所述是「進入狀況」後，為沉澱自身理解而「臨陣磨槍式」地採納必用詞彙。看在理論家眼中不過是採納看來適用的部分，僅是某種實用主義。此外，我也不透過概念去掌握現場的真實，再反映到理論上。無論在初期的訓練或者日後的實際作業，我都不是政治學者，但身為區域研究者的「臺灣政治研究者」，仍能以自己的方式自我訓練。

4 「我們等不了」——一九八二年夏天與「黨外」的相會

「從反對勢力入手」

如前文已提及，所謂的「黨外」，相當於是現任執政黨民主進步黨（簡稱民進黨，一九八六年成立）之前反對勢力（抵抗體制的勢力）的統稱。一九五〇年代，國民黨在臺灣確立了一黨獨裁體制，即使在戒嚴令下，但透過一九五〇年代初開始的地方公職人員選舉，一直有少數非國民黨，甚至採取反國民黨態度的候選人當選。這些人因處於黨的體制外，故被稱為「黨外人士」。在中華人民共和國，中國共產黨之外被共產黨承認並置於其指導下進行政治活動，亦即所謂「民主黨派」的人們也被稱為「黨外人士」。這個詞彙同工異曲地說明了威權主義體制的政治文化。

國民黨在地方統治上，於各縣培養多個「地方派系」，讓他們在縣長等地方公職選舉中相互競爭，且利用這些派系形成利益引誘網拉攏人們，成功驅動這種選舉侍從主義的統治戰略。然而，在這些選舉中，始終有約百分之十五的選票來自對體制不滿的選民，這些選票未被地方派系網羅。能吸收這些選票並在政治舞臺上嶄露頭角的人，長期以來被稱為「黨外」，意即「國民黨之外的人」。

接著，進入一九七〇年代。完全未曾改選的國會，也舉行部分改選（增額立委選舉），透過此選舉，這些「黨外」人士之間也加強聯手，經由每次選舉開始逐步形塑政治上的反對勢力。一九七九年的「美麗島事件」鎮壓，某種意義上也是在試圖阻止這一進程的發展。

然而事件後，因對美關係的原因使政府無法廢止選舉，經過一九八〇年底的「增額立委選舉」與一九八一年的「地方公職選舉」後，當「黨外」再度復活之際，這個詞彙比起「一黨獨裁政黨之外」的普通名詞，更成為臺灣特有，指涉反對勢力政治集團的專有名詞。在英文報紙、雜誌上也開始將之寫為「Tangwai」或「Dangwai」。

今日回首過往，我就是在這樣的時機首次與康寧祥等人見面。順著一九八二年的經驗發展下來，我的臺灣政治研究或許可說在手法上呈現某種傾向，亦即從「黨外」，也就是「從反對勢力入手」的方法。至於自己察覺到「啊，從結果來看我的研究手法就是這樣呀！」則是許久之後的事情。

一九八二年夏天以「文化人派遣」身分訪臺

先從時隔兩年的訪臺開始談起。這次的訪臺受到當時的交流協會（現在的日本臺灣交流協會）臺北事務所總務部長下荒地修二的協助。下荒地相當於我的大學學長，在外務省專攻中國問題的職業外交官。我在一九八〇年夏天擔任日本總務省主辦之訪中團「口譯」時，於北京與他結識，之後他一度從北京大使館回到外務省，之後前往臺北赴任，他以交流協會

「文化人派遣」的預算邀請我來訪。

眾所周知，所謂的交流協會是斷交後臺日之間為處理「非政府關係」而設立的「民間機構」，其臺北事務所長實際上相當於「大使」，當時我的理解是，該機構的「總務部長」是由職業外交官擔任的職位，也是實際上「大使館」的二把手，專責處理政治方面的事宜。下荒地積極接觸臺灣政界，其中也包含當時的「黨外」人士。

此處稍微岔題一下，作為交流協會業務的一環，我手邊也留有一件檔案，其中有一份東大提供的「海外渡航承認書」，當時雖說是東大的助教，但仍為「文部教官」，亦即國家公務員，所以前往無邦交的臺灣時需要這類許可證。此外，為了取得這份許可，還被要求提供一紙「理解與臺灣並無邦交，此次渡航乃為學術交流，不與政府相關人士接觸」的文件。我的記憶中這個慣例一直維持到一九九〇年代為止，之後日本的國立大學法人化，此手續也自然消失。

在臺灣的首次學術研究報告

這段期間，我的訪臺活動整體而言依然處於歷史研究者的模式，且處於「文化人派遣」的框架內，雖說開始學習自己的關注點，但當時的我尚無在人們面前談論臺灣政治的能力，更何況臺灣尚在一九四九年開始實施的戒嚴令下（一九八七年七月解嚴）。

那麼要說此時我做了些什麼?當時同樣由下荒地委請臺灣大學法學院的許介鱗教授(東大法學博士),為聚集在臺北的臺灣史研究者開設小型研討會,而在許教授的主持下,我做了學術研究報告,彙整當時撰寫的論文以〈公立臺中中學校設立問題(一九一二~一五)：總督政治與臺灣土著地主資產階級〉為主題,以中文寫好題綱並在出發前先在東京委託熟人進行中文校對,再以日式提案專用表格謄寫、影印、分發,也把日語的引用史料拷貝貼上,畢竟當時遑論個人電腦,是連文字處理機(ワープロ,word processor)都還未普及的時代。

記得場地的確是在臺灣大學圖書館的一室,從留至今日的照片來看,參加者有：主持者許教授,曹永和(前文提及,當時臺灣大學研究圖書室主任,之後為中央研究院院士,省略敬稱,以下皆同)、王啟宗(臺灣師範大學歷史學系教授)、黃富三(臺灣大學歷史系教授)等教授等級人士;吳密察(臺灣大學歷史系助教)、吳文星(臺灣師範大學)、李筱峰(淡江大學)、翁佳音(臺灣大學)、張正昌(臺灣師範大學)等研究生。當時的教授們有些已然仙逝,而參加的助教、研究生們日後則在臺灣史研究興盛期,各自成為各領域的重要山頭,近年這些人也屆退休年齡,另聽說張正昌日後經營出版社。

「我們等不了」——起步的最後一推

在活動間的空檔,下荒地先生要我前往臺北車站前希爾頓飯店(現在的臺北凱撒大飯店）的餐廳，赴約後，他為我介紹了黨外雜誌《八十年代》的知名評論家江春男先生（一九四四年生，筆名司馬文武，在英文媒體則使用 Antonio Chiang 的名字），另外年輕的編輯吳昱輝先生也同席。當時下荒地先生也與「黨外」勢力接觸，積極拓展交流範圍，我便是乘此交流之便得以與諸位見面。下荒地先生事後告知筆者，對於這類與反對勢力的接觸，臺灣當局自然有所掌握，但不會特意進行妨礙。

蒐羅我的記憶，江春男先生與吳昱輝先生，應是我首次碰面並與之對話的臺灣反對勢力活動家無誤。一九七三年初訪臺之際，亞細亞經濟研究所的戴國煇先生告知，時值戒嚴令下，與人見面時不要做筆記較妥。之後我也遵守這個囑咐，包含此時在內，與臺灣的政治相關人士見面時，在很長一段期間都不做筆記。但也因為如此，隨著時光流逝，當時彼此間的談話細節必然模糊，不過有一事卻一直記憶鮮明。

當時的話題是「增額立委選舉」，我隨口提出即便當時臺灣國會的大部分議員皆是一九四〇年代後半選出並一直未曾改選的「萬年國會」，但「增額立委選舉」既然已經開始，只要擴大這個框架，高齡的「萬年國會議員」自然而然會減少，所以只要等待，不是就會出現與全面改選相同的狀況嗎？

江春男先生雖然文靜，但此時以毅然決然的口吻說：「我們等不了。」記憶中吳昱輝先生也擺出同意的表情。

我立刻就後悔說出那樣自以為聰明的話。臺灣文學研究者的友人松永正義先生曾介紹我閱讀《今夜給我自由》（原書名：*Freedom at Midnight*，日文版譯作《今夜、自由を》。作者：拉里・科林斯〔Larry Collins〕）這本非虛構作品，內容描述印度獨立與巴基斯坦分離的激烈動盪，與臺灣的相關性不高，但書名卻讓我留下深刻印象，此時這個記憶突然甦醒。如果渴望政治自由的開關已然開啟，人的確會期望「今夜給我自由」。而且，在歷史的某段時空中，強烈擁有這種願望的人，反而顯得更「真實」。反之，認為「從現實中來看這種願望並無法實現」的現實主義者，也可能被現實所背叛。

雖說並非何時、何地、何事皆是如此，不過在當時的臺灣時空下，與江先生等人見面四年後的秋天，反對勢力成功組成民進黨，隔年夏天長期的戒嚴令終於解除，十年後實現國會全面改選，如此看來一九八二年夏天《八十年代》雜誌的人們，其願望才是更具「現實性」的。

說回我這次的訪臺之旅，在拜會交流協會臺北事務所與進行上述研究報告的空檔，我也到南部進行一趟四天三夜的行程。在臺南承蒙成功大學歷史系的梁華璜老師介紹宿舍，也前往其家宅訪問。其實在一九七三年首次訪臺時，我便曾拿著戴國煇先生的介紹信拜訪梁老師家，當時梁老師尚在臺北市郊的中國文化大學執教。這次行程託友人林瑞明之福有了重大收穫，這將於下一節說明。

在東京首次與康寧祥見面

那是回到東京那晚發生的事情。戴國煇先生來電，告知隔天將與康寧祥、黃煌雄、張德銘三位「黨外」立委見面，如果有興趣就來池袋的王子大飯店。當然我欣然赴約。

康寧祥等人利用立法院的暑假訪美，在訪美歸途中經過日本。他們在美國會見同情臺灣反對勢力的國會議員，拜訪美方智庫，與數個城市的在美臺人團體舉行交流活動等等。訪美時除上述三位立委之外，還加上監察委員尤清，當時被稱為「黨外四人行」也就是所謂的「黨外」外交活動。從後見之明來看，引導美國聯邦眾議院國際關係委員會亞太小組史蒂芬・索拉茲（Stephen J. Solarz）訪臺，堪稱此次「外交」的最大成果。

參閱康寧祥的回憶錄（《台灣，打拼：康寧祥回憶錄》），此時的活動行程有：與在東京的在日臺灣人團體接觸，訪問戴國煇先生所在的亞細亞經濟研究所、NIRA（綜合研究開發機構）等智

「黨外四人行」（1983 年 6 月），自左而右為尤清、張德銘、康寧祥、黃煌雄（出處：張富忠、邱萬興編著，《綠色年代：臺灣民主運動 25 年（1975 ～ 1987）》〔上冊〕，綠色旅行文教基金會，2005 年，131 頁）

庫團體。而戴國煇先生於一九七六年改至立教大學任教。

當天早上的聚會幾乎都在戴國煇先生與來賓之間進行，我被介紹之後便一直於一側旁聽，談話內容也已不太記得。大概是因為沒那麼進入對話狀況，所以也沒留下值得記憶或筆記的內容。即便如此，與真人見面，還是與只聽說過存在重大不同。在臺北見過江春男、吳豆輝之後，又與臺灣政治紛爭中的「人物相會」，這正是事情的開端。

5 與臺南的朋友——林瑞明初逢的夏天

坐著速克達馳騁於臺南街頭

「WAKABAYASHI SAN DE SU KA？」（是若林先生嗎？）

與生俱來無與倫比的男中音，說話總是輕聲細語的感覺。時間是一九八二年七月底，場所在臺鐵臺南站的檢票口，距離高鐵（臺灣新幹線）飛馳還有二十五年。這就是林瑞明開口對我說的第一句，也是最後一句日語。

這也是我們首次見面。在研究生時代關注日本殖民地統治下臺灣一九二〇年代抵抗運動的我，曾經閱讀過林君當時關於「臺灣新文化運動」的文章。除今日臺灣出版界要人林載爵的論文之外，鮮少有討論當時的論文。這僅有幾篇從臺灣寄來的論文影本，讓人感受到臺灣知識界飄蕩出一股新氣息。

林君提議先載我去預約的旅館，接著前往他在成功大學的宿舍。我就這麼抱著小尺寸的新秀麗（Samsonite）行李箱，抓著初次見面的男子的腰，坐著速克達在臺南街頭急馳，一開始我有些不知所措，不過也很快體會到這就是臺灣風格，也就樂在其中了。

在林君大學的宿舍裡掛著一幅裱褙好的卷軸，「放膽文章拼命酒」。據說是葉榮鐘的一句詩。當時感覺上是在哪兒見過的詩句，一瞬間還以為自己貧瘠的中國文學史知識也能憶出這位有名的詩人，而得知是葉先生的詩時則感到大吃一驚。實際上大約十年前我曾經與葉先生見過面，早已得知葉榮鐘先生曾任林獻堂的祕書，著有《臺灣民族運動史》，不過觸及他是詩人的身分則是時隔三十年後的事情（第一章第三節）。我手邊還有林君為我拍攝的照片，但很遺憾該照片失焦了。

鹿耳門的夕陽

大概是在這段日子吧，林君帶我前往鹿耳門，理由是我想去看看。此時再度跨上速克達，又在充滿塵埃的道路上奔馳一段時間，這段事情在兩年後有機會於歷史隨筆（〈關係「臺灣前途」的事物〉，收錄於《海峽》，研文出版，一九八五年）中提及。因為當時尚在戒嚴時期，所以僅寫作「L君」。

當時鹿耳門的天后宮正在整修，觸目可及剝除後的水泥，入口附近有幾個像當地的年輕人正在盡興地划拳喝「米酒」。當時從鹿耳門見到的臺灣海峽夕陽，讓人無法忘懷。

三十多年後，這次搭乘成功大學歷史系陳文松教授（著作有《殖民統治與「青年」》，臺大出版中心，二〇一五年）的車，一起「舊地重遊」。林君已經從成功大學歷史系退職，過著悠然自適的日子，我也辭去東京大學教養學部轉任早稻田大學政治經濟學院（在職期間二〇一〇年四月~二〇二〇年三月）。到達目的地後讓我相當震驚，周圍已經徹底整頓完畢，天后宮變得更加宏偉，而且在對面矗立著巨大的鄭成功像。

對高雄的回憶

當時的臺灣旅行只有訂下一個大略的計畫，之後在林君的邀約下前往美濃（現在的高雄市美濃區）做兩天一夜的小旅行，目標是拜訪作家鍾理和之子鍾鐵民先生。林君的未婚妻也同行，首先在高雄市內乘坐巴士，途中在旗山鎮換乘最近已難以見到的引擎蓋型巴士，從該巴士下車後，再步行一段路才抵達鍾鐵民先生的家宅。

我成長於長野縣群山環繞的盆地，伯父在盆地西側的山腰經營蘋果園，孩提時期去伯父家玩時，也與此時一樣搭乘引擎蓋型的巴士，一直坐到山麓上的小鎮，之後再換乘巴士或者步行。美濃讓我想起當年的回憶。

鍾鐵民先生也是作家，當時任職高中老師，騎機車前往旗山鎮通勤。他計畫利用自宅土地建立「鍾理和紀念館」，他帶我去看的時候剛在打混凝土樁，因為既無官方補助也無高額捐款，僅在臺灣文學愛好者之間募款，募得多少款項，工程就進行多少。

十年後再度偕林瑞明一同前往時，紀念館已經蓋好，展示品也收集得差不多，鍾鐵民先生亦從機車換成私家轎車。

之後林君在高雄又為我引見了葉石濤老師與詩人鄭烱明，也帶我出席以葉石濤老師為核心的文學家聚會，該次聚會確實是在當時高雄尚且稀少的咖啡館（恐怕臺北也為數不多）進行，留下了眾人大笑的照片。我並非仔細拍照型的人，今日留下自己與林君拍攝的照片中，大多數都是他拍攝的。

林君的明信片

我覺得與林君相處愉快之處有三點。他的男中音，那個鬍鬚臉的笑容，還有他寫的字。他似乎有個習慣，找到機會就會寫明信片。他的字相當有魅力，收到後讓人心情愉快，而且會有這種感覺的絕不只我一個人。我至少收過五、六張，但在書房中僅找到兩張。

一張是一九八五年五月七日的，告知已經收到我不自量力撰寫講解的《現代臺灣小說選III：三腳馬》（研文出版，一九八五年）。大概是我先寫信告知夏天要去臺南，請他多關照，所以他也寫來這張明信片，代表「包在我身上」之意。正面的照片不知是何處，上頭有人力車，如果是臺灣的朋友大概一眼就能瞧出是哪個時候的照片吧。我初次訪臺時曾在屏東乘坐過人力車，那是一九七三年三月的事。而那時的臺北已經見不到人力車了。

另一張明信片的日期是二〇一〇年十二月二十六日，由他曾擔任過館長的國立臺灣文學館發行，正面是巴爾札克的肖像畫。這一年因我轉任，地址換至早稻田大學，他的明信片是告知已經閱讀我發表在中央研究院臺灣史研究所《臺灣史研究》（十七卷四號，二〇一一年）

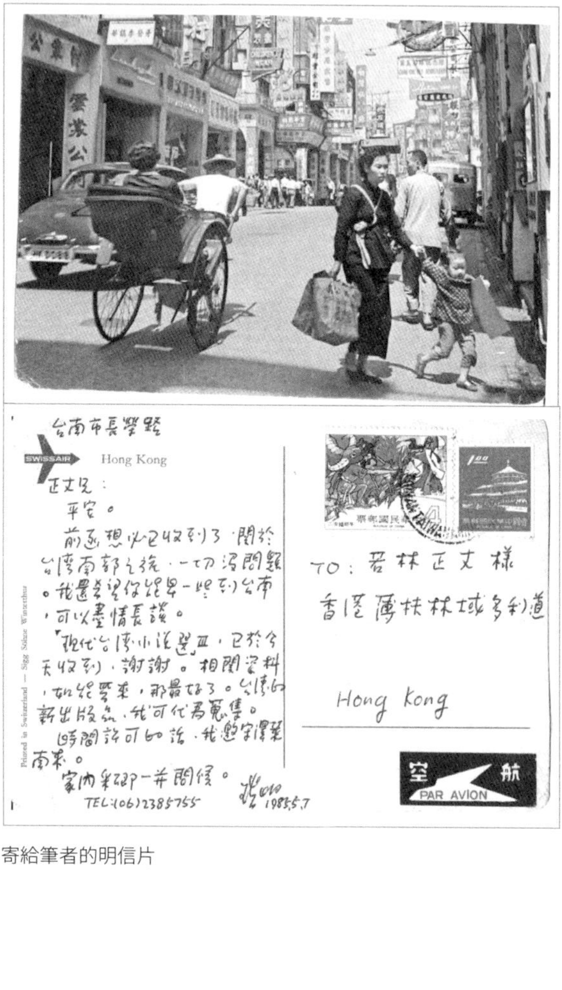

寄給筆者的明信片

的〈葉榮鐘的「述史」之志〉。

「唯有把生命燃燒殆盡」

時間稍微往回追溯，進入中年後，林君利用一年的學術休假（sabbatical）在東京進行研究，當時我從上野搭乘信越線帶他前往我的故鄉，位於善光寺盆地的小鎮，之後再乘坐篠之井線（中央線的支線）去參觀松本城。逛到城下的舊書店時，他拿起一本印著《地方文學》的書，一邊說著「這種東西很重要啊」一邊買下該書。

當時我們一起去東京下北澤的居酒屋喝酒。他沒有拒絕我的提議，下定決心嘗試了人生中第一次納豆。不知是否因為此事，他豪邁地笑著，用渾厚的男中音嚷道：「我唯有把自己的生命燃燒殆盡！」這樣的林君，也正是詩人林梵。

大概是過了六十歲左右吧，林君患上腎臟病，每兩天就需接受透析治療一次，不過他仍精神飽滿，還曾與我一同前往臺灣最南端的鵝鑾鼻燈塔、四重溪溫泉進行小旅行。但二〇一八年十一月林君突然過世。「我的臺灣研究人生」中不可或缺的「北吳南林（臺北是吳密察，臺南是林瑞明）」，自此時起就缺少「南林」了。

我其實還有些問題想請教他。最初提及第一次見面的那個夏天，在他宿舍裡見到「放膽文章拼命酒」的詩句，該宿舍不久後在林君外出時發生火災，此前收集的書籍與資料都付之一炬。那麼那幅「放膽文章拼命酒」的卷軸下落如何?另外，我從吳濁流老師處獲得的七言律詩該如何解釋?回想起來，他的生涯正似往昔在東京下北澤居酒屋叫嚷的「唯有把生命燃燒殆盡」般，可是我再也無法聽他以特有的男中音對我說這些話了。

第三章 在「自由的空隙」中站起的臺灣國族主義

1 還給悲劇的受害者正義與道歉——一九八三年的「增額立委選舉」

「選舉參觀」與開始成為臺灣政治觀察者

一九八三年底，我前往臺灣觀察十二月三日的臺灣立法委員部分改選選舉。所謂的「立法委員」相當於日本的國會議員，是由《中華民國憲法》規定之「中央民意代表機構」的機構之一——立法院（其他尚有國民大會、監察院，任期皆為六年）的議員，每任議員的任期為三年。此次選舉正式名稱相當長，因此通稱「增額立委選舉」。

此次選舉之所以說是「部分改選」，係因一九四八年在中國大陸選出的議員與一九六九年於臺灣實施「補選」後選出少數議員並不成為改選對象，仍舊繼續行使職權，僅在臺灣地區（下文稱「自由地區」）與海外華僑新增定額的員額，僅有這一部分進行定期改選之故。

第一次「增額立委選舉」於一九七二年舉行，任期三年的立法委員選舉於一九七五年進行第二次選舉，且一九七八年預定舉行國民大會代表與立法委員增補選舉，但因在此之前美中宣布建交而終止辦理，至一九八〇年年底始恢復辦理，接著任期三年的立委選舉繼續每三年實施一次。直到作為在民主化過程中成立民主體制最初步驟的國民大會（一九九一年）與立法院（一九九二年）全面改選之前，前者合計舉行四次，後者合計舉行七次選舉。這些選舉也為臺灣政治劃出一條界線，也就是所謂的「威權主義選舉」時代。

第一章曾經言及，此選舉的正式名稱相當長，稱為「動員戡亂時期中華民國自由地區立法委員增加名額選舉」。此選舉代表在臺灣的中華民國，在名分上仍堅持自身為正統中國，同時也是反映當時臺灣現實狀況而進行制度的修改。此外，「部分改選」對反對勢力而言是個機會，對執政當局而言卻是個兩難，對執政黨而言有其優點也有其風險，在理解到上述這些狀況時，似乎也對該時代的臺灣政治框架有了某種領會。

接著，回國之後便受託於時事通信社在十二月二十日號的《世界週報》撰寫〈戒嚴令下的民主化緩速前行：臺灣立法院「增額選舉」的實地觀察〉。

這大概是前述史吹晉老師的現代中國研究會常客、我大學的學長同時也是時事通信社的老資格記者為我向報社進言，才讓我有執筆的機會。就這樣，我使用「磯野新」這個筆名書寫，這也是我以臺灣政治觀察者身分首次書寫、發表的文章。那時為何使用筆名的理由已記不清楚，大概是意識到「戒嚴令下」吧。實際上這個筆名之後還使用過一次，這將於後文再度提及。

臺北的「公辦政見發表會」

這次的臺灣行由一起參加戴國煇先生、臺灣近代史研究會的張士陽先生（當時就讀東大大學院人文科學研究科東洋史專攻博士課程）提供協助。張先生為了調查故宮博物院的史料正好人在臺北，居住於他父親持有的公寓內，因此我便前往借住。之後我與張先生一同前往臺灣東北部的宜蘭一探。

在南港國小的公辦政見發表會。康寧祥登臺問候時。一旁等候的白衣服女性是前奧運選手紀政，是當時國民黨候選人（筆者拍攝）

這次在臺北同樣獲得交流協會臺北事務所的下荒地修二總務部長協助。當時正好來自新加坡分局的朝日新聞記者土井先生也來採訪臺灣選舉，正好一併照顧我們兩人。在簡報兼晚餐後，他帶著我們前往參觀政府公辦的政見發表會。

據下荒地稱，在臺北隨著投票日接近，公辦政見發表會選在遠離市中心政府機構的地方舉辦，當天便是在市郊的南港國小禮堂舉行。

隔天，我一個人前往景美的武功國小會場觀察，進入會場時，適逢輪到「黨外」的康寧祥上臺發言。

會場外的道路上停滿各候選人的宣傳車，助選員散發傳單，場面相當熱鬧。

在中壢的所見所聞

除臺北之外，我也隻身前往中壢，此處也是一九七七年中壢事件的發生地，因此想前去一探。此區的「黨外」勢力有張德銘（前一年八月在東京見過面，當時同行的還有康寧祥、黃煌雄）與亡命美國的桃園縣長許信良之弟許國泰出馬競選，我分別前往拜訪他們的競選辦公室。到許國泰辦公室時，被告知候選人正要搭乘宣傳車出行，我也可以乘坐支援車隨行，因此我也爬上了宣傳車的車斗。

在日本的選舉，候選人幾乎都是穿西裝打領帶，許候選人則是身穿運動外套，腳踩運動鞋。我試著詢問為何這麼穿，被告知「這樣才有奮鬥打拚的形象」，且隨著場所改變，服裝也會有所變化。

在中壢，我先前往一九七七年事件中被指控作票的小學拍照，接著是到當時被搗毀、燒毀的中壢分局旁拍照。事件爆發的契機是，該小學設置的投票所內許信良的助選員發現作票舞弊，之後群眾前往責問負責人，該監選主任也是該小學的校長遂逃往警察局。事發地點一旁人行天橋上此時掛著「神聖一票，絕不放棄」的橫條標語，回憶該事件，不禁讓人稍感諷刺。

另外，這與選舉無關，當走累時我信步到路旁的果汁攤，首次嘗試了「木瓜牛奶」，這是把木瓜與牛奶放入攪拌機現場打成的果汁，嘗過之後便愛上了這種飲料。這是與我喜歡的臺灣當地料理並肩的當地飲料。

在羅東的所見所聞

我與張士陽先生一同前往宜蘭。今日從臺北前往宜蘭有穿過雪山長隧道的高速公路，短時間內便可抵達，但當時得從臺北車站前乘坐巴士翻山而行。翻過山後，放眼便是寬廣的宜蘭平原水田風光，極目所及就是太平洋，有龜山島鎮守其中。那幅景色至今仍烙印在我腦海中。

去宜蘭的目的，是想參訪候選人方素敏的辦公室。到了宜蘭市區一打聽，才知道選舉辦公室設在更南邊的羅東，因此先在候選人黃煌雄的辦公室附近走走拍照，接著再搭乘公車前往羅東。

前文也提過方素敏女士。她是美麗島事件中，在軍事法庭上被宣告有罪的被告——前省議員林義雄的夫人。在林義雄滅門慘案中，其母與三位女兒中的兩位遭到殺害，另一人身負重傷。因美中宣布建交而終止辦理的國民大會與立法院「增額補選」，歷經美麗島事件後於一九八〇年年底重啟辦理，此際軍事法庭上的被告姚嘉文的夫人周清玉出馬競選國大代表，

方素敏選舉辦公室旁的宣傳看板。訴求「林家有罪嗎？」「公道在哪裡？」（筆者拍攝）

張俊宏的夫人許榮淑出馬競選立法委員，二位聚集同情票皆以高票當選。這樣的選情可視為對美麗島事件軍事審判的一種民意判決，也可視為對在事件中負傷的人們的一種慰藉。

對於政治，方素敏女士也完全是外行人，不過仍以最高票當選。此時方素敏女士的選舉幕僚團由我的舊識——《八十年代》總編司馬文武掌舵，事後我問他為何前去宜蘭，他回答：「想起那起事件的前因後果，方素敏的這個忙非幫不可。」就此看來，可說選舉對這位家人遭不公正剝奪的一位女性，也起到一種伸張正義及給予安慰的功能。

選舉在某種歷史階段，以及在具備選舉條件的地區，也承載此等意義。

2 「臺灣前途由臺灣人民自決」的登場

「民主、自決、救臺灣」

此次一九八三年的「增額立委選舉」中，人們關注的焦點有三。其一是「黨外競選立委後援會」提出之十項「共同政見」，第一項高揭「臺灣的前途，應由臺灣全體住民共同決定」的主張，以「民主、自決、救臺灣」為共同口號；其二是「黨外」知名政治家康寧祥落選，被視為康寧祥派的張德銘、黃煌雄也落選，如前章所言，我在前一年八月偶然與這三位「黨外」政治家碰過面；其三是國民黨在臺北市推出的七名候選人達成全數當選。臺灣媒體以七喜汽水之名稱之為「Seven Up」。今日回首思考，此三點皆相互關聯。

當時的中央選舉管理委員會禁止使用「臺灣前途，應由臺灣全體住民共同決定」的政見與「自決」的口號。對此，「黨外競選立委後援會」的候選人出現兩派不同的對應方法。一派是無視或幾乎無視中央選管的禁令，繼續在看板或旗幟上使用「民主、自決、救臺灣」，例如上面的照片所示，很明顯是在大家都理解的脈絡下消除某些字樣。

把「自決」的「決」做得半透明，恍如消除般的旗幟（筆者拍攝）

另一派是上述康寧祥派的對應方式，即不直接使用「自決」而換以其他說法。例如下一頁照片中康寧祥辦公室的大看板寫道：「打破中央決策壟斷，掌握臺灣住民命運」。這種康寧祥式的妥協做法當時也引起「黨外」年輕派的批評，且因康寧祥本身在此次選舉中敗北，這種表述方式之後也未再成為主流，但筆者身為理解「黨外」的「初心

臺北康寧祥選舉辦公室的大看板（筆者拍攝）

者」，認為這種解說式的口號反而更能體現民主化與「自決」的關聯，我記得當時感覺這種處理方式相對容易理解。

此外，康寧祥在此次選舉不斷強調「臺灣現在面臨第三次的命運轉捩點」。關於所謂的「第三次」，第一次是清朝將臺灣割讓給日本，第二次是因日本戰敗被納入中華民國的統治下，而所謂「現在＝第三次」，廣義而言指一九七〇年代初起的國際孤立，狹義而言則指與美斷交後的狀況。我記得當時聽到康寧祥的這個說法，心中浮起「啊，原來如此。臺灣人（本省人）是如此看待自身歷史的呀」，自己也感到贊同。面臨第三次的命運轉捩點，如果繼續維持非民主的政治體制便會如過往兩次般，由外部的他者任意決定臺灣人的命運，臺灣人對此已經受夠了——在「自決」口號的背後存在這種感情，或者該稱之為焦躁感，這是我對該主張的感受與心得。

面對「黨外」的「自決」主張，國民黨派的論者主張所謂「自決」是在論述帝國主義下的殖民地，臺灣並非殖民地而是中華民國的領土，因此不適用。這樣的批評在當時盛極一時。理所當然，問題的核心重點根本不在此，這點只要進入臺灣政治磁場的人，應該人盡皆知。此時潘朵拉的盒子已然開啟，盒中展現的，是對於臺灣應有什麼樣的國族（nation）想像，亦即臺灣國族主義的問題。

無論是中國國民黨的官方說法，或中國共產黨的「祖國和平統一」政策，都認為臺灣在某種意義上先決性地屬於「中國」的一部分，但「臺灣前途住民自決」主張則非如此，「住民自決」的結果是選擇「統一」或是選擇「獨立」，理論上是抱持開放的態度，只不過，能作決定的是「臺灣住民」。

在國共兩黨的官方中國國族主義中，這是不被允許的。但在「臺灣前途住民自決」主張中，將所謂的「臺灣住民」認定為是決定國家歸屬的主權團體，而這樣的主權團體通常指涉的理當是NATION。確實，其中並未直接主張成立以臺灣為範圍的獨立主權國家，但間接卻清楚地設想以「臺灣」為範圍的NATION。

我透過首次的「選舉參觀」，見證了臺灣國族主義公然地在臺灣選舉政治中登場，之後便帶著這樣的印象返回日本。

首度與謝長廷、梁肅戎見面

順帶一提，選舉的投票日在十二月三日，但我並未立即回國，而是在臺北多盤桓數日。此時依舊在日本交流協會的下荒地修二先生引薦下與臺灣政界人士見面。記憶中有當時身為臺北市議員的謝長廷（一九八一年當選）與梁肅戎（一九二〇～二〇〇四。中國東北選出的第一任立法委員，時任中國國民黨中央政策委員會副祕書長，日後成為「萬年國會」時期最後的立法院長）。

我請下荒地先生查了當年的筆記，查出與謝長廷見面是在五日夜晚，於南京西路與中山北路路口一隅的邱永漢大樓地下餐廳吃涮涮鍋，同席的尚有司馬文武（江春男）與名為安迪・坦澤的人士。與司馬氏是時隔半年的重逢，之後也在一些因緣際會下再度會面，後文中或許會請他再度登場。坦澤似乎是當時《富比士》的香港特派員，時至今日已全無印象。

與謝長廷進行了哪些對話，這也記不太清楚，恐怕我只是在一旁當聽眾。不過腦海中對他仍鮮明留下身材瘦小，剛進入政治界的「青年律師」印象。此後，每次前往臺北，就會請託人安排見面，選舉的期間自然也會前往競選辦公室拜訪，常就會有數名日本報社記者聚集而來，希望他能以日語發表評論。

接下來是一段日後發生的事情。一九八〇年代

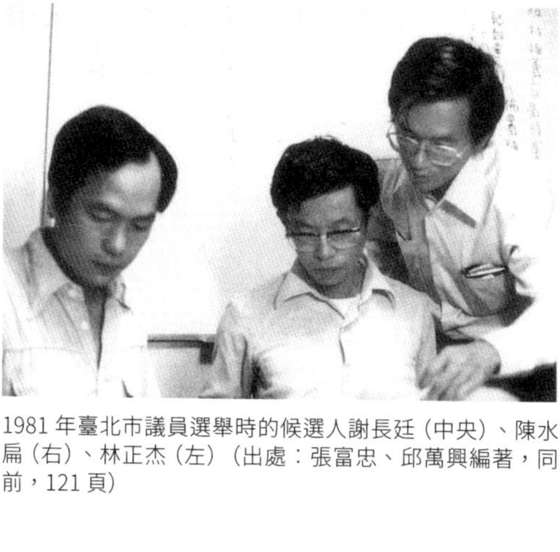

1981 年臺北市議員選舉時的候選人謝長廷（中央）、陳水扁（右）、林正杰（左）（出處：張富忠、邱萬興編著，同前，121 頁）

末，大概是一九八九年選舉之時，偶然與一位從事導遊工作、經歷過日語世代（在戰後中華民國統治下，日常生活中仍繼續使用日語與同世代人們會話，透過日語吸收各種各樣知識的人們）臺灣人同車，當時正好在臺北市內碰到謝長廷在宣傳車上進行街頭演講（大概在榮星花園一帶），對方突然一指謝長廷說：「那個人是臺灣的希望之星。如果那個人有意願，只要一聲令下，就可以在臺北發起暴動。」這段突如其來的發言確實讓人驚訝。大概在此前後吧，我前往謝長廷位於松江路的辦公室拜訪，他邀請我共進午餐，我們前往附近的臺式日本料理餐廳邊吃邊聊，途中也沒加點但盤子卻多了好幾個，都是支持者見到他後自發送來的。他抬起頭望向那些人，若無其事地向他們點頭示意。那個時候真的是相當有人氣。

與梁肅戎見面則是七日早上。下荒地先生突然通知我「穿上夾克快點過來」，我依其言前往臺北車站前的希爾頓飯店二樓餐廳，此處距離我下榻的忠孝西路的天成大飯店不遠，步行旋即可至。此時期在交流協會介紹下前來臺北的日本報社記者也經常下榻此處。

照例我並非談話的主角，因此究竟說了些什麼已記不太清楚，只有留下一點明確的記憶。話題自然是剛結束不久的選舉，大概是下荒地要求對方針對「黨外」的「自決」主張進行評論吧，梁肅戎說：「地方主義不可行，太過強調地方意識很糟，強調民主即可。」我僅對這句留有明確記憶。我知道國民黨一向使用這類詞彙批評「黨外」的意識型態，不過由國民黨要人以堅定的語調親口說出，還是讓人印象深刻。

3 傾聽在戒嚴令下的民主化跫音——之後仍繼續「選舉參觀」

關於臺灣選舉，首次撰寫一篇類論文

回國之後，如前所述受時事通信社的《世界週報》之託撰寫報導，隔年又在中國研究所的《中國研究月報》一九八四年九月號以〈臺灣的選舉與民主化〉為題撰文（日後收錄於《海峽：對臺灣政治的觀點》）。因為文中也附上文獻依據的註釋，還借用「發展型權威主義體制」等概念進行分析，即便稱不上論文，也算是研究筆記。這篇文章大概可以算是我臺灣政治研究的首篇論文。

此文中說明了「歷史情結」的「政治哭調」（遭歷代外來政權壓抑的本省人「歷史情結」情感，以帶著哀傷感嘆的臺語進行政見發表），「民主假期」（長期戒嚴令下僅有選舉時才會放寬取締標準之為了「民主」的戒嚴令假期）的「雞骨頭遊戲」（執政黨國民黨吃剩的雞骨頭才由「黨外」爭食，即「黨外」對現實中選舉結構的自嘲式表達）等等，當時臺灣政論雜誌用語，一方面對此加以解說，一方面對美麗島事件以來的選舉政治進行分析。

前者是前述康寧祥「第三次的命運轉捩點」說法的背景要素，遭國民黨的官方中國國族主義壓抑的本省人歷史觀（國民黨所謂的「地方意識」）已在選舉活動中表露出來；後者是當國民黨掌控媒體，且在組織能力擁有壓倒性優勢的中選舉區制度下，當參與熱潮湧入本就規模狹小的反對派政治空間時，必然會導致同室操戈的局面，在此狀況下使用的自嘲用語。這也是當時尚為「黨外」代表性人物的康寧祥之所以落選，以及臺北市國民黨能自豪「Seven Up」（七席全上）背後的政治結構。論文的好壞暫且不論，總之是不採取任何取巧方式，也論及臺灣固有區域脈絡的「威權主義式選舉」並進行分析的一篇文章。

之後仍繼續「選舉參觀」

加上後文將說明的選舉用語，我開始可以解說這類臺灣當地國民黨一黨專政威權主義體制下特有的政治詞彙，對同時代臺灣政治研究傾注心力的我，或許可說自此終於「進入狀況」了。

如此我開始了我的臺灣「選舉參觀」。雖說開始臺灣政治研究後過了一陣子才開始「參觀」，但平時我便會追蹤在日本可取得的報紙或雜誌報導動向，若有機會，特別是選舉時會停課一個星期前往臺灣，並盡可能多處踏查，與可見面的人盡可能碰面，聆聽對方說法。不過採取的並非特別設計問題去訪問對方並留下紀錄的做法。故與最近的學者進行之系統式田野調查相較，僅能稱之為「參觀」的程度。

此外，最初完全沒想過申請校方的研究資金，只把選舉觀察刊登於某處賺取一些稿費，作為下次前往臺灣的經費，且在一段期間內一直維持這種做法。能夠獲得校方資金作為自己研究經費的一部分，是在一九九〇年代初有幸加入東大豬口孝教授的「東亞國家與社會」科學研究計畫後才開始。

即便只是這種「選舉參觀」，但能聆聽戒嚴令下臺灣民主化的跫音，依舊是令人振奮的體驗。

4 威權主義選舉下產生的獨特政治詞彙

傳達威權主義選舉樣貌的「〇票」一詞

從一九七〇年代末至一九八〇年代初，產生同時代臺灣政治這種新的知識「真空」吸引力時，進入我視線的臺灣政治大事有：美麗島事件、林義雄省議員滅門事件、陳文成事件等鎮壓事件，以及最重要的——選舉。如第三節所言，選舉是戰後臺灣能行使的、極少的政治權利的自由，這種極少的可能性可稱為「自由的空隙」，存在於此時期鎮壓事件的背景中。

隨著對臺灣選舉的見聞逐漸增廣，映入眼簾與聽入耳中的是在「票」字前加上另一個漢字（主要是動詞）的選舉政治詞彙。即「投票」、「開票」、「買票」、「作票」、「監票」、「唱票」、「鐵票」、「謝票」等等。其中「投票」與「開票」與現代日語的意義及用法完全相同，但除此外則有所不同。這些詞彙反映出：圍繞著選舉的反對勢力與體制競合、似乎是戰後才形成的臺灣特有選舉文化（「謝票」），以及擁有戰後大量政治移民的臺灣中華民國特有之選民的族群性地理組成（戰後隨國民黨政權一同來臺的軍人家屬居住的「眷村」，成為能遵照黨指示進行投票的「鐵票」區）等特徵。

「買票」、「作票」及「監票」等詞彙，如實說明了某種選舉暴動——中壢事件背景。一九七〇年代的選舉「熱度」，因選舉非法開票也就是「作票」、黨外人士及其支持者監察開票也就是「監票」，再加上抗議行動而增溫。要說戰後臺灣威權主義選舉中最大的非法行為，就是國民黨派候選人收買選民投票，即「買票」，不過在當時還存在今日臺灣選舉中難以想像的「作票」行徑。

從「黨外人士」的談話與「黨外雜誌」的敘述中得知的作票手法有：選務人員透過偽裝協助投票者等動作對選票動手腳，使其成為「廢票」（無效票），或者開票時選務人員任意竄改候選人得票數等做法。筆者曾不只聽過一次，在某些「黨外」候選人有希望當選的選區開票所，最初即備妥大量已圈選好國民黨候選人的選票，開始開票後該開票所便突然停電，趁這段時間更換選票，之後的「計票」結果，就能由國民黨候選人當選。這也稱得上臺灣選舉奇譚之一吧。

中壢事件是，競選桃園縣長的「黨外」候選人許信良預料到當局會「作票」，因此加強支持者的「監票」活動，並舉發在中壢分局旁的投票所出現故意弄髒選票的非法行徑，被指責違法的負責人逃往中壢分局，引發群眾燒毀警局。亦即，「黨外」候選人在擁有優勢的選情中，「作票」與「監票」相拮抗，最終發展成自一九四七年二二八事件以來最大的街頭暴動。

此事件尚有一段前史。一九七五年的立法委員增額選舉中，「黨外」人士郭雨新為宜蘭的候選人，其選舉活動一直處於有利狀況，支持者都確信他將當選，但開票結果卻顯示落選。因此群眾強烈質疑有「作票」行為，慣例的「謝票」（無論當選或落選，候選人在投票隔天乘坐選舉車向支持者表達謝意）時湧出大量群眾，與警方發生一觸即發的狀況。一九七七年桃園縣長選舉中，許信良陣營徹底活用了當年的這個選舉教訓。

從「選舉暴動」中獲得的教訓

但，從中獲得教訓的並非僅有反對勢力一方。令人吃驚的是，戰後臺灣的公職選舉並未制定正規的選舉法，而是根據內容甚或相互矛盾的數個行政命令辦理，這種情況，可以說是蔣介石時代遺留下的惡劣副產品之一，《中華民國憲法》的部分重要政治規範被《動員戡亂時期臨時條款》架空，並且將「反攻大陸」當作「基本國策」來強調所導致的結果。

然而，在臺灣有段時期甚至被誇張地說是「一次選舉一次暴動」的程度，可視為選舉制度與管理方式的不完備，對國民黨政權而言也成為一種負擔。該政權在中壢事件後迅速著手整備選舉法，一九八〇年五月制定《公職人員選舉罷免法》，「唱票」即是此法的產品。

該法關於投票與開票的條款規定，投票所於投票完畢後，即改為開票所「當眾唱名開票」。筆者曾親眼見證，電視上也報導這樣的場面，由公務員或學校教員擔任的投開票所職員唱名「某某某一票」，並將選票展示給聚集現場的民眾看，接著在身後備好的白板上由負責「計票」的人於每位候選人的名字下以「正」字表記票數。

即便到了一九八〇年代以後，關於選舉結果仍存在一些緊張的場面，此際整頓選舉法治、重新訓練執行選舉事務的公務員、教職員，理當可以提高體制轉型期的選舉可信度，藉此支撐與穩定轉型期下的政治安定。

5 臺灣基督長老教會與佔人口多數的「臺灣人」——國民黨無法完全滲透、控制之處

在東京聽謝長廷的分析

在一九八三年首次「選舉參觀」後，不久在交流協會的邀請下謝長廷前來東京。當時已經回到外務省本部的下荒地先生聯絡我，告知將與謝長廷共進晚餐並請我陪同，我當然歡欣赴約。場所應該是在四谷的中華料理餐廳。

當時謝長廷說的話直到日後都讓我印象深刻。即便國民黨在臺灣政治上誇稱具有壓倒

性實力，滲透到臺灣社會的方方面面，但仍有兩處無法完全滲透、控制，那便是長老教會與「臺灣人」。長老教會決策時採取公開且徹底民主的方式，因此無法進行決定性的控管。另，此場合中的「臺灣人」指的是本省人，因為他們在臺灣社會中畢竟佔據壓倒性的多數。

那段期間我透過閱讀香港的《九十年代》雜誌或黨外雜誌相關報導，終於開始理解「情治系統」、「政工系統」（二者皆為政治警察體系，後者為軍隊內部），以及「線民」（向政府情報機構提供相關情資以獲得一定報酬的民間人士）、「職業學生」（為密報海外留學生動向而成為留學生，亦即以此為職的人）等國民黨政權的政治警察相關用語。大概是因為在餐會席間我提出問題，所以謝長廷的這段分析是給我的回答。

所謂的長老教會，係指臺灣基督長老教會（The Presbyterian Church in Taiwan）。自十九世紀後半起於臺灣傳教，在今日臺灣是擁有最多信徒的教派。戰後基督教迅速在居住於山區的原住民之間擴散，因此在這些區域長老教會也擁有相當影響力。基督教傳教時原則上總是使用當地語言，即便在臺灣總督府對基督教傳教並不友好的日本殖民地統治時期，仍堅持以臺語（臺灣漢人多數派的福佬話）進行傳教活動，而這樣的做法，與戰後推動普及「國語」的國民黨政權也出現摩擦。

此外，在中華民國被逐出聯合國後不久的一九七一年十二月，長老教會發表了「國是聲明」，旨趣為：反對任何國家罔顧臺灣人民的人權與意志，人民自有權利決定他們自己的命運。一九七七年也提出「臺灣的將來應由臺灣一千七百萬（當時臺灣人口的概數）住民決定」，堪稱日後「黨外」之「自決」口號的源流。另，在美麗島事件之後的鎮壓中，因協助在高雄市擔任世界人權日紀念遊行「總指揮」的施明德逃亡，長老教會總幹事高俊明牧師（一九二九～二〇一九）也遭逮捕下獄。

關於謝長廷的見解，筆者日後也詢問過身為長老教會信徒的學者並獲得肯定的回答。長老教會的信徒組織，有以一個教會為核心的分會、每個地區（在原住民部分則加上排灣族、泰雅族等部族要素）的中會，以及以決定臺灣全體教徒意志的總會，具有多層結構，這無論在橫向或縱向都呈現聯邦制，個別的分會乃至中會之間的關係當然都處於無法互相控制的狀態，且上層結構也無法命令下層結構。威權主義體制時期或許國民黨政權可以滲透部分的分會或中會，以自身意志加以控制，但如「國是聲明」等例子顯示般，不可能對整體意志進行統治。透過總會票決的資料來看，即可理解此點。

多數的臺灣人——周婉窈老師的述懷

那麼關於佔據人口多數的「臺灣人」（本省人）又如何？

聽過謝長廷分析又過了大約二十年，這段期間臺灣已經達成民主化，不過我又在臺灣的中央研究院臺灣史研究所副研究員（日後成為臺灣大學歷史系教授）周婉窈老師口中聽到類似的說法。周老師先提問「在有如鋪天蓋地的國民黨威權主義體制統治下，如何才有反抗的可能」，接著交織著個人的回憶說明臺灣人（本省人）的「絕對多數」（sheer number）力量是重要因素。

老師如下說明這段（在本省人之間）具有相當普遍性的個人回憶。雖然有點長，不過周老師自身在當時東大駒場的某研究會的發言已經寫成文章，以下便根據該文章紀錄[1]進行引用。

> 這是升上小學後不久的記憶。在教室裡老師教導「我們肩負抵抗〔中國〕大陸拯救大陸同胞於危難之中的神聖使命」。我相信老師，相信課本，立下心願將來必將對此使命做出貢獻。可是某天夜裡，偶然聽到父親在跟鄰居聊天中說出「反攻大陸什麼的根本不可能」。對當時的我而言這是非常大的震撼，偷偷生父親的氣還流下眼淚，很長一段時間都不能原諒父親。實際上從父親的角度來看，如果知道我會聽到，他是不可能說出這段話的。因為他們切身感受過二二八事件與「白色恐怖」的驚懼，不會對子女說出自己的想法。問題是，他們的態度與想法並不需要特別以「言說」的形式展現，就能悄無聲息地暗中抵銷國民黨教育的效果。（中略）我記得，孩子之間經常爭論「是誰打敗日本的？」一派主張是因為美國投下原子彈，另一派則主張是因為中國進行八年抗戰的功勞。很明顯前者是我們〔本省人〕父親世代的看法，後者是國民黨教育的結果。

這正是日語所謂的「孩子是看著爸媽的背影長大的」。一如周老師的判斷般，這可視為她的世代許多本省人家庭發生的現象。那麼，那種「爸媽的背影」傳達出來的訊息又是什麼？老師以歷史學者的角度導入世代論，指出這是受到本省人戰爭期間世代的歷史記憶與他們接受「低中國性（與中國低度相關）」的日本教育影響之故。

一九五〇年代在臺灣構成社會中堅的世代，是當時二十至三十歲經歷戰爭的世代，他們在戰後的嬰兒潮中陸續產下他們的子女，屬於戰爭世代的他們之中絕大多數因年齡與工作關係，已經沒有接受國民黨教育的機會，而他們此前接受的教育（日本的殖民地教育）被認定為非正統，因此大抵被「塵封」保存於他們的記憶中。另一方面，他們的子女則在國民黨的教育影響力下成長，國民黨的教育應該達成相當的成果，但戰爭世代的歷史記憶與「低中國性」的日本教育以各種各樣的方式，多少抵銷了國民黨教育的效果。

而本省人戰爭世代因二二八事件與「白色恐怖」的影響，也是對政治噤口的世代，這種影響只限定於私人的層面，對國民黨的統治而言無法造成直接威脅。不過，問題出在他們的人數，周老師與謝長廷擁有同樣見解，以過去式做出如下敘述。「問題在於『絕對多數』

1 周婉窈著，若林正丈譯，〈二度の「国引き」と臺灣：黒住・木宮両氏との対話〉，《ODYSSUES（東京大学大学院総合文化研究科地域文化研究専攻紀要）》，第九號，二〇〇五年。引自一〇六頁與一〇七頁。

（sheer number）產出的力量。戰爭世代是一九五〇年代至一九八〇年代的人口中堅勢力，只要他們之中的一小部分發揮影響力，就能積蓄挑戰國民黨權威與教育的能量。」

在此狀況下，要提本省人戰爭世代的代表性人物，首先便可舉李登輝（一九二三～二〇二〇）。一如在一九九〇年代民主改革中發揮領導力聚集聲望的李登輝般，此後戰後臺灣社會中隱藏的中堅世代，亦即本省人戰爭世代的人物們，可以見到逐漸出現走上社會表層的現象（例如發表回憶錄等）。但與此現象相對照地，因李登輝以國民黨主席身分推動民主化，許多支持國民黨的外省人心中遂感覺遭到背叛，因此即便到後民主化時期李登輝仍舊一直背負著這些人的憎恨，這樣的面向亦是臺灣現代政治史中的一股暗流。

6 從狹窄的自由空隙中往上爬——臺灣議會設置請願運動與「黨外」民主運動

「再度走向民主運動」

在筆者的臺灣研究人生中，從「開始關心」同時代的臺灣政治，到「全面投入」該研究、觀察的一九八〇年代左右，我的腦海中忽然浮現「這些人（「黨外」運動者）又再度推動大正民主運動」的異想天開感想。場所是在臺北，但已經想不起是什麼場合，只鮮明地記得浮現這樣的感想。

之所以持續觀察臺灣政治現場而浮現「大正民主」這種日本史用語，大概係因當時正剛完成長篇論文〈大正民主與臺灣議會設置請願運動〉之故，在筆者眼前「黨外」勢力於國民黨統治下推進民主運動，直覺認為這與日本殖民地統治下的一九二〇年代民主運動有著相通之處。

讓筆者有這種直覺的，恐怕是運動推手的相似性。一九八〇年代的「黨外」人士大多為本省人的戰後世代，他們這個世代接受如前文引述之周婉窈老師所言「達成相當成果」的國民黨教育，屬於「說『國語』的高學歷本省人」。領導日本殖民地統治下一九二〇年代的大正社會運動「本島人」知識分子，也是經歷殖民地教育與具備日本留學經驗的臺灣漢人社會首批學歷菁英，在此意義上屬於「說『國語』的高學歷本島人」。當然，「國語」的內容指涉有所不同。

臺灣議會設置請願運動一百週年

關於殖民地下的民主運動讓我想起的，果然還是前述的臺灣議會設置請願運動[2]。所謂

2 關於以下內容的相關文獻，詳情參照若林正丈，〈歴史のなかの総統選挙：「台湾のあり方」を問うてきた一世紀〉，《日本台湾学会報》，二十三號，二〇二一年。

年輕時的林獻堂（李筱峰，《台灣史 100 件大事：戰前篇》，玉山社，1999 年，134 頁）

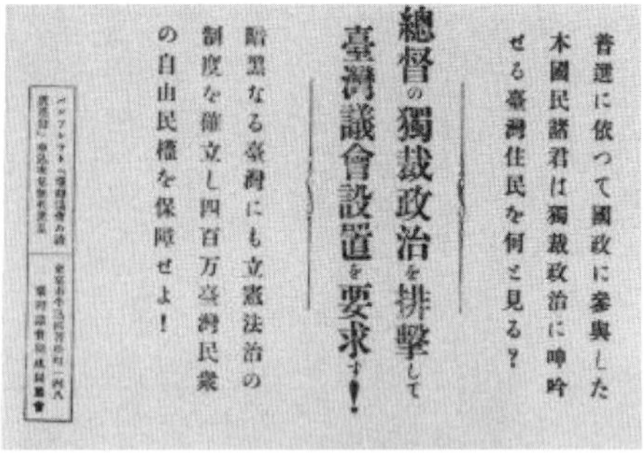

在東京分發的訴請設置臺灣議會的傳單（立法院議政博物館，《臺灣議會設置請願運動百年展》，2021 年，25 頁）

臺灣議會設置的請願，是基於臺灣總督對轄下臺灣（臺灣島及澎湖群島）具有行政權，且對轄下領域具備發布「具有法律效力之命令」的權力，向日本帝國議會要求制定一項法律：「透過組織由臺灣居民公開選出之議員設置臺灣議會，從而藉此對應於臺灣施行之特別法律及臺灣預算賦予協贊權」。

第一次請願是在一九二一年一月三十日，由臺灣中部的名望家林獻堂帶頭的一百七十八名臺灣住民發起，向第四十四屆帝國議會貴族院眾議院兩院提出。之後請願活動持續到一九三四年，終於在當局壓力下不得不停止為止，在十四年間總共提出十五次。請願在貴、眾兩院的請願委員會中皆遭否決，最終皆未能以中央政府應檢討案件之名送出。至二〇二一年一月三十日正好該當此運動一百週年。

從最低條件中創造民主運動

從今日回顧，一九八〇年代初在臺北讓我直覺感到

「再度」出現的戰前與戰後民主運動，除了推手的相似之外，還有兩個共通點。

其一，戰前一九二〇年代民主運動與戰後的「黨外」民主運動，皆立足於各自政治環境中的最低條件，且反抗統治後遭國家暴力鎮壓的記憶都還鮮活留在人心。此外，在二運動於各自時空平行展開的狀況下，皆創造了合法的民主運動。

一九二〇年代最初，臺灣人在臺灣總督府的統治下沒有任何堪稱參政權的權利。加上臺灣西部漢人地區最後的武裝反抗事件——噍吧哖事件（一九一五年）的大鎮壓（近二千人遭逮捕，依臺灣《匪徒刑罰令》超過八百人被判決死刑）的記憶猶新，另外，一八九五年以後在鎮壓武裝反抗過程中，仔細分配的警察派出所與保甲制度搭配，形成住民管理與監視系統，緊緊束縛平地漢人社會。在此種狀況下當時臺灣知識分子找到的（恐怕是受到日本本國普選運動等的啟發），便是戰前明治憲法規定的，向議會提出的請願權（憲法第三十條）。

這是當時容許的最低限度政治權利，並以此為槓桿創造了運動。在請願活動開始的前後時期，臺灣文化協會開始「文化講演會」這種屬於啟蒙活動的示威運動，從《臺灣青年》發展成《臺灣民報》。這些臺灣人自身的言論發表與創立報社等活動，圍繞著請願運動結晶、發展，一九二〇年代開花結果為臺灣政治社會運動。發展途中發生了堪稱殖民地版的美麗島事件「治警事件」（一九二三年十二月）。對照當時所謂的「內地延長主義」統治方針，無法將此運動定位為違憲的臺灣總督府，把日本內地為取締政治運動而制定的《治安警察法》

延長施行（一九二三年元旦），將運動幹部一網打盡。

臺灣議會設置請願運動一百週年，在即便身處嚴格條件下，被統治民族仍自覺地行使最低限度的權利，以形成他們的政治主體，在這個意義上也可將其視為臺灣民權運動的一百週年。

對戰後的民主運動，以及對一九二〇年代臺灣知識分子而言，他們請願權的目標就是地方公職選舉。正如在後文會登場的柯旗化先生（一九二九～二〇〇二）所形容的「臺灣監獄島」（第四章），在長期戒嚴令下，政治自由遭到嚴格壓抑，而在此狀況下，國民黨政權某種意義上不得不繼續實施的選舉，成為珍貴的「自由的空隙」。經過執政方各式各樣的騷擾、一九六〇年的中國民主黨、一九七九年美麗島雜誌社集團組織「沒有黨名的黨」受挫（美麗島事件）等等努力後，「自由的空隙」逐漸被撬開，最終促成一九八六年民進黨的成立，打破了國民黨的一黨專政。戰後臺灣民主運動正是從選舉這種「監獄島」中，最低限度之「自由的空隙」創造而來的。

康寧祥打算重新參選的 1975 年立法院選舉推出的書籍（1975 年 11 月出版）。「黨外」在立法院的質詢幾乎都未被媒體報導，因此他把自己的質詢稿出版成書。粗糙的裝訂訴說著資金不足，但銷售量卻一飛沖天。購買「黨外」候選人的「選舉書」也是一種支援他們的方式（書籍為康寧祥提供的原物）

由下而上提出的臺灣願景

第二個共通點，兩者分別對該時期的統治意識型態提出對抗的「臺灣願景」。如果說日本的「內地延長主義」存在某種「臺灣願景」，那便是內地化，亦即漸進式實施日本國的法律、制度以推動殖民地行政的制度性同化，隨著殖民地居民的「民度」提升，相應地承認殖民地人民具備與本國人相當的參政權。透過這種未來展望，將臺灣形塑「大日本帝國」的特殊「地方」。在這種體制下，不僅明確拒絕以「民族」為單位的自治，也拒絕將「臺灣」當作一個可實行住民自治的地域單位。帝國議會每年否決臺灣議會設置的請願，實際上也印證了這個方針。

對此，與上述方針相對，臺灣議會請願運動的願景是由住民方重新進行解讀，把臺灣總督府管轄區域這種由外力設定的「臺灣」領域，重新詮釋為一個能夠預想存在自治性政治體的領域。在此區域中民主的政治營運理念、自治的統治理念，以及臺灣是個政治領域的觀念首次產生結合。臺灣議會設置請願運動一百週年，在這種意義上也是「民主自治的臺灣願景」誕生一百週年。「黨外」運動的臺灣願景，則可用筆者於一九八三年觀察立法委員增額選舉時見到的「民主、自決、救臺灣」口號為代表。納入「自決」這個詞彙，雖並不能就此等同賦予臺灣公民集合體主權性，但這個願景仍能成為「民主自治的臺灣願景」之延伸或者未來發展。

串聯起兩個民主運動的人們

我們也不能忘記生活過戰前與戰後兩個時代，串聯起各自民主運動的人們。

一九七〇年代初著作《臺灣民族運動史》的葉榮鐘便是串起這種記憶的其中一人。葉榮鐘的友人、任職臺灣省文獻委員會的王詩琅居住在臺北萬華，實際上他的居所與一九七〇年代「黨外」領袖之一的康寧祥居所相鄰。如前所述，康寧祥從高中時代就透過窗戶與王詩琅以臺語交談及聆聽臺灣史的方方面面，特別是日本殖民統治時期的社會運動。康寧祥憑藉這些知識，於一九六〇年代末到一九七〇年代末靠著在街頭訴說日本殖民地統治時期人物的奮鬥故事，為「黨外」選舉颳起一陣旋風。

另外也有身繫兩個時代且投身戰後地方公職選舉的人。最近引發關注的石錫勳（一九〇〇～八五）即其典型。石錫勳生於彰化，一九二一年畢業於臺灣總督府醫學校，在高雄開業經營醫院。從在學時代起便參加臺灣文化協會，也參與臺灣議會設置運動，前述的治警事件中也曾一度被拘留於監獄。戰後以一九五四年為界，於一九五七年、一九六〇年以黨外人士身分挑戰彰化縣長選舉，但不斷落選。這段期間他也參加中國民主黨的組黨運動，一九六八年他也打算在地方選舉中挑戰彰化縣長，但因捲入所謂的「彰化事件」下獄而無法成為候選人。

之後與所謂選戰的「戰友」王燈岸（一九一九～八五）一同支持彰化地區的「黨外」人士選舉。一九八三年的增額立委選舉中，與王燈岸一同坐輪椅，在「黨外後援會」推薦的許榮淑（美麗島事件政治犯張俊宏之妻）的選舉演講中登臺。這個場面，可說就是在展現與訴說戰前、戰後民主運動歷史聯繫，是一個帶有強烈象徵意義的場景。

自不待言，一路走來，讓今天臺灣民主體制得以成立的歷史脈絡（context）並非只有一個，而戰前、戰後的各種社會運動提出的臺灣願景也絕非單一。但，如上所述，臺灣願景的繼承，這條道路也可說是臺灣近現代史中「縱向的脈絡」之一。

第四章 國民黨一黨專政的動搖

1 從香港以筆名撰寫「江南暗殺事件」

在英中發表聯合聲明不久後，在香港逗留

前文曾提及，部分也因為來自大學學長的推薦，我被聘為日本國香港總領事館專門調查員，一九八五年一月起至隔年三月為止都在香港工作。

在香港任職期間我曾兩度前往臺灣。翻閱舊護照確認，第一次是五月二十日至二十七日，第二次是十一月十二日至十九日。前者是為了前一年秋天起聚焦當時臺灣政局與臺美關係，針對江南事件（後述）進行採訪與資料蒐集，後者的目的是前往採訪臺灣地方選舉（十一月十六日投票）。

此處想先述說這段逗留香港期間關於臺灣研究的事情。不過在此之前也必須稍微提及香

港的狀況。我到任香港前一年的十二月十九日英中針對香港地位談判結束，我的到任適逢英中發表關於香港的聯合聲明後不久。一九九七年七月一日香港島、九龍、新界一齊歸還中國，中國承認香港的「高度自治」，採取「一國兩制」的安排，承諾至二〇四七年為止的五十年期間不加改變，重點約莫如此。當時我即逗留在剛進入歸還中國過渡期的香港。

因為進入過渡期，英國當局看準香港將要歸還中國的時機，打出設置區議會與實施普通選舉等措施，擴大香港住民的政治參與；作為回應，香港也開始出現數個民間團體。我當時並未打算全心投入香港研究，不過因為已經對同時代臺灣的「由下而上民主化」動態感到興趣，所以也與這些團體的相關人士見面及談話。

結束一年三個月的逗留後我返回日本，因停留期間正好是香港過渡期，因此被要求發表些看法，受邀參加了大學前輩們的午餐餐敘，席間做了簡單的分享。實際上當時說了什麼，具體的內容幾乎全無記憶，只記得在席間有一個論點遭到「斥責指教」。那時我確實說了從中國的態度看來，香港的民主化缺乏展望，接著說明，最終歸還香港大概只是把殖民地統治者從倫敦換成北京而已，而參與者的「斥責指教」就是針對這個結論而來。

「斥責指教」的論點乃根據當時消息靈通人士的主流見解。即：①「一國兩制」、「五十年不變」的承諾，因中國本身為了經濟發展必須讓香港發揮作用，因此值得信賴；②香港人士中關心經濟的人，並不關心政治，因此民主化云云只是被趕出香港的英國為了展現自身態度。從這些論點出發，中國共產黨不希望香港政治民主化，從這個理所當然的事實來看，我提出的「僅是換了統治者」的說法，或許有些太過。然而，從那之後經過三十多年，隨著中國習近平政權登場，使無論①或②都完全變調，走到看起來原本不變的事物，都已然發生變化的時代。今日香港有迫切追求自由與民主的公民，但共產黨不希望民主化的「理所當然的事實」成為一堵銅牆鐵壁聳立在他們面前，而這樣的鐵壁一樣矗立在臺灣面前。

然而，回顧過往，當時，變革的時代其實已經來臨，只是那時候變化的並非香港，而是臺灣。我在距離臺灣飛機航程一小時，進入過渡期的英國殖民地觀察到這樣的臺灣。無論臺灣或香港，三十多年後變化的關鍵皆在「民主」。

記住「臺灣新聞的讀法」

前述為了對臺灣政治「進入狀況」的「三件配套」中，「與人們見面」及「選舉參觀」到一九八三年為止算是已經實現，剩下的便是「閱讀新聞」。

在閱讀新聞時，除理解前述威權主義體制下特有的政治選舉用語外，例如為何會報導這個人物的發言、行動，因為每天的新聞報導不見得都會清楚寫下脈絡，所以有必要先對該人物及相關人士的名字為何出現具備一定程度的理解。

在利用網際網路閱讀全世界各地新聞已成理所當然的現代或許無法相信，當時我雖已發表過類似觀察報導或研究筆記的文章，但仍未經常性地閱讀臺灣當地的報紙。最大的理由是，在東京購買臺灣報紙花費甚鉅。因此只能匯集各種雜誌閱讀，報紙則是前往臺灣時拚命閱讀多家報紙。

不過，來到香港總領事館後，無論英文報、中文報、當地各種報紙，甚至臺灣的《中國時報》、《聯合報》、《自立晚報》等主要大報，總領事館都有訂閱，大概也有《臺灣時報》，送來的這些報紙還可以自由進行剪報。臺灣的報紙下午送達。當然，《亞洲華爾街日報》、《華盛頓郵報》等英文報與《時代雜誌》、《新聞週刊》，加上當地的《遠東經濟評論》等週刊也都可自由閱讀。

而當我到任香港後，這些媒體上大量報導的，就是關於江南事件的新聞。當時專門調查員在辦公室的時間，工作可說就是閱讀這些報紙、雜誌。對我而言，江南事件是我實踐「閱讀新聞」這項自我訓練的良好題材。我閱讀前述大量的報紙雜誌，與香港人、臺灣人見面，聽取他們的看法，此外，當午飯時間總領事館的中國通對我傾囊相授時，我也盡力側耳傾聽。

江南事件

江南是筆名，是名為Henry Liu（中文姓名為劉宜良，生於中國江蘇省，當時五十二歲）

的美籍華人的筆名之一。一九八四年十月十五日，他在舊金山郊區的自宅遭到三顆子彈暗殺。他以江南這個筆名於前一年在美國的華文報上連載文章，且於被暗殺的前一個月剛出版了單行本《蔣經國傳》。很快地便有人推測這是有關該書出版的政治殺人事件。因此我迅速取得這本書進行閱讀——雖然記不得正確的日期，但並不認為該書有值得引發暗殺的內容。

透過日後彙整的情報得知，暗殺劉的誘因與其說是《蔣經國傳》，不如說是為了阻止他預計撰寫的下一本書《吳國楨傳》。吳國楨（一九〇三～八四）是國民黨政權逃往臺灣初期擔任臺灣省主席的親美派政治家，他也是蔣經國的政敵，因被握有政治警察的蔣經國追捕而於一九五〇年代中期亡命美國。劉與吳有所接觸，而臺灣的情治單位擔憂吳晚年親近中國，可能把之前他不在公開場合談論的不利蔣經國事情透過劉進行陳述。

美國聯邦調查局（FBI）迅速對事件展開調查，很快便公布遠從臺灣而來的「黑社會」幫派「竹聯幫」幹部陳啟禮等三人實施暗殺，其中兩名返臺後被以「掃黑」的名義逮捕，但十二月五日《紐約時報》刊登一則報導，指出蔣經國的次男蔣孝武（一九四五～九一）有暗中涉入此事件之嫌。到了隔年，聯邦調查局取得一份錄音帶，這是陳啟禮完成任務後害怕回國將被祕密處分掉，因此給在美國的好友留下描述犯罪過程的錄音帶。幾乎與此同時，蔣經國下令逮捕被認為是下令給陳啟禮等人的國防部情報局長汪希苓及兩名該局官員，並將他們交付軍事法庭。

我至香港赴任時正是美國調查當局、臺北的國民黨當局以及力圖自保的竹聯幫三股勢力互相拉扯，隨著涉案人員的被捕，而邁入決定性的時刻。之後作為反擊，國民黨當局在香港《九十年代》雜誌暴露劉宜良的「江南七函」，暗示他乃同時提供臺灣、中國、FBI情資的三面間諜。此時美國國會正展開臺灣是否適用〈武器出口管制法〉（Arms Export Control Act, AECA）一九八二年修正條款（賦予總統對以一貫模式迫害美國公民的國家停止出口武器權限）的公聽會，國民黨當局在必須留心美國與輿論的狀況下，汪希苓等人的軍法審判採取完全公開的形式，並判決他們涉案純屬個人行為，企圖讓此事落幕。而美國下議院外交委員會雖然召開公聽會，但未能得出適用前述修正條款的結論，如此一來，一九八五年四月期間此事件便逐漸沉寂。

我的「採訪」活動

逗留香港期間，我一直斷斷續續地寫著筆記式的日記，翻看之下，意外地有不少關於江南事件的小段筆記。這樣的活動大概是一種「採訪」，此處靠著此日記先說明當時「採訪」活動的部分狀況。

二月初，在總領事館同事的介紹下，與吳鴻裕先生進行長時間的電話採訪。吳先生出身臺灣，擁有複雜經歷，偶爾但持續參加總領事館的「職業」組（譯註：職業外交官）所稱的

「學習會」午餐聚會，據說在飯席間他會聊各種各樣（真的是各種各樣）的事情。我透過電話與他打招呼，希望也讓我加入他們。由於吳先生生於日本殖民地統治時代，故能說一口不帶腔調的流暢日語。這通長時間的電話似乎也提及江南事件，日記中寫著吳先生說「（此事件對國民黨）政權可能是致命的」。確實有這樣的可能，但從中、長期來看如何才會演變成這種狀況？又，最終為何未發展成這種狀況？這部分將於後文說明。

二月下旬我與《九十年代》總編輯李怡見面，此前他曾說過，如果我來香港，彼此務必見上一面。記憶中，此次應該是一併與當時以共同通信特派員身分前來香港的坂井臣之助見面。《九十年代》二月號剛刊登前述劉宜良的「江南七函」，根據我的日記，李總編輯與據稱認識劉宜良超過三十年的友人談過，該友人的說法是：「那就是個如果蘇聯來接觸的話，也會把情報賣給蘇聯的傢伙，會被那樣殺死，一點也不讓人意外。」我的日記還記下當劉宜良「江南七函」被公布後，總領事館資深調查員的說法，即「在美國進行情報活動的人都會被美國的機構標記，所以中國方面也會關注，因此，成為三面間諜的可能性相當大。」亦即，這些消息靈通人士的見解相當一致。

後文將再提及訪臺時見面的費希平（一九一七～二〇〇三），他也表示：「劉宜良是情報販子，《蔣經國傳》也是為了錢而寫的。」因而在我心中的江南形象是：劉宜良故意寫與國民黨有關的「敏感」人物或事情，並非基於某種立場提出批判言論，而是當作一種勒索的手段。我任職香港總領事館期間，在理解中國事務上一直倚靠的資深中國通外交官表示，劉宜良這號人物是「不正經的」「小混混」，因此被切割處理掉了。他當時的見解是，這個「小混混」的事件之所以引起大騷動，係因存在著國民黨與共產黨競爭對美華人社會影響力這樣的背景因素。雖然時至今日大概已「罹於時效」，但此處仍順帶一提，費希平雖未曾明言，但他提到類似「他還是太年輕啊」之類的說法，言談之間都表現出對蔣孝武涉入江南事件深信不疑的模樣，至今仍讓人印象深刻。

與王崧興老師、康寧祥重逢

三月下旬我與王崧興老師重逢。在我首次訪臺時王老師曾照顧過我，當時他突然一句「蔣介石逃到了一個好地方」的感想一直留在我腦海中。王老師之後從臺灣中央研究院轉往千葉大學，此時為了參加香港中文大學「兩岸三地」（中國、臺灣、香港）社會學者、人類學者有關中國家族的會議而前來香港。會議的焦點在於文革後重新復出的中國社會學界代表性學者費孝通（一九一〇～二〇〇五）帶領中國代表團出席。我也前往會議旁聽，費孝通的發言帶有一種中國高官的腔調，與閱讀他著作時的印象相去甚遠，讓我感到失望。不過，會議後在王老師的介紹下，認識臺灣社會學者蕭新煌（一九四八～）與文化人類學者陳其南（一九四七～），這對我日後的臺灣研究人生大有助益。

當月月底我再度與康寧祥見面。前文也提及，康寧祥於一九八三年的選舉中落選，之後前往美國進修，這次於回國途中經東京來到香港，因為剛從美國回來，所以關於江南事件，無論在美國政府與華人社會的動向上都堪稱握有最新消息。康寧祥的看法是，美國政府認為國民黨政權的處理方法很「stupid」（愚蠢）且對此感到非常不快，但如果因此給予過度打擊，則可能失去對中關係的平衡，因此處在兩難狀況中。關於華人社會，隨著事件的發展，他針對政治傾向的不同為我具體說明各自不同的反應。事件剛發生後，幾乎所有的華人團體都擺出抗議的態度，但等逮捕相關者讓事件開始朝不利國民黨的方向發展後，親國民黨的一派開始抽手，等劉宜良的「江南七函」被公開後，中立派也抽手，持續炒作事件的只剩親北京派。另一方面，臺灣人的團體，特別是ＦＡＰＡ（臺灣人公共事務會）等因判斷對推動民主化有利，所以針對為了實現前述討論武器出口法一九八二年條款，是否適用臺灣的國會公聽會，展開了遊說活動。

赴臺採訪

五月二十日至二十七日我前往臺灣採訪。因為一年只能出差一次，所以這次應該是我自己請假並自費前往。

根據我的日記，抵達臺北當天便迅速與謝明達見面。我是在他擔任《八十年代》雜誌職員

被保存下來的「第一法庭」內部。國家人權博物館，白色恐怖景美紀念園區（筆者拍攝）

時，透過吳密察君的介紹而認識。關於江南事件他說明的重點是，事件在四月公開對汪希苓等三人的軍事法庭審判後，對臺灣而言，在政治上此事已然畫下休止符。他的看法是，在外部討論的事情也全都在臺灣內部公開討論，但與海外不同的是，這個事件在臺灣內部並沒有對國民黨政權造成嚴重打擊。

之後在康寧祥的介紹與安排下，前往臺北郊區的「大湖山莊」訪問前述的費希平。費氏為外省人，也是第一屆立法委員，也就是「萬年議員」，但身為「黨外」勢力的一員在當時頗受重視。「大湖山莊」是臺灣政府為「萬年議員」建造的住宅區，費氏在談話中，對於江南事件中人物性格提供了許多的參考。有關蔣孝武部分已於前文提及，汪希苓雖任情報機關要職，卻未接受什麼教育，為了立功出名，所以想替主子辦點什麼事情，這就是他唯一的想法。費氏如此訴說他的感觸，對當時的我而言算是非常貴重的經驗。

此外，在臺北也與支援文藝雜誌《臺灣文藝》的陳永興（一九五〇～）醫師（日後成為「二二八和平日促進會」的領導者）、作家陳映真（一九三七～二〇一六）等人見面。陳映真曾因是政治犯而被捕下獄，日後他的出國禁令解除，他即前往東京會見戴國煇先生，進行晚餐的

汪希苓軟禁區。國家人權博物館，白色恐怖景美紀念園區（筆者拍攝）

席間我也前往陪同，因而有幸認識。只是，當時我日記的紀錄並不完整，所以彼此間談了什麼，很遺憾已無法還原。

以筆名書寫江南事件

江南事件是發生在美國的事件，我到任香港適逢此事。當時大學學長的近藤大博先生任職《中央公論》編輯部，四月時打國際電話到香港問我是否願意撰寫關於江南事件的文章。當然我一口答應，大概之所以決定去臺灣進行採訪，也是因為有這項委託之故。從臺灣回到香港後我便開始執筆，與觀察一九八三年選舉時相同，文章以「磯野新」的筆名發表於一九八五年八月號的《中央公論》。近藤先生幫忙起的標題是〈三面間諜（?）江南暗殺事件之疑〉，標題中還加上「長篇稿件」一詞。如同此說明，最初的邀稿即是一百張四百字稿紙的分量。近藤先生很快成為該雜誌總編，對我在論壇上撰寫轉換期的臺灣政治，在背後提供相當的支持。會使用筆名主要是考慮到當時任職總領事館之故。經常有人向進藤先生詢問此人是誰，但他當然沒有透露。總領事館的人好像知道，並隱約顯露出知曉的態度但除此之外便不再多言。關於這個筆名的由來，只是我當時居住的相模原市的一個地名「新磯野」的倒裝罷了。

2 「李登輝將成為臺灣的沙達特」

繼承人問題的緣起——蔣經國的總統任期與宿疾

一九八〇年代初期，我戰戰兢兢地「進入」臺灣政治的「狀況」之中，最初見到的是由下而上的民主運動，以及在鎮壓中開始逐漸崛起的新國族主義。在赴任香港後大量閱讀的英文報、華文報，其中備受關注的是成為橫跨太平洋的國際醜聞——江南事件相關報導。這或許是後見之明，此時我碰巧遇上了國民黨政權的危機，也就是其一黨專政體制開始發生動搖。當時此種動搖以獨裁者蔣經國繼承人問題的形式浮上檯面。

從結果來看，從蔣經國（一九一〇～八八）交給李登輝（一九二三～二〇二〇）的權力繼承大戲，涉及了與政治體制轉變及對美、對中的關係，此事說來話長，若有新的資料及觀點浮現，又會出現更新、更長的故事吧。當此事完全變成「歷史」之際，亦即不共享相同時空的後世人們，將要如何闡述這段故事？其實饒富深意，不過此處想先記下當時初出茅廬，並且是自學而成臺灣政治觀察者的我，在一九八五年香港的相關見聞。

蔣經國繼承問題浮上檯面，與其宿疾的糖尿病惡化有關。蔣經國於一九八〇年一月因前列腺手術住院一週左右，隔年七月底因眼疾入院，一九八二年二月也因視網膜病變入院。同年十一月公布蔣經國的疾病係因糖尿病導致的末梢神經炎。當時臺北消息靈通的人士都一致認定，蔣經國的時間所剩不多。

回顧訪臺筆記，一九八二年訪臺時曾聽聞下荒地修二（當時交流協會總務部長）的觀察，認為蔣經國堅持不到一九八四年的總統選舉。如果死於任內，首先將依《中華民國憲法》的規定由副總統謝東閔（臺灣本省人）繼任總統，不過問題在於之後將如何發展。此處所言的總統選舉並非今日一人一票的直接選舉，臺灣民主化之前的總統、副總統係由國民代表大會（二〇〇五年廢止）選出，而這些大多數代表都是在中國大陸時期選出的所謂「萬年國代」，僅有一部分是一九七二年以後導入的「增額選舉」所選出的代表。一九七五年蔣介石過世後由副總統嚴家淦接續剩餘任期，一九七八年蔣經國指名前述謝東閔為副總統，二人被選為正、副總統。任期為六年，預計一九八四年春天將由國民代表大會進行改選。

事實上，一九八二年夏天我訪臺前不久，臺北政論雜誌《縱橫》的一九八二年七月號，由政治評論家耿榮水以筆名徐策撰寫的〈誰是蔣經國的接班人〉成為話題。下荒地氏的言論，帶有這樣的背景原因。順帶一提，在此時間點上，耿榮水提出的接班人人選中，排名第一的是當時的行政院長孫運璿（一九一三～二〇〇六），接著是蔣彥士（當時國民黨中央祕書長）、王昇（國防部總政治作戰部主任）、蔣緯國（蔣經國之弟，國家安全會議祕書長）、林洋港（本省人，內政部長，一九二七～二〇一三）。

然而，出人意料地蔣經國之後健康好轉，恢復精力的蔣經國做出新一輪人事安排，首先把他住院期間權力開始膨脹的王昇將軍外調巴拉圭擔任大使，一九八四年的總統選舉中指名李登輝擔任副總統，並將為一九七七年地方選舉敗北負責，而免去國民黨要職的李煥（一九一七～二〇一〇），從中山大學校長調回中央擔任教育部長。江南事件便是在這一連串安排後不久，由部下因「對黨國的愚忠」而引發的麻煩事件。

蔣孝武繼大統說與被徹底暴露的蔣經國一族

如下荒地所言，因有嚴家淦的前例，所以蔣經國若出現什麼萬一，總之先由副總統接任總統一職即可，但問題在於：國民黨一黨專政體制下，究竟該讓誰掌握實權。這個問題直到後來民主化後才得以解決，因為民主化使得反對黨得以成立，且總統職位改由一人一票的直接選舉產生。但若在當時國民黨一黨專政體制的前提下，則無論誰成為總統，一般都不認為該人物將握有如蔣氏父子般的實權。

前述的耿榮水在一九八四年夏天以另一個筆名在別的雜誌刊登〈再論：誰是蔣經國的接

班人〉。因一連串的人事調整結束，所以這次的名單順位也出現變化，而這份名單的前提是無論誰是接班人都僅是短期的領導人。文中提出的順位是，第一位李登輝，之後是李煥、李元簇（法律學家，歷任法務部長、教育部長，之後成為李登輝的副總統）、陳履安（陳誠之子，陳誠是戰後主導農地改革的行政院長且最高職位達到副總統）、郝柏村（一九一九～二〇二〇，當時的參謀總長）、徐立德（當時的經濟部長）。

美麗島事件後陸續發行的「黨外雜誌」。慈林社會運動史料中心的展示（筆者拍攝）

在這些討論中最被看好的是當時深受蔣經國信任的李煥，不過從我到香港之後聽過兩種見解：一個是蔣孝武繼大統說，另一個是李登輝接班說。前者是從臺灣傳來的觀點，其依據是，一九八五年一月，國民黨中央委員會祕書長蔣彥士，被捲入臺北第十信用合作社金融弊案而被迫辭職，祕書長一職轉由「宮廷派」的馬樹禮接任；而被《紐約時報》報導一度被認為是江南事件背後藏鏡人的蔣孝武，因蔣經國決斷已下，判決汪希苓等人有罪，而美國也停止追究，因此蔣孝武完全逃脫危機，並轉變為有助於他接班的態勢。

這個推論只有相信臺灣的蔣家政權還會持續，才會當真接受，而這樣的議論也相當短命，八月中旬蔣經國在美國《時代雜誌》的訪問，以及十二月二十五日中華民國行憲紀念日演講上，不到半年兩度聲明「中華民國總統的繼承，是經由憲法選舉而產生」，他的「家人中不能也不會參加競選」。隔年二月，更把這位不那麼成材的次男外派去擔任駐新加坡代表。當然，當時蔣經國的內心想法已不可知，且僅就其發言來看，也沒保證蔣家人不會掌握實權。不過，今日重新回想當時狀況，蔣家的威信其實暴露在來自臺灣內部與來自美國的重大威脅下，可以理解這是他在面對這種狀況下的發言。如前文所述，次男參與江南案的證據可能握在美國聯邦調查局手中，這對蔣經國個人來說自不待言是個棘手的狀況。

1985 年 11 月臺灣地方選舉的「黨外」勢力造勢大會會場出現「新約協會」一整列的抗議字牌（筆者拍攝）

《蔣經國傳》作者遭暗殺，這個契機讓至今為止社會上僅靠私下流傳的蔣家種種傳聞浮上檯面，蔣經國一家的底細幾乎都遭到暴露。以一九七五年康寧祥的《臺灣政論》為始，至美麗島事件後數量爆發性大增的「黨外雜誌」，成為擴大媒體議論政治的媒介。十一月筆者前往臺灣觀察地方選舉之際，在臺北「黨外」候選人演講會的人群中，見到公然高舉批評蔣經國字卡的基督教派新興宗教團體「新約教會」的身影。這種狀況與一黨專政體制及蔣經國獨裁明顯出現齟齬，透過這樣的矛盾也可見到自下而上的民主運動，與臺灣國族主義在「自由的空隙」中壯大。

李登輝接班論

聽到李登輝接班論，是在香港中文大學。當時受邀參加政治行政學系翁松燃（Byron Weng）教授主持的午餐會演講，因日記與筆記沒有錄下日期，因此無法說明正確時日，大概是在大學進入暑假之際吧。《九十年代》的重要投稿者之一的翁教授，其對香港問題、臺灣問題、「一國兩制」的相關論說，對我而言是每期必讀的文章，來到香港後，也屢次前訪翁教授向他請益。我記憶中翁教授出身於臺灣的彰化。

當天的演講者是賓州大學教授哈張旭成（Parris Chang，一九三六～二〇二三）。張教授撰有中共黨史研究的專門著作，另也在美國《新聞週刊》（*Newsweek*）撰稿專欄，我之前便聽過他的名字。身高不高，但相貌堂堂又能侃侃而談，且英語也十分清晰易懂，日後得知張教授出身臺灣嘉義。當天沒有留下筆記，但因印象鮮明，所以記得當時議論的概要。那就是擔任蔣經國副總統的李登輝，將成為臺灣的沙達特。

如果筆者沒記錯，張教授的論述如下。在埃及革命英雄納瑟（Gamal Abdel Nasser）總統之下擔任副總統的艾爾・沙達特（Anwar Sadat，一九一八～八一），當納瑟還是總統時，沙達特一直扮演著遵命先生，完全不引人注意，但等納瑟過世，沙達特繼任總統後，即發揮強大的領導能力，包含與以色列達成大衛營協議（Camp David Accords）等重大功績。李登輝在蔣經國面前也一直是忠誠、聽話的學者型官僚政治家，但一旦就任總統，有可能搖身一變成為如沙達特般的人物。

對此我的反應是：原來如此，也有這樣的觀點。但也僅止於此。在今日的日本，對李登輝的認知就是他退下政治第一線後依舊擁有高知名度，在當時的日本，他身為農業經濟學者，不過就是在學界有點知名度的程度。我還在擔任助教的時候，一位認識的農業經濟學老師曾對我說，認識一位叫李登輝的學者，現在正擔任臺北市長，如果有需要也可以介紹給你認識，當時並沒有強烈要求該老師為我引薦，今日感到懊悔也於事無補了。

李登輝在國民黨的資歷甚淺，在體制內不具任何基礎，而且最重要的是他是本省人，這些缺點都讓人難以推測在後蔣經國時期他能成為擁有實力的人士，當時就我的所見所聞，對他的評價都不高。一九八二年耿榮水的預測名單中有本省人林洋港，但也不見李登輝。林洋港過去曾有擔任南投縣長的政治實績，一九七〇年代在蔣經國的提拔下突然入閣，作為本省人政治家較諸李登輝更走在前方。李登輝可依靠的僅在蔣經國提拔這一點上，但最終這一點在一九八四年兩人的地位競爭上改變了先後順序，蔣經國過世後，林洋港自始至終都無法超越李登輝。一九九六年的第一屆總統直選上，林洋港甚至遭國民黨除名也要挑戰李登輝，結果以巨大的票差敗選。

蔣經國的「朝前方逃走」

之後我臨陣磨槍式習得比較政治學者的「朝前方逃走」一詞。這是指威權主義體制的領導者面對內外情勢不利時，會少量、小幅度地逐漸回應由下而上的政治自由與民主化要求，企圖藉此延命。如果說自由化、民主化就在前方，那麼透過小幅度的讓步就是在「朝前方逃走」。我在日後的著作中認為，晚年蔣經國的政治決策便是類似「朝前方逃走」。

如前所述，在香港認識一位知識淵博的臺灣人吳鴻裕先生，他曾在一九八五年二月初的時間點上預測「（江南事件將成為國民黨）政權的致命傷」。回顧之後的開展，這個預測究竟算應驗，或者失準？從短期來看，國民黨還是度過了江南事件的危機，因此答案是No（不正確）。

但從中長期而言，答案應該是Yes and No（對也不對）。對的部分，是因最終二〇〇〇年總統大選中，國民黨敗給民進黨的陳水扁，國民黨失去政權。不對的部分，是因為即便一九八六年容許民進黨成立，一九八七年解除長期戒嚴令等突破之後，在民主化過程中國民黨仍長期掌握政權。在這樣的進程中，李登輝之所以能在國民黨內權力鬥爭獲勝而成為「臺灣的沙達特」，或許是因為蔣經國晚年實施的「朝前方逃走」戰略獲得效果，而李登輝則是對應此戰略的合適人選。

如同在一九八三年選舉中「臺灣前途住民自決」的臺灣國族主義口號登場般，所爭的已經不僅是單純的自由化、民主化問題。李登輝的「黨資歷尚淺的農業經濟學者，獲得蔣家強人提拔的臺灣人，而且還是共產黨退黨者，又是基督徒」等複雜的屬性，對「朝前方逃走」的領導素質而言，大概是必要的條件。

3 未送達的論文抽印本——被「警總」攔截的郵件

臺灣送來的PDF檔案

「在國家安全局的檔案中找到記有老師名字的文件。是封『警總』攔截並報告給國家安全局的老師的郵件。以附件寄給您。」從舊識吳俊瑩處收到這封電子郵件，是二〇二一年九月的事情。

二〇〇七年我有半年時間在臺灣政治大學臺史所擔任客座教授，與吳先生就是在這段時間認識的。當時他還是研究生，現在已經是總統府直屬的國史館（總統、副總統文物管理編纂機構）研究員，持續從事編纂史料，成為活躍的臺灣現代政治史研究者。

「警總」指的是臺灣警備總司令部，一九四〇年代末起至一九八七年七月為止，長期以來皆為戒嚴令的執行機構，也是該時期負責政治統治與鎮壓的核心機構，在臺灣長期使用「警總」這個簡稱而被人們熟知與恐懼。國家安全局是直屬總統，統籌國內外安全情報的機構。就任總統後不久的李登輝「我就是情報頭子」的發言相當知名。

政府機關保存的彙整文件（行政等相關官方文件。臺灣稱為「檔案」，以下也如此稱呼）根據一九九九年制定的〈檔案法〉（政府文件管理法）規定，超過三十年的政府文件原則上可供閱覽，但國家安全局的機密文件即便在民主化後也未被公開。然而，因要求改正威權主義體制時代，壓抑政治人權所謂「轉型正義」的呼聲高漲，從蔡英文政權（二〇一六年當選，二〇二〇年連任）起制定〈政治檔案條例〉後便能閱覽相關文件。吳先生寄給我的文件，就是把從國家安全局移交給國家檔案局後的檔案，以研究者的個人資格申請並取得的資料（非國史館管理資料）。

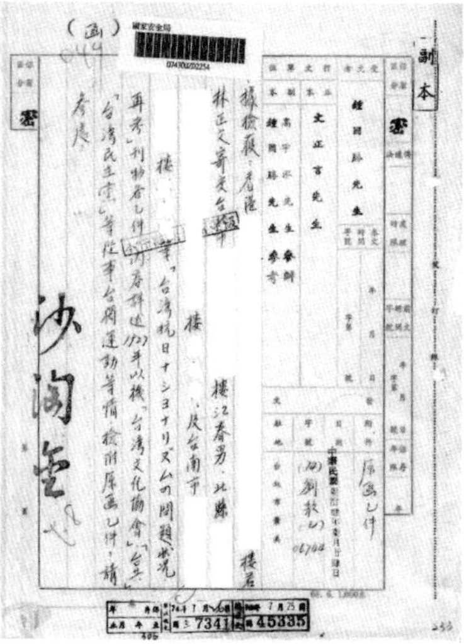

「警總」的若林正丈相關資料送達文件

被抽出並打開的郵件，無法送達的研究論文

以下的照片即是警總檔案的第一頁說明，吳先生取得的是「副本」，蓋有發信者「沙淘金」的橡皮印章，根據吳先生的說法，這是警總負責審閱郵件的「特檢處」別稱。過往的國民黨政權習慣把政治上敏感的部門改以三個字的中國人名來稱呼。此「副本」的收信人雖寫著「鍾國勝」，但根據吳先生告知，這是負責國內安全的國家安全局第三處的別稱。「正本」的收信者「文正言」、副本另一個收信人「高宇泓」也是該局政治情報部門的別稱。檔案發出日期寫在右下的藍色橡皮印框中，可以得知是「中華民國七十四年（一九八五年）七月二十四日」。

文件的主旨是居住於香港的若林正丈將〈臺灣抗日國族主義的問題狀況再考〉這份印刷品（我論文的抽印本），寄給臺北市的江春男與臺北縣、臺南市的人物，內容撰寫一九二七年以後「臺灣文化協會」、「臺共」（日本殖民地統治時期的臺灣共產黨）、「臺灣民主黨」等從事「臺獨運動」之人事物，附上該文以資參考。想當然耳，「臺獨運動」並非我論文中使用的詞彙。白色修正帶抹除處是國家檔案管理局准許吳先生取得此文件時，基於保護個人資訊而處理掉的部分。

筆者與抽印本一同寄送的信封

下一張照片是我寄論文抽印本給江春男時的信封，當時我任職於香港的日本總領事館。「江春男」是已於前文提及兩次的司馬文武的本名。在取得他的同意後，此處也展示他的名字。司馬氏曾擔任黨外雜誌《八十年代》的編輯等職，是知名且具影響力的新聞工作者，因此與其說我被盯上，不如說警總在關注寄給司馬文武的郵件，從中覓得我從香港郵寄的論文抽印本，拆封一看竟然是談論「臺灣共產黨」的內容，所以走到被攔截的地步。

此外，檔案還不辭勞苦地把我手寫的「司馬文武先生指正」字樣與論文抽印本，從封面到封底為止全數拍照附上。刊載論文的雜誌是我擔任助教時所屬的東大教養學部數種紀要的其中之一，發行日期為一九八五年三月三十日。

就這樣，關於這份論文抽印本，無論是收件人司馬文武先生等人，或是寄件者我本人，都不知道這份郵件遭警總攔截，並上報給國家安全局。直到吳俊瑩先生從國家檔案管理局的清單中找出並通知我們之前，這三十六年來，毫不知情。

後文會說明我因為與當時臺灣「黨外」人士頻繁接觸而被情治單位盯上，此事也在解除戒嚴令後數年才得知。吳俊瑩先生找出這份檔案，雖然時間上遲了許久，但也間接證明一九八五年夏天我已被標註，至此我才終於明白。

但，此論文之後由吳密察氏翻譯並發表於《當代》雜誌，刊登雜誌的發行日期一九八七年九月一日，是我寄送那封被攔截郵件的兩年後。長期戒嚴令則是於一個半月前終於解除，也就是該年的七月十五日。我想不起吳氏如何取得這篇論文，當我詢問他時，他甚至連當年自己曾翻譯過這篇文章一事都忘了。

長期戒嚴令下的情治例行公事

我的論文僅是對日本殖民地統治時期，既存的各種抵抗運動之戰略構想，進行簡單的分析與分類，完全沒提及現代的事情，所以當時判斷郵寄也不會有問題。至於警總監視臺灣人與外國的通信一事，我自然知悉。

實際上，時至今日都還記得這類事情的當事人告訴我的經驗談。該人士是日本人，當時在臺灣大學的研究所留學，在日本的大學學習中文時，為了記住中華人民共和國制定的拼音與簡體字系統，特別是專業研究中需要詳細且大尺寸的中日辭典，但當時臺灣禁止攜帶簡體字書籍進入，而且旅客無論出入境都得接受行李檢查，確認完護照後，就是打開行李箱受檢，幾乎沒有例外。

為此他心生一計，他寫信給自己父母拜託父母，請不知臺灣情況且最近就要去臺灣看兒子的雙親，在行李箱底放入一本前述的辭典（愛知大學編《中日大辭典》）帶至臺灣。他的雙親抵達臺北機場經過海關打開行李的瞬間，海關人員毫不遲疑地搜出該本辭典並沒收。這恐怕與我的通信被攔截一樣，該留學生寫給雙親的航空郵件已先遭開啟，審閱當局將他雙親的姓名、抵達日期與搭乘航班傳達給機場的負責人員，之後再把郵件復原封上，繼續郵寄業務的流程。因此，當天機場的海關負責人早就在等候著他雙親的抵達。

我與這位留學生的例子，不過是長期戒嚴令下一直孜孜矻矻的情治機關每天例行公事的其中一例罷了。如果用山脈來比喻，就是山麓樹林中的一棵樹而已。挑戰國民黨威權主義的人們，其實際行動與情治機關之間的攻防，則在比這種例行公事堆疊的更高之處，也就是在山脈的稜線地帶展開。從國際層面來看，為救援或改善遭逮捕入獄的政治犯待遇，如日本的拯救臺灣政治犯團體或國際特赦組織等，即是在這種稜線上展開活動。這就是筆者對此結構的想法。

到了一九八六年夏天，警總已經無法繼續管制在臺灣各城市發生的公然反政府示威行動，筆者的觀察是戒嚴令此時已呈現「瀕死化」的狀態，這部分會於後文說明，記憶中，在比一九八六年夏天稍早之前，機場的行李檢查幾乎只剩形式確認而已。

威權主義體制的動搖，從這種地方也能觀察到。

4 在野黨組黨時認識前政治犯柯旗化老師

在野黨組黨時機下的一九八五年地方選舉

逗留香港那年（一九八五年）的十一月，因為臺灣有地方選舉，因此我再度前往臺灣。

這次是為了觀察選舉情況，因此得以使用總領事館員的身分申請公費出差，進出香港時使用公務護照，但進入無邦交的臺灣時則使用一般個人護照，這種分開使用的奇妙經驗既是第一次也是最後一次。因為與臺灣乃「非政府間關係」的官方理由，所以不使用公務護照，而使用個人護照。

十一月十二日首先抵達高雄，十五日也就是投票前一天進入臺北，停留到十九日以踏查訪問選舉相關人士對選舉結果的評論。

一九八三年的增額選舉中「黨外中央後援會」的共同口號為「民主、自決、救臺灣」，這一年則為「新黨、新氣象、自決、救臺灣」。原本「民主」一詞被「新黨、新氣象」取代，美麗島事件後恢復的國會增額選舉與翌年的地方選舉中，「黨外」勢力贏得一定的席次，伴隨著「臺灣前途由住民自決」的臺灣國族主義興起，籌組在野黨（組黨）迅速成為下一個必須處理的課題。一九八四年九月組成「黨外公職人員公共政策研究會」，接著成立各地支部，以設立不限於選舉期間的政治團體組織為目標，因而與視此舉為違法的國民黨當局之間加劇緊張關係。共同口號中放入「新黨」，是把挑戰國民黨一黨專政的企圖以更具體的方式加以表現。

與當時副總統李登輝爭奪本省人政治家最高權位的內政部長林洋港，此時曾說出「戒嚴只實施百分之三」的名言（謎言），造成社會的議論。對在一九八一年的選舉中當選的陳水扁、謝長廷、林正杰等這些美麗島事件律師們及其他政治新人而言，這也是場他們政治生涯能否延續的選舉。特別是陳水扁成為他的故鄉臺南縣縣長候選人。同時，國民黨也總算克服了前一年開始的江南事件這場大型政治風波，對「黨外」進行接戰。

歷經一九五八至一九六〇年的中國民主黨挫敗（雷震等外省人自由主義知識分子，與參與地方選舉的本省人「黨外」人士，嘗試組織政黨卻因鎮壓而失敗），一九七九年美麗島雜誌社集團成立「沒有黨名的黨」失敗（美麗島事件）的經驗，第三回的「組黨」運動就此展開。在此選舉中並未預感到國民黨將會大敗，選舉結果也果然如此。之後不到一年，在野黨民主進步黨實現組黨，應了日語一句諺語「第三次一定會成功」（三度目の正直）。此時，守衛國民黨一黨專政的戒嚴令體制已經開始踏入「瀕死化」的進程。

與柯旗化老師見面

此時的訪臺行程中，在高雄認識了柯旗化老師。因為此次屬於出公差，所以在臺灣獲得日本對臺窗口交流協會的協助。記憶不是很清楚，不過得以與柯老師見面，大概是交流協會高雄事務所的介紹吧。根據保存在我書房一隅的當時日程手冊，十三日晚間有交流協會高雄事務所長三島泰正舉行的宴席，隔天早上九點寫著「柯老師來訪」（柯先生来る）。前一晚的宴席柯老師也獲邀出席，他大概對我說，如果想要理解選舉的狀況，可以為我說明。在中文裡稱「〇〇先生」，是對男性的稱呼，等同日語的「〇〇桑」（〇〇さん），不過柯先生在高中擔任英語教師，所以稱他「先生」也正好帶有日語中「老師」的意思。因為這麼稱呼他感覺很合適，所以我自然而然在筆記上寫下「柯老師來訪」。

柯旗化老師原本是政治犯。無論是做政治研究或其他什麼研究，從長期戒嚴轉向民主化的時期，只要持續進行實地考察，必然會以某種形式遇到「前政治犯」。說來我首次訪臺（一九七三年）時拜會的楊逵先生（一九〇六～八五）也是前政治犯。楊逵先生既是日本殖民地時代活躍的農民運動活動家，也是一位文學家，戰後初期因其言論活動踩到國民黨當局的紅線，因此經歷過「被送綠島」的經驗。楊逵先生的事情將於下一小節說明。

以取締共產黨為名目的「白色恐怖」體制下，「政治犯」中既有外省人也有本省人。而如果是本省人，幾乎都是「日語世代」。本省人的前政治犯從世代來看屬於臺灣的「戰間期世代」，因為他們是透過日本殖民地時期的學校教育，形成知性自我意識的人們。柯旗化老師也是如此。此時的語言關係大致是：如果只有我與柯老師，則兩人都只用日語交談，如果安排與柯老師見面的人是戰後世代的話便改用中文，而該引介人則與柯老師用臺語（福佬話）交談。

十四日早上，柯旗化老師如約前來飯店，接著首先前往「第一出版社」。此處為他的住家，一樓是公司，二樓以上是住家，是臺灣城鎮中常見的典型住宅兼店鋪的透天厝。二〇一五年再度拜訪時，此處第一出版社的看板與透天厝全都成為「柯旗化故居」，也就是柯旗化老師的紀念館，展示述說柯旗化老師生涯的照片、從獄中寫給家人的信件等。

抵達第一出版社後便為我介紹手上正在處理某些工作的夫人，接著從架上拿下一本書遞給我，說現在正在出版這個。那是名為《台灣文化》的雜誌，封面內頁刊有柯旗化先生寫的詩〈母親的悲願〉。這是訴說在臺灣現代史上最大的悲劇——二二八事件中倒下的兒子思念母親心情的詩，曾在「黨外」集會上以臺語朗誦並獲得眾人共鳴。要求公開追悼與重新檢視二二八事件的社會運動還要一年半左右才會展開，今日回顧，此時這位前政治犯用心良苦，敢冒風險做這樣的出版。即便在柯旗化老師過世十八年後的今天，若在網路上檢索，仍有把此詩放在自己臉書上加以紀念的人。

第一出版社（現為「柯旗化故居」）的所在街道，位於高雄市內（筆者攝影）

柯旗化老師的信

時間稍做跳躍，我手邊留著一封柯老師一九九〇年一月十七日寫來的信。我在前一年的十二月前去觀察立法委員選舉與地方選舉的合辦選舉，在岩波書店的《世界》雜誌一九九〇年二月號（一月發售）以〈臺灣的「渦漩選舉」〉為題撰寫觀察論文（參照第十章第一節）。前去當地觀察時在南部也受到柯老師的照顧，因此迅速將拙著寄送給老師。這封信便是老師收到論文的回謝兼訴說老師當時心情的文件，以日文繕寫滿滿的四張便箋紙。

順帶一提，此時的立法委員選舉因之後民主化逐漸推進，結果成為最後一次「增額立委選舉」。一九八六年的增額選舉是「黨外」組成民進黨後不久的選舉，一九八九年選舉時，長期戒嚴令已於一九八七年夏天解除，成為首度非戒嚴令下的選舉，此外，前一年的一月蔣經國過世，所以也是首次沒有蔣家政治領袖的國政選舉。總統職位遵照憲法規定由當時的副總統李登輝就任，因此對李登輝而言也是作為總統迎來的首次選舉。如第五章所述，

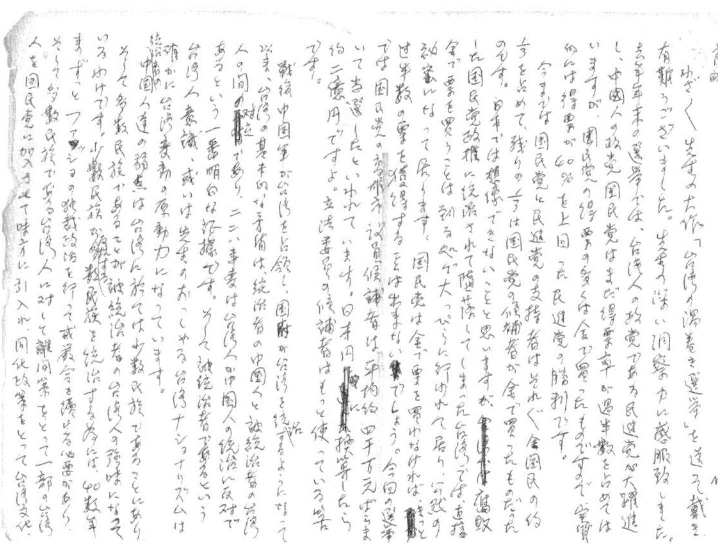

No. 1

前略：

わざわざ先生の大作「台湾の渦巻き選挙」を送って戴き有難うございました。先生の深い洞察力に感服致しました。

去年年末の選挙では、台湾人の政党である民進党が大躍進し、中国人の政党国民党はまだ得票率が過半数を占めてはいますが、国民党への得票の多くは金で買ったものですので、実質的には得票が60%を上回った民進党の勝利です。

今までは国民党と民進党の支持者はそれぞれ全国民の約3分の1を占めて、残りの3分の1は国民党の候補者が金で買ったものだったのです。日本では想像できないことと思いますが、腐敗した国民党政権に統治されて堕落してしまった台湾では、直接金で票を買うことは到る処で大っぴらに行われて居り、公然の秘密になって居ります。国民党は金で票を買わなければ、きっと過半数の票を獲得することは出来ないでしょう。今回の選挙では国民党の[illegible]市議員候補者は平均約四千万元ばらまいて当選したといわれています。日本円に換算したら約二億円ですよ。立法委員の候補者はもっと使っている筈です。

戦後中国軍が台湾を占領し、国府が台湾を統治するようになって以来、台湾の基本的な矛盾は、統治者の中国人と被統治者の台湾人の間の対立であり、二二八事変は台湾人が中国人の統治に反対であるという一番明白な証拠です。そして被統治者である台湾人意識、或いは先生のおっしゃる台湾ナショナリズムは確かに台湾変動の原動力になっています。

統治者の中国人達の弱点は台湾に於ては少数民族であることにあり、そして多数民族であることが被統治者の台湾人の強味になっているわけです。少数民族が多数民族を統治するためには、40数年ずっとファッショの独裁政治を行って戒厳令を続ける必要があり、そして多数民族である台湾人に対して離間策をとって一部の台湾人を国民党に加入させて味方に引入れ、同化政策をとって台湾文化

柯旗化老師的信（部分）

觀察完此時的選舉回國後，曾有間接被李登輝討教選舉評論的經驗，不過當時的李登輝總統職位尚處於接替蔣經國剩下任期的狀況，正以掌握國民黨政權內部實權為目標，很快地就要展開他自身的鬥爭。

信中除了柯老師對民主化與「臺灣獨立」的希望與主張外，他也在高雄當地的《民眾日報》書寫專欄，所以也附上幾張專欄的拷貝給我。接著，他傳達隨著自由化的進展可以公然表明自身主張的喜悅，但同時也表達「即便戒嚴令解除後，並不就等於言論開放，現在仍有郵件審查，電話仍被竊聽，反政府色彩濃厚的出版品仍被禁止發行。若有言論自由則受到愚民政策影響的臺灣人，特別是年輕人們應該能逐漸覺醒，判斷現狀與利害關係」，這是在期待中交織著警戒感的一段文字。

老師的信件裝在印有第一出版社地址的信封中，收信人處寫著我職場的地址，但貼的卻是日本郵票，且蓋的也是澀谷郵局的郵戳。這是為何？

在信件的最後解開了這個謎團。信中寫著：「郵寄這封信有遭沒收之虞，所以委請日本友人在日本寄出。」如前所述，一九八五年我寄給臺灣友人、在我看來不具政治敏感性的歷史相關論文抽印本也曾遭警總攔截。

柯旗化老師的來信

戒嚴令解除之後，談論臺灣政治本身的文章拷貝已順利送達柯老師手上，但前政治犯的柯旗化老師仍然保持著十二萬分的警戒。

5《臺灣監獄島》與柯旗化老師之夢

自傳《臺灣監獄島》

在那之後兩年，也是在高雄首次見面後第七年的一九九二年，柯旗化老師出版了日文自傳。書名為《臺灣監獄島》（東京：イーストプレス出版）。柯老師首次入獄是一九五一年至一九五三年，第二次是一九六一年至一九七六年，總計過了十七年的獄中生活，其中大部分時間都在綠島的政治監獄。

綠島位於臺灣東部城市臺東的外海小島，日本殖民地時期被稱為火燒島，臺灣總督府於此設置黑道人物的更生所與流浪者的收容所（火燒島浮浪者收容所），戰後國民黨政權在此設置政治犯監獄。設置於海中孤島的監獄，也是不可能逃亡的監獄。一九四九年以來長期戒嚴下實施〈懲治叛亂條例〉、〈戡亂時期檢肅匪諜條例〉等極端高壓的治安法令，有時甚至無視這些法令直接施行鎮壓，這種情況遍及臺灣全島。即便運氣好的免於死刑，刑期結束後獲釋，但仍被視為前政治犯，持續遭到政治警察的監視與騷擾，自然而然，這種狀況下家人也得面臨許多辛酸的狀況。這些法令終於被廢止、修訂，便是在柯旗化老師出版自傳的一九九二年。在此之前臺灣全島都是監獄，也就是「臺灣監獄島」。

二〇二〇年二月，根據行政院促進轉型正義委員會發表的數字，在前述治安法令下的「白色恐怖」時代，政府立案的政治犯案件數有一萬八千餘件，每個案件估計至少有十人遭到逮捕、訊問（甚至是拷問）等迫害，因此推估「白色恐怖」的受害者總數可能超過十八萬人，加上他們各自身邊的家人、朋友也一同受苦。開頭介紹的柯旗化老師的狀況是：弟弟入獄，母親、太太、三個孩子則被迫度過十多年沒有兒子、丈夫、父親的日子。

兒子柯志明先生的回憶

提到第一出版社，我是因為這是出版《台灣文化》的出版社而首次得知，但在臺灣的考生之間則早就是知名出版社。就算不知道出版社名但只要提及《新英文法》，就知道那是臺灣考大學用的暢銷英語文法參考書。日後作為紀念，我也購入一冊，版權頁記有「中華民國74（1985）年9月，增補改訂版第58版」。第五十八版，意味著日語中的第五十八刷，柯老師即是本書編著者。如前所述，柯老師原本是高中英文老師，從最初入獄回來後的一九六〇年出版此書，隔年又再度入獄，但此書賣了又賣，對父親被牢獄之災帶走的柯家人而言成為一大支柱，而老師在獄中也努力對此書進行修訂。

長期以來在臺灣成為知名歷史社會學者的柯旗化老師長男柯志明先生（一九五六～）在《臺灣監獄島》中文版（第一出版社，二〇〇二年）的後記中評價柯老師的為人，稱「（父親）絕非向世間誇耀自身功績的大人物，而是略帶天真、盡忠職守、值得信任的一介凡人。」誠如其言，我一九八五年十一月初次與他見面時的第一印象也是「純樸的人」。柯志明先生接著也提到「我們最難以忍受的是，這樣的人在那個時代不得不接受殘酷的打擊。」這是青春歲月時身為政治犯之子的人之回憶。療傷需要時間，但也有僅靠時間與經濟發展無法治癒的傷。要療癒這樣的傷，首先必須讓臺灣不再是監獄島。

柯旗化編著的《新英文法》（左）與他的小說（右）

柯旗化先生的夢想

那麼，把時間回到一九八五年十一月十四日。從一樓的第一出版社爬上樓梯來到二樓的客廳，聽老師說了一些話後他便提議，呀，想不想出去走走，之後先去看了兩、三處高雄市內的市議員候選人辦公室，之後前往臺南接上成功大學的林瑞明，再前往臺南市郊的麻豆鎮。從保留至今日的照片來看，在該處參觀了參選臺南縣長的陳水扁選舉辦公室總部，此外，大概是在林君的提議下，也去參觀了麻豆的林家舊宅。

之後的幾年間，只要去高雄就會去拜訪柯旗化老師。這段期間只清楚記得一段話，那便是柯旗化老師對我說的夢想。時間應該是解嚴（一九八七年七月十五日）後不久的十月訪臺之際，沒有前後脈絡，帶著一些唐突，他說：「我的夢想是彭明敏老師從美國回來，並參與總統選舉啊。」

柯旗化（前列右方）。左方為筆者，後方為林瑞明。背景是麻豆鎮的林家老宅

彭明敏（一九二三～二〇二二）是在一九六四年任職臺灣大學政治系教授時，起草〈台灣人民自救運動宣言〉並打算加以印刷、發表，因而遭到逮捕，一九七〇年軟禁自家時逃出臺灣，最終政治流亡美國，當時被俗稱為「臺獨教父」的人物。聽到柯旗化老師講述這個夢想時，雖然在野黨民進黨已經成立，戒嚴令解除，已經在實現體制轉型上獲得突破，但此時彭明敏仍舊在美國，總統是蔣經國，副總統是李登

輝，且國會尚未進行全面改選，而體制轉型後將成為何種政治制度，不，或者該說該如何決定新制度，此時都尚無定論。

不過，柯老師這個夢想實現了。到了柯旗化老師回憶錄出版的該年，臺灣政治自由化獲得進一步發展，彭明敏成功回國。於再過四年實現的首次總統直選中，彭明敏成為民進黨的候選人，與國民黨候選人李登輝進行競爭。雖然選舉結果由李登輝獲得壓倒性勝利，不過柯旗化老師的彭明敏回國參與總統選舉的夢想，從告訴我之後花費不到十年即獲得實現。

6 在「諸帝國邊緣」掙扎求存的臺灣人——老社會主義者楊逵的後殖民歲月

楊逵與楊貴——首次訪臺時見面的「前政治犯」

如先前所言，只要持續進行臺灣研究，一定會在某時見到「前政治犯」。回顧過往，首先在一九八〇年，亦即時隔七年二度訪臺之際見面的葉石濤先生，曾從一九五一年起入獄三年。日後才知道，入獄的罪名是基於〈戡亂時期檢肅匪諜條例〉的「知匪不報」罪。

再進一步回想，發覺一九七三年二至三月首次訪臺之際即已見過楊逵先生。楊逵是筆名，其真名為楊貴。我剛開始進行臺灣研究時，是以殖民地統治下臺灣的政治社會運動史為主題，從臺灣總督府警察的資料中得知有位農民運動活動家，也是年輕社會主義者，名為楊貴的人物，之後由關心殖民地時期臺灣文學史的河原功先生得知身為文學家的楊逵。

楊貴生於臺南新化，以半工半讀的形式在東京的日本大學求學，當臺灣開始農民運動，於一九二六年組成臺灣農民組合後，他於翌年返臺投身運動。此時他認識同樣身為公學校[1]教師並投入運動的葉陶，兩人很快結婚。但，因為當時臺灣人左翼勢力內部的路線鬥爭與總督府警察的鎮壓，有三年左右幾乎無法進行社會運動，一九三〇年代初起，因為苦於貧困而轉往文學活動。楊逵這個筆名是在一九三二年以日語撰寫小說《新聞配達夫》（中譯「送報伕」）時首次使用，據說是因為他喜歡《水滸傳》中的黑旋風李逵，所以才使用此名。

在東京基於勤工儉學經驗撰寫的這部作品，在當時東京《文學評論》文學獎首獎從缺的狀況下獲得二等獎，成為獲殖民地宗主國中央文壇承認的文學家並一舉成名。此外，這篇作品也被留學慶應義塾大學的胡風翻譯介紹給中國。之後楊逵以編輯身分活躍於《臺灣文藝》、《臺灣新文學》等臺灣人的文學運動機構誌。

因〈和平宣言〉而過上十二年的「監獄島」生活

所謂「臺灣人左翼勢力內部的路線鬥爭」，是一九二八年左右國際共產主義運動中，排擠「左翼社會民主主義」這種意識型態路線，波及透過日本左翼陣營而左傾化的農民組合，因而發生的路線鬥爭。楊貴之所以在運動組織內遭到排擠，據說也牽扯到與農民組合領袖簡吉（一九〇三～五一）之間的爭端。但，農民組合與左傾化的臺灣文化協會很快便受到臺灣共產黨（一九二八年，於上海租界祕密成立）的滲透，臺灣共產黨遭到總督府政府徹底鎮壓，楊貴因早在路線鬥爭中就被農民組合排擠，因此未被捲入，當殖民地也延長施行《治安維持法》後得免於長期下獄。他在東京前後兩次被捕，回臺後因農民組合活動遭警察逮捕八次，雖被捕十次，但入獄時間全部合算並未滿一年。

然而，戰後國民黨到來後狀況就非如此了。戰後迅速展開臺灣文化復興活動的楊逵，在二二八事件中夫婦皆被捕，入獄一段時期後獲釋，之後雖逃過對知識分子的虐殺，但一九四九年四月

楊氏墳墓旁的〈和平宣言〉碑（筆者攝影，2009年3月）

1 所謂的「公學校」是日本殖民地統治下專為臺灣漢人子女設置的初等教育機構。不歸日本文部省管轄，而由臺灣總督府掌管。而在臺日本人子女則就讀文部省管轄的小學校。

在上海《大公報》發表要求停止國共內戰的〈和平宣言〉，此舉犯了當時臺灣省政府主席陳誠的忌諱，因而被捕下獄並被判決徒刑十二年，至一九六一年為止，都在監獄島——綠島度過。亦即他在一九五〇年代政治異議分子遭受國家暴力鎮壓的「白色恐怖」的初始，便遭遇此災難。

主導臺灣近現代史研究會的戴國煇先生，在後述的訪談中曾提到，「楊逵先生既進過日本的監獄也進過國民黨的監獄，在這個意義上堪稱獨特的一人。」當我遍聽「黨外」人士的說法與開始「選舉觀察」時，曾數度聽過「楊逵在日本時代被捕十次可入獄時間不滿一年，國民黨來一次就是十二年」的說法。作為批判國民黨帶來的政治壓迫的一個例子，根據那些之後聽過多次、也聽過多種版本說法的臺灣人說法指出，這也算是其中一種對比日本與國民黨（有時是日本人與中國人）的「比較統治者論」（有些人稱「比較殖民者論」）。

過往招致十二年牢獄之災的〈和平宣言〉，今日則巍然刻於石碑，高掛在臺中原本「東海花園」附近楊氏墳墓的一旁。

妻子葉陶女士之墓

我一九七三年首次訪臺時，在臺中兩度拜訪楊逵先生。第一次是跟著河原功先生前去，根據他的《臺灣渡航記》（私家版），三月六日下午三點左右造訪「東海花園」。從臺中市內乘坐公車經中港路——大概是當時剛開通，非常寬廣的道路——至東海大學前下車，從大學正門對面稍往內走就是東海花園。十二年的牢獄生活結束後，楊逵先生借款購入荒地，與太太葉陶女士一同開設農園，以栽培切花維持生計。

一九七〇年與楊逵先生長年勞苦與共的夫人過世，當時楊逵先生與孫女楊翠一同生活，彼時楊翠尚是小學生。此外還有一位名為涂龍西的人士，他是楊逵在綠島的「難友」（作為政治犯一同度過牢獄生活的友人）之一，當時似乎住在農場協助農務。根據河原先生的著作，楊逵先生邊繞花園一圈邊談話，話題集中在戰前楊逵先生的文學活動上。河原先生原本就是為此造訪，當天好像還接受了晚餐、金門高粱酒的招待。

東海花園的農舍（筆者拍攝，1973 年 3 月）

第二次是我一個人前訪東海花園。那是從臺中往南部、繞至東部後又從花蓮搭乘穿越中央山脈的橫貫公路巴士回到臺中之時。如今只留下日程與拜會人名的筆記，重訪的日期是三月十四日。記憶中拜訪時同樣是晚飯時間，這次也被招待了金門高粱。

當大人們喝酒時，在一旁的孫女楊翠開始背誦地理課本，讀出「我國最長的河流是長江」。直到日後依舊能鮮明記得這個畫面，大概是因為我在一旁聽著，心想原來如此，果然還是實施「大中國」意識的教育，這與自己的理解相符之故。楊翠教科書上的「我國」，是同時包含中國大陸與臺灣的「中華民國」。

當時與楊逵先生說了什麼，記憶已經模糊，大概是臺灣今後該如何是好，這種模稜曖昧的問題，我微微記得當談及臺灣女工的生活後，他回答的大意約莫是：社會主義仍然是可取的。

大概是我第二次拜訪東海花園的時候吧，他帶我去夫人的墳墓，我仍保留著那張照片。楊逵先生是個沉默的人，當時他並沒有談太多葉陶女士的事情，從他的模樣感受到的那種感覺，那時的我也無法在自己心中形成明確的言詞加以說明。不過，現在我的年紀已經超過當年的楊逵先生，重新看到這張照片後，不禁推想楊逵先生對當初一同入獄，到了戰後漫長等待自己出獄歸來並獨力養育孩子，卻在勞苦之中先過世的亡妻，這位老農民運動家、老文學家的心中，應是充滿深深的愛惜之念吧。

站在葉陶墓前的楊逵（筆者攝影，1973年3月）

十個年頭之後的重逢

第二次的拜訪在我抵達東海花園時已經有先到的訪客，楊逵先生為我介紹來自對面東海大學政治系的學生王文正先生。在這個時期已經有仰慕楊逵文筆與風采而來造訪的年輕人。之後我在一九八二年認識的林瑞明君，他大概從研究所開始就對戰前臺灣人的文學史產生興趣，一九七六年曾居住在東海花園一年，與楊逵先生及來訪的客人談話，一九七八年寫下《楊逵畫像》。依據書的記載，大約從他居住東海花園時期起，楊逵先生便開始「重臨文壇」。

一九八二年當國民黨政府放寬前政治犯出國限制時，楊逵先生受邀前往美國愛荷華大學參加國際作家著述計畫。當時楊逵先生能獲邀，可說除了身為文學家卻「進過日本與國民黨的監牢」的特殊經驗外，也與林瑞明君所言的「重臨文壇」的背景有關。隱藏在戰後約四分之一世紀間不斷被推動的國民黨版「中國化」陰影下，一九二〇年代臺灣知識分子的身影，又開始靜靜地為世間所知。

這年楊逵先生六月訪美，十一月返臺時途經東京。從一九二〇年代留學時算起，這是第三次，也是最後一次訪問日本。在東京由戴國煇先生帶領的臺灣近現代史研究會邀請楊逵先生舉行座談會。戴先生與我負責提問，其內容整理刊登於《臺灣近現代史研究》第五號（一九八四年十二月刊）。作者部分雖寫著「文責編輯部」，大概是我聽錄音帶把內容謄錄下來的。

根據戴國煇先生提問引出的回答，在美期間，楊逵先生在旅居美國的臺灣人之間非常搶手，四處被邀請蒞臨座談會或討論會，而這些政治傾向相異的團體都希望能從這位堪稱臺灣近現代史活見證的老作家口中，引導出符合自身團體主張的發言。從我在東海花園首次與楊先生見面後，已過了十個年頭，時間上經過與美斷交、美麗島事件、「黨外」勢力復活等，「黨外」雜誌的言論也趨於活潑，進入反對勢力陣營與國民黨政府之間的緊張關係升高，以及陣營內部意識型態鬥爭也隱祕升高的時期。時代已經完全改變。

臺灣人的歷史沒那麼單純——簡吉與簡明仁

在農民組合的活動中，與楊逵發生爭端的簡吉之後加入臺灣共產黨，一九三一年被臺灣總督府警察舉報，以違反治安維持法的罪名遭判十年徒刑。戰後簡吉加入二二八事件後滲透過來的中國共產黨地下組織，即臺灣省工作委員會，並成為「山地工作」（滲透原住民）的負責人。但適逢加強檢舉共產黨的時期，一九五〇年四月被捕，翌年三月處死。簡吉「山地工作」的對象，鄒族的吾雍・雅達烏猶卡那（殖民地時期的日本名字為矢田一生、矢多一生、矢多一夫〔やたか

《簡吉》的傳記，筆者手中這本是透過關係取得之簡明仁贈書

ずお〕，戰後的中文名字為高一生）、泰雅族的樂信・瓦旦（日本名渡井三郎，中文名林瑞昌）等原住民菁英，也在一九五四年四月十七日遭槍決。

在日本統治下丈夫被監獄剝奪長達十年，戰後更因「白色恐怖」失去丈夫，即便如此仍背負著家人重擔的簡吉夫人陳何女士的人生，不難想像有多艱苦。二二八事件後出生的簡吉五男簡明仁，長大後成為優秀的電腦工程師，創立大眾電腦並取得發展，為一九八〇年代以後推動臺灣經濟的高科技產業發展做出貢獻。

另一方面，我在東海花園遇到的楊逵先生孫女楊翠女士，長大後成為歷史學者並在東華大學執教，此外，也在蔡英文政權時行政院設立的「促進轉型正義委員會」擔任主任。該委員會的業務不僅牽涉二二八事件與「白色恐怖」相關的本省人與外省人不同歷史記憶及附隨而來的情感糾葛，也涉及民進黨與國民黨的政治思想與爭端，能夠想像這實際上是相當困難的工作。

楊逵與葉陶及他們的子孫；簡吉與陳何及他們的子孫；簡吉「山地工作」的對象，在「白色恐怖」中犧牲，擁有本族名、日本名、中文名三種名字的原住民菁英們，他們的人生，體現出從清帝國的一部分成為日本殖民地，之後進入受美國庇護的蔣介石、蔣經國父子的國民黨一黨專政，以及政治體制成功民主化後，又處於強國化中華人民共和國壓力下的「中華民國臺灣」——即因處於「諸帝國邊緣」而編織出臺灣歷史的複雜脈絡。對這種脈絡中求存，亦即「在諸帝國邊緣求存」的臺灣人充滿起伏與陰影的來歷進行理解，便能發現非常複雜，沒有那麼單純。

7「瀕死化的戒嚴令」——民主進步黨的誕生

從香港回國，成為助教授

一九八六年三月，我辭去日本國香港總領事館的專門調查員一職回國，四月起被錄用為東京大學教養學部外國語學科的助教授。此後一直到二〇一〇年轉任早稻田大學政治經濟學術院為止，一直都在通稱的東大駒場任教。

在東大駒場我負責教養課程一、二年級生的第二外語中文課，而對進入相當於專門學部的教養學科亞細亞分科的三、四年級學生，則以「亞細亞的政治」為課程名稱講授臺灣政治論。雖說是「臺灣政治論」，當然不可能有現成的教材，實際上都是自己邊授課邊製作教材。

從翌年開始，我也擔任「大學院總合文化研究科地域文化研究專攻」（綜合文化研究科區域文化研究專門的研究所）的課程，之後也指導有志於臺灣研究的臺灣留學生。一段時間內雖然人數不多，也有一些日本學生來參加。我第一個指導的研究生，是臺灣原住民泰雅族的青年林文正先生。這是依照當時臺灣法律必須義務取一個公開使用的漢人名字，他說自己的本族名字是伊凡・尤幹。之後一九九〇年代因法律修訂可以申請以族名為正式名字，今天他使用伊凡・諾幹(泰雅語・Iban Nokan)這個名字。伊凡・諾幹之後在陳水扁政權下由總統指名，立法院通過，被任命為考試院委員，蔡英文政權(第一任)時擔任行政院顧問，此外也活躍於各種原住民政策立案的諮詢機構。

前文也曾提及，沒有比原住民的名字更能說明他們在「諸帝國邊緣」求存的狀況。若是生活在日本殖民地統治時期與戰後的人們，他們的墓碑上大多刻著前述的漢人名與族名，而戰後居住於山地或東部的原住民因基督教(長老教會或天主教)的普及，如果信教的話，也會刻上洗禮名，此外，雖屬少數但有些人也刻上日本統治時期在「蕃童教育所」時被稱呼的日本名。墓碑上刻上的族名，有些使用在教育所被教導的或者派出所警察製作「蕃人戶口簿」記載的片假名，有些也使用戰後學到的拉丁字母。

而且，當時因伴隨政治民主化的進展，在臺灣學術自由的狀況也迅速改善，臺灣研究成為一種歷史性風潮而興起。今日回首當時，我與我的學生們都在這股風潮之中。當時東大從事臺灣研究的人，只有開始關注臺灣文學動向的文學部中國文學科的藤井省三先生，因為文學部位於本鄉校區，所以東大駒場校區僅有我一個人。之後也一直維持這種狀況，等我離職後數字即變成零。

因為如此，我的研究所專題課程在周遭同事看來，或許是個帶有一點奇異熱情的團體。不過，這個職場的風格就是只要努力把語言教好，之後就可以自由發揮，對此我深覺感謝。

「瀕死」的戒嚴令與民進黨組黨

如前所述，我在購讀香港雜誌《九十年代》（月刊）之外，從一九八〇年代初起，也購讀黨外雜誌《八十年代》系列（康寧祥派）與《前進》系列（林正杰臺北市議會議員派）雜誌。之所以稱其為「系列」，係因長期戒嚴令下的審查制度導致雜誌經常遭禁止發行，所以都會向當局登記多個雜誌名稱，當其中之一遭禁後，便能以另一個名稱推出下一期。這稱之為「備胎」。

林正杰的街頭「送別會」模樣（出處：張富忠、邱萬興編著，同前，202 頁）

成為助教授後，翻開第一個暑假快結束時寄到我家中的《前進》系列的《前進廣場》一看，讓我大吃一驚。內容大肆報導林正杰「收監送別」活動的模樣，且還附上照片。主導《前進》的林正杰因該雜誌報導具有誹謗國民黨高官之嫌而被判有罪，得服刑一年半，林決定不上訴接受入獄，眾人在臺北的公園為他舉行送別會，支持黨外的民眾擠滿街頭，發展成自然形成的遊行活動。而此事也在臺灣西部平原的各大城市擴散發生，時間長達十二天。當局雖然出動警察管制交通，但無法進行取締。《前進廣場》

上刊載的照片竟然是林正杰爬上警車車頂，手持麥克風演說的模樣。「戒嚴令處於瀕死狀態」。「瀕死狀態」（死に体）原本是相撲判定勝負時使用的詞彙，當時看到該張照片的腦海中浮現的正是這個詞彙，那份感受至今仍記憶鮮明。

組成在野黨還差一步。事後得知當時有被稱為「十人小組」的團體在祕密為組建新政黨做準備。這一年十二月預計舉行立法委員與國民大會代表的「增額選舉」，「黨外」再度組成「選舉後援會」，其候選人推薦大會假臺北圓山大飯店舉行，其中負責準備組建政黨的人們突然提案組成「民主進步黨」（民進黨，Democratic Progressive Party，DPP），與會者無異議通過。隔天，林正杰在支持者的歡送下入獄。

「黨外選舉後援會」席上決議組成民主進步黨的場面。站在議長席主持的是游錫堃〔之後曾任立法院長〕，右方站立發言者為謝長廷，此時他提議使用民主進步黨的黨名（出處：張富忠、邱萬興編著，同前，206～207 頁）

的確戒嚴令已經進入「瀕死狀態」。蔣經國最終只能承認新政黨的存在，不久後制定相關法令，在一定限制下讓新的政黨得以成立，另也推出解除戒嚴令的方針。面對威權主義體制在臺灣也開始出現所謂的「突破」，戒嚴令體制的重要支柱之一的國民黨一黨專政體制出現鬆動，剛誕生不久的民進黨作為準合法政黨，首度成功參加一九八六年底的「增額立委選舉」。

當然，此時我第三次前往「選舉參觀」。一九八三年意外落選的康寧祥重新成為立法委員。曾任臺北市議員的舊識謝長廷嘗試進入立法院卻未成功。其中一種說法是訴求「最後的候選人」的康寧祥吸收太多選票造成謝長廷的落選。這可說是在中選區制度下，剛組成不久但缺乏有力政黨組織的「黨外」苦衷。

在國民黨一黨專政體制下成立在野黨一事也引起日本的大眾傳媒關注。我回國後迅速被《朝日Journal》週刊邀請，與現代中國研究家加加美光行、共同通信記者坂井臣之助三人對談。當時我發言的一部分似乎被同雜誌總編筑紫哲也注意到，在刊登號目錄底下的「抽選自本期雜誌內容」欄內，關於日本的臺灣觀引用了我的發言：「除去所謂經濟合作對象、觀光對象，日本該如何看待臺灣？這種層面的交流甚少。我曾去過臺灣多次，一直有這種不平衡感，甚至稱得上怪誕。」

民進黨最初的「政黨外交」

日本政府與外務省當時如何看待臺灣威權主義的突破？對此我沒有管道可以得知，不過美國的動作則相當迅速。民主黨派系的美國國際民主協會（The National Democratic Institute for International Affairs）邀請民進黨參加該會主辦的研討會。民進黨趁機組成二十一人的大型訪問團前往美國與日本，嘗試讓新政黨被國際認識。一行人於一九八七年二月首次訪美，花兩週時間巡迴全美各地後，十五人於二月十七日前往日本，逗留至十九日，期間努力與日本的政黨、學界、大眾傳媒等進行接觸。應該是剛抵達東京的十七日晚間，我也出席了在池袋王子飯店召開的記者會與晚宴，記得當時首次與被視為民進黨內激進派「新潮流」領袖之一的青年邱義仁（前臺灣日本關係協會會長）交換意見。

隔天早上，當時在前來東京外國語大學擔任客座教授的張旭成教授仲介下，訪問團的部分成員前來東大駒場校區。以出席現代中國研究者通稱為「二水會」的讀書會（由橫濱市立大學矢吹晉教授主導）形式舉行座談會。當時尚為研究生的黃英哲先生（現任愛知大學教授）負責為一行人做導覽。

《中央公論》的近藤大博（當時的總編）也是二水會的成員，在他的幫忙下，我於該誌四月號以〈臺灣民主進步黨的挑戰〉為題，撰寫此座談會的模樣。近藤先生為我的報導寫下「臺灣政治吹起新風／臺灣變貌，進入新的轉換期／身處這股變動中的人們終於來到日本」的導文。非常好地表達了此時我想傳達給日本輿論的感觸[2]。

2　座談會的詳細內容由當天也出席的坂井臣之助聽打，我進行翻譯、編輯後，以〈台湾の新野党・民主進歩党は語る〉為題，由坂井氏與我聯名發表於《中国研究月報》四七〇號（一九八七年四月）。

民進黨方出席座談會的成員有如下六位。括號內為當時的年齡、黨內職位、附記議員職位等公職。

張俊雄（四十九歲，黨中央執行委員，立法委員）

康寧祥（四十八歲，黨中央常務委員，立法委員）

尤清（四十四歲，黨中央常務委員，立法委員）

謝長廷（四十一歲，黨中央常務委員，臺北市議會議員）

蘇貞昌（三十九歲，黨中央常務委員，臺灣省議會議員）

廖學廣（三十三歲，黨中央評議員，臺北縣議會議員）

其後民進黨獲得成長，透過民主選舉一路走到執政黨的地位，從今日的眼光來看，此時的參加者都是相當的大人物。張、謝、蘇三位擔任過陳水扁政權（二〇〇〇〜〇八）的行政院長，蘇在蔡英文政權中也擔任行政院長。前文已提及謝長廷在一九九六年首次總統選舉中成為副總統候選人，二〇〇八年成為民進黨的總統候選人但敗選，蔡英文政權時擔任臺灣的駐日代表。康寧祥之後在黨內的地位下降，於李登輝政權時擔任監察委員，陳水扁政權時短暫擔任國防部副部長與總統府國家安全會議祕書長。

只是，參與這次座談會的成員並無當時激進派的新潮流系人員。我與二水會並未參與選定出席人員，不知訪問團方如何判斷參加者，總之透過座談會發表的內容，大致可視之為民進黨穩健派的見解。

「與國民黨相同之處僅有機關名稱」

前述《中央公論》的報導中刊登了座談會之際拍攝的六位出席者的面容，每個人的表情都相當有氣勢，毅然的表情中帶有緊張感。他們帶著這種表情說出沉靜但決然的發言，醞釀出當天座談會的氣氛，即便今天端詳這些照片依舊有相同的感受。

出席東大座談會的民進黨訪日團成員。取自《中央公論》1987 年 4 月號（獲得中央公論社同意加以轉載）

我認為他們的緊張感並非源自必須對幾乎都是初次見面的日本學者與新聞工作者進行發言之故。多位發言的成員都提醒道，我們的政黨是剛出生四個多月，是「非常嬰兒的政黨」，且在國民黨的法律下尚未屬於合法。我舉他們新政黨內的執掌與黨組織的名稱為例，向他們詢問為何這些都與他們理應反對的國民黨相同，他們回答：這是因為國民黨故意強迫我們以「人民團體」的形式進行登記，企圖藉此矮化新政黨之故。

新政黨的前途尚且充滿不確定性。若從後見之明來看，一九八六年承認民進黨組成與一九八七年解嚴，這種政治自由化措施乍看之下造成無法再回到從前的結果，但其實在法律上仍是附加「政黨不得主張分裂國土（指臺灣獨立）」條件的自由化，仍能繼續見到一些可粉碎新政黨的線索。最終民進黨取得穩定的法律地位，使這些限制無效，還得等到一九九二年的第二次修憲。

對我個人而言，臺灣威權主義體制的突破，之後發展到實現首次總統選舉為止的民主化十年期間，該如何看待臺灣政治的動態？這不能僅靠積累單純的時事觀察便作結，而必須考量如何才能將其實現為一種學術性的政治研究。我面臨的便是這樣的一個課題。

8「東大的老師進行臺灣研究？」——社會上的矚目及引發的漣漪

立足研究活動的新階段

升任東大助教授後，我的研究活動進入不同的階段。首先是身為研究臺灣的學者在社會上獲得一定程度的矚目，自己的活動範圍變得更加廣泛；另一點是學術性的臺灣政治研究在不知不覺間開始成形。除了著作與合著在臺日出版外，對筆者而言，也開始發展「國家」的研究取徑。

雖說獲得「社會上的矚目」，當然並沒有成為媒體的寵兒。也就是在所謂廣義的業界內，也就是東亞的動向觀察、研究之相關學界、報導界、智庫等會來詢問、邀稿，拜託做演講與報告，也得以成為智庫研究會的成員，或許是因為「有個東大的教授在做臺灣政治研究」這種聲名獲得矚目之故。從內行的角度來看這其實是一個狹小的世界，即便如此，對當時的我而言，升任助教授後倒是覺得世界突然拓展，若獲得邀請都會興致勃勃地前往赴約。

即便是這種有限的「矚目」，今日回顧，對當時的我仍有兩項益處。其中之一是「東大助教授」這個頭銜。在東大內部看來這不過是「駒場（教養課程）的語學中心」罷了，但只要一走出東大，對還沒有太重要業績的年輕人而言卻是難能可貴的頭銜，理當四處存在的門檻，在這個頭銜之下都降低了幾分。當然，大概也帶有一些中國俗語說的「初生之犢不畏虎」的感覺，不知道存在什麼門檻，或者根本就還站在門檻之外卻不自知，仍若無其事地前往參加各種場合。

於「綜合雜誌」出道

另一點是，臺灣政治本身的變化對於關心東亞政治動向的人們而言，在這個圈子內已經達到無法忽視的狀態，而且這個變化還是朝著民主化的方向邁進。當時已經無法把關心臺灣政治當作一種禁忌不去觸摸，但因為社會惰性，仍有許多人反射性地認為關注臺灣（國民黨反動政權統治下的島嶼）是否為「政治不正確（politically incorrect）」？在這種狀況下，所有人眼中臺灣政治都以明確可見的形式邁向民主化一事，對我而言是一大利多。當時理當還存在「咦，東大的老師竟然研究臺灣政治？」的反應，但並未出現明顯的拒絕反應，原因大概就出在此處。

最明顯可見的，就是岩波書店的代表性看板雜誌《世界》來邀稿。時間大概是一九八六年十月初吧，編輯部的山崎貫先生來電告知想碰上一面，於是便與對方約在一直以來偶爾會利用的新宿站大樓八樓的咖啡館見面。今日已記不清楚當時談了什麼，不過從日後的過程來看，那時應是委託我在一九八七年二月號上撰寫在臺灣民進黨首次以政黨之名參與國會「增額選舉」的相關文章。根據手頭保留相當粗略的日誌，十月八日與十日潦草地寫著以「世界論文」為標題的筆記，十一月十五日則寫著「變動中的事物如此有趣，所以，現在的臺灣很有意思」的詞句。這段詞句日後也實際用在發表的論文中，還引發了一些微小騷動（後述）。

《世界》的論文刊登時以〈轉換期的臺灣政治：「民主化的大門打開到什麼程度」〉為題，在近藤大博先生關照下，首次於《中央公論》撰文時仍使用筆名，此時則首次以本名於綜合雜誌撰文，算是以本名出道了。一九八〇年代作為「進步的文化人」之重要發聲管道的《世界》雜誌，雖然影響力已經不若往年，但能以臺灣政治為主題，也可說是臺灣邁向民主化的胎動已讓日本媒體觀點發生變化的徵兆。

「現在的臺灣政治很有意思」引發的騷動

從個人的研究史脈絡而言，這篇論文指出了一個特性，那就是我首次把臺灣政治體制定位在威權主義體制（authoritarian regime）上。當然此時尚屬羽翼未豐的貧弱論述，但仍成為我日後討論的出發點。此事後文將再說明。

這篇論文的開頭我談到「在我的印象中，臺灣的社會隨著每次的選舉都像蛻下一層皮般變化。臺灣社會深層中沸騰的能量，化為選舉這種非軍事的、祭典化的『內戰』，透過這種『內戰』，可看出此位於成長期的社會非常輕易地朝著某個方向達成蛻變。臺灣的社會約莫從一九七〇年代後半以來進入轉換期」，接著我寫道：「所以，現在的臺灣政治很有意思。」前述的「變動中」以「轉換期」來加以說明。「非軍事的、祭典化的『內戰』」這段表達，是參考京極純一老師的《日本的政治》（東京大學出版會，一九八三年）中讀過的字句而來。

這個「有意思」，語意上是要表現人們宜更加關心臺灣，臺灣的政治正在發生饒富深意的變化，進而特意使用此一標語般的表現，《世界》雜誌的編輯部也未曾要求我修改。然而，過了一陣子我間接得知這個說法引起了一陣小騷動。我想，告知我此事的大概是在日臺灣媒體相關人士或是消息靈通的臺灣留學生。具體的字句我已不記得，大概是說，有人反彈認為「有意思是什麼意思！我們可是拚了命地在幹啊！」發出這種反彈的有兩撥人，一撥是臺灣獨立派，另一撥是在日本的臺灣政治警察相關人士，也就是立場對立的兩派人馬。他們顯然無法理解上述脈絡下的我要表達的意思，不過獨立派人士的反彈還在預料之內，但政治警察也發出同樣的反彈，則給人一種黑色幽默的感覺。

坦露在我面前的國家權力

這個時期我似乎被列入臺灣當局的某種戒備名單中。這是事後才知道的事情。得知的正確時間不太記得，大概是一九八八年或一九八九年左右，獨裁者蔣經國總統過世（一九八八年一月十三日），又還沒進入一九九〇年代的期間。當然此時已經解除了此前的長期戒嚴令（一九八七年七月十五日）。

彼時亞東關係協會（現在的臺灣日本關係協會）駐日代表處宣傳部負責人，透過筆者認識的日本人邀請筆者進行餐會，因此前往指定的餐廳。尋思要與我談些什麼，結果該負責人在談笑之間談及近年臺灣政治的動向，以若無其事的口吻表示：「所以我對他們說啊，不應該那樣對待像你這樣的國立大學教授。」至此我終於理解這頓餐會的意義。外國人因為某種理由被列入戒備名單，此時從名單中被移除但又無法明講，因此他透過這種形式巧妙地告知這個事實：臺灣當局已經改變對我的處置方式。

然而，當我前往臺灣之際，當局並未對我做出任何行動，若說有所改變，便是把我從在我未被告知的狀態下製作的監視名單中移除吧。當然，完全不告知我此事也沒問題，那麼為何特意促成此次會面？這究竟是出自何處的政治指令，抑或是見到情勢變化後出於他自身的判斷，至今我仍不解。

不過，我確實被列入某種名單中。之後又經過一段時間來到一九九〇年代初期，當時參加我研究所研討課的臺灣留學生，在駐日代表處領事單位打工時見到我的資料，據稱在該處被打上「標記」[3]。

就這樣，雖說是透過間接的方式，但當時「中華民國」這個國家在我面前，對於我個人，展露出其國家權力樣貌。因為日本社會對我這個臺灣政治研究者加以「矚目」，臺灣當局的駐外機構當然帶著政治上的警戒吧。

然而，日本政府也幹著類似的事情。對此我也記不住正確的時間，那是場委託演講，我首次參加霞山會午餐會時的事情。所謂的霞山會是以外務省過往官員為會員，擁有長久歷史

3 在本書第一部約莫撰寫完成之際，本章第三節提及，研究「臺灣政治犯救援會」的許仁碩（北海道大學）告知，發現在該會相關的國家安全局檔案中錄有我的姓名。紀錄中向國安局報備我在該會主辦的演講會上發表演講，報備日期為一九八七年十二月八日，因為此時間點是在長期戒嚴令解除數個月之後，所以報備的單位已非戒嚴令實施機構的警備總司令部。當時我的確在新宿區早稻田的早稻田奉仕園進行演講。此事也表明當時我確實遭「標記」吧。

的團體，出席午餐會的大部分也都是前外交官。又，該會也發行名為《東亞》的月刊雜誌，該雜誌對東亞各國的動向觀察、分析擁有相當高的評價。

當時霞山會的負責人來電委託演講，我答應後，對方便告知在午餐開始前十五分鐘先到辦公室來。等我抵達位於霞關，當時的霞山大樓辦公室後，便被帶往辦公室一隅由屏風隔起的接待角落。該處已經有兩名身穿黑西裝的中年男性先行落座。依照慣例奉茶交換名片，看了名片，卻從對方身上感受不到名片上身分的氣質，讓我略感驚訝。我已經忘了對方的部門，但他們是隸屬公安警察的人員。對話內容已然忘記，但應該沒說什麼太重要的事情。大概五分鐘後兩人迅速辭行離開，之後我又被帶往午餐會的會場。

當時我尋思這大概就是所謂的「確認長相」（面通し）吧。如果出現議論政治敏感地區的人，總之不管是誰，盡可能先與對方直接接觸並進行確認，這完全不是我個人有什麼具體的「嫌疑」，只是外事公安警察日常性業務，淡淡地走一回過場。這是事後我自行對此事的臆度。說得誇張一些，這也是日本這個國家在我個人面前坦露其國家權力的五分鐘。

自己的論述在臺灣獲得翻譯，拓廣人脈

大概是一九八六年的春天吧，田畑書店的石川次郎社長與我聯繫並約定見面。我在研究所時曾於研討課上見過面的臺灣人徐邦男也在該公司任職編輯。石川社長表示想出版有關現

代臺灣且內容扎實的書籍，因為，面對臺灣開始明確發生變化，若不做點什麼，那麼奇怪的報導、論調將會躍滿日本的媒體，因為時間緊迫，希望立即執行。

對於需要「有關現代臺灣且內容扎實的書籍」我也抱有同感，如果可能，我也想擔綱撰寫，但當時的我卻力有未逮，故也邀約此時在東京經濟大學的劉進慶老師、在一橋大學取得職位的友人松永正義君，加上前述的徐先生一同推出合著。在田畑書店的支援下舉行了幾次讀書會，討論文稿的分擔，在臺灣的長期戒嚴令解除後總算達成出版書籍的目標。這便是田畑書店發行的《臺灣：轉換期的政治與經濟》。此書由筆者冒昧擔任編者，冠上「若林正丈編」的字樣。

隔年，在臺北的故鄉出版社日本文摘叢書企劃部，一口氣送來兩冊書籍：若林正丈編《中日會診台灣：轉型期的政治》與《中日會診台灣：轉型期的經濟》[4]。仔細一看，就是上述《臺灣：轉換期的政治與經濟》分成兩冊進行翻譯的書籍，發行日期為一九八八年六月二十五日。事前完全沒有與我聯絡，當時臺灣關於著作權的法令尚不完備，與日本之間該如何處理也沒有完整的規則，因此發生此等狀況也不足為奇。無論如何，總之是與臺灣的出版

4 「中日」的「中」指「中華民國」。基於當時國民黨必須把「臺灣」的中華民國稱為「中國」的教條而來，此時這樣的稱呼尚存，臺灣與日本的關係在臺灣一方仍稱「中日關係」。所謂「中日會診臺灣」意為由日本學者與（在日本）出身臺灣的學者一同診斷臺灣。

界結緣了。日後主導日本文摘企劃部的洪美華女士（現為新自然主義出版社社長），在我訪臺之際對我多所照顧，為我介紹許多人士。

之後田畑書店將我自一九八七年起至一九八九年三月為止寫過的臺灣政治論文彙整出版為《転形期の台湾：「脱内戦化」の政治》。此書由臺北的同出版社翻譯，以《轉型期的台灣：「脫內戰化」的政治》為書名，加上中央研究院的張炎憲（一九四七～二〇一四）老師的序文後出版。張老師留學東大時曾與他見過面，當時他也曾為我提供貴重的資料。譯者之一的何義麟先生也是張老師的學生，日後留學東大時加入我的研討課程，以二二八事件相關論文取得博士學位，之後以博士論文為基礎出版《二二八事件：形成「臺灣人」的族群政治》（東京大學出版會，二〇〇三年），並榮獲第二十屆大平正芳紀念賞。

無論如何，如此一來我的臺灣政治研究在臺灣也獲得了一定的反響，接著透過這些研究也與各式各樣的人士建立、拓廣了人脈。就在這種狀況下，我不斷建構自身的臺灣政治論述。

9 接觸臺灣學術界的新思潮——第一本臺灣政治研究專書

太過沉迷理論書籍導致電車坐過頭

一九九二年十月，我的《台灣：分裂國家與民主化》於東京大學出版會付梓。這是首次針對臺灣政治研究全新撰寫的專書。透過此書，我獲得大平正芳紀念財團環太平洋學術研究助成（一九九四）與三多利學藝賞（政治經濟部門：一九九七），對我而言，這也代表在日本確立了臺灣研究這一個學術領域，能讓我獲得一定程度的自信。如果沒有這些支援、獎項，或許日後我也不會成為「日本臺灣學會」（一九九八）的創始成立者。在這層意義上，此書堪稱我臺灣研究人生中的一個重要里程碑。

從我自身研究活動的過程來看，此著作包含一九八〇年代前半開始的「選舉參觀」在內之臺灣政治動向觀察；以及同時期起，說好聽些是「努力吸收」政治學、社會學理論，老實說就是臨陣磨槍式「一點一滴自學」習得的成果，好不容易地將兩者結合起來的作品。

關於前者，這本書的後記中寫下：「前去選舉觀察的臺北、臺南、高雄、宜蘭、桃園、屏東、板橋等城鎮的街頭，對筆者而言就是政治學的教室，也是民主主義的補習學校。因此，將本書獻給與我照面、或者擦肩而過的所有人們」，這段自我的感慨。

關於後者，至今仍有記憶深刻的事情。成為助教授的一九八六年秋天，上完課後回家前繞去大學書店，我總會確認一下新書的書架，當時看到名為《威權統治的轉型：關於不確定民主的試探性結論》的書籍（原書名 *Transitions from Authoritarian Rule: Tentative Conclusions about Uncertain Democracies*，日譯書名《民主化の比較政治学》），因為對書名感到興趣遂順手買下。這是當時研究從威權體制轉型至民主體制而知名的兩位學者，奧唐奈（Guillermo

O'Donnell）與施米特（Philippe C. Schmitter）著作的日文翻譯版。

上了回家電車抓住吊環後迅速翻開書閱讀，立刻沉迷其中。一九八〇年代初起便一直觀察臺灣政治的動向，書中的理論則生動描繪那種動向，相關說明接連出現，這體現在用來總結政治轉變過程的詞彙上。如「（威權主義體制實權派內）鷹派的暴走與挫折」、「（體制實權派將民主化與自由化逐步釋放）分期付款式的民主化」、「（為此企圖維持權力的威權主義體制而）朝前方逃走」，同時「（安撫體制內保守派使其接受改革的）退後式正統化」等等。回過神來已經過了該轉乘的車站好幾站。之後的通勤生活中也有幾次坐過頭的經驗，不過因閱讀理論書籍而坐過頭只有這麼一次。書中將政治開展過程中發生的各種事情透過此脈絡進行歸納，在那瞬間讓我強烈感受到這些概念的力量。

豬口孝氏的學術組織力

今日回顧，我著作的誕生也獲得來自外部的助力。直接從日本學界的狀況而言，我藉助了豬口孝教授（當時隸屬東京大學東洋文化研究所）的學術組織力。當時他擔任東大出版會發行的全二十冊現代政治學論叢編輯，並開始在政治學界發揮重大的影響力。

任職香港領事館的一九八五年某日，突然收到豬口氏來信，在電腦、電子郵件皆不普及的當時，這封手寫的信件字跡難辨，我與家人一同解讀，信的大意是：請我進行臺灣政治研究，並撰寫專書。他認為四十多歲處於體力、氣力、研究力充足的時期，此時期全新撰寫著作最為適宜。

當時尚無任何具體的做法，只當作是來自研究所衛藤研討班學長的鼓勵，不過收信兩、三年後的某一天，我收到通知，東京外國語大學的中嶋嶺雄教授所主持的，一個關於東亞比較研究的大型科學研究費補助計畫（科研），其中一個研究小組由豬口教授負責，希望我能加入，並邀請成員們一同會面。

集會的場所應該是東大本鄉校區旁的學士會館，成員除了豬口氏外，尚有天兒慧（中國研究）、鐸木昌之（北朝鮮研究）、服部民夫（韓國研究）、白石昌也（越南研究）等成員。根據豬口氏的說法，此集會除了作為科研研究班成員的互相認識，也是叢書出版的見面會，叢書整體的書名是《東亞的國家與社會》，出版社為東大出版會。針對個別專門地區的現代政治全新撰寫一冊書籍，前述四位負責四個區域，此外日本政治由豬口氏、臺灣政治由我擔綱。東大出版會的竹中英俊氏也出席會上，之後也受到他的諸多關照。

豬口氏既沒有抽象也沒有具體告知要寫什麼或該怎麼寫。他告知的就只有：現在正是好時機，所以撰寫一本全新的地區政治專書，出版社也決定了。能加入科研也讓我心懷感謝。一年雖然只有不到數十萬的經費配額，但已足夠充作前往臺灣的旅費。不用繼續過往般在雜誌上投稿收取稿費充作旅費前往臺灣，再寫下一篇攢下一筆旅費的做法了。

豬口氏當時大概想打造新的政治學潮流。那究竟是一種什麼樣的潮流，我的學識無法加以說明，不過在企劃政治學叢書後，打算利用這次打造出地區研究的亞洲政治研究學術空間，當時我也正好著眼處理臺灣政治研究。我也以豬口氏開創的空間為根據地，得以向人們展示學術性的臺灣政治研究是確實存在的。

從臺灣學術的新思潮中汲取能量

本書誕生的另一個學術性的外部環境就是臺灣學界的新思潮。堪稱這股潮流的代表者，即大約與我同世代的吳乃德與陳明通二人的博士論文。那是一九八八年中還是一九八九年三月訪臺時的事情。吳乃德在芝加哥大學取得政治學博士的學位論文[5]，優秀地分析了國民黨一黨專政的威權主義體制，我也耳聞該論文在「黨外」青年與研究生之間被廣泛閱讀。告知我此事的是舊識謝明達，就在回國前，我向他提出請務必讓我一讀。回國前一天我接到聯絡，要我前往中山北路的國賓大飯店大廳，謝氏在處理其他事情的途中撥冗前來把論文交給我。論文的拷貝版甚至已經裝訂成冊。

理所當然，我在回國的飛機上立刻開始沉迷於這份論文。吳乃德論文的問題意識在於，長期戒嚴令下理當出現對人權壓抑的強烈反彈，但國民黨的統治為何未遭強烈反抗。理由不在於政治警察打造的監視、鎮壓系統，而是因為國民黨打造出了讓人們難以反抗的「依附黨國體制的恩庇侍從分配體系」。在容易組成團體的勞工中則打造金字塔型的工會，並將國民黨幹部送入團體高層加以控制。青少年的部分，由蔣經國擔任主任的青年反共救國團組織涵攝各高中的班級組成，對高中生的休假等提供方便的野外活動，且該活動皆由救國團一手掌控。吳氏將此稱為「解消動員能量的統合主義（Corporatism）」。

同時，在直接進行滲透的農村，透過戰後的地方公職選舉一路形成的「地方派系」使用各種方式控制，國民黨在地方選舉中打造出持續擁有壓倒性勝選成績的恩庇侍從系統。當黨外抬頭讓「選舉」這個制度獲得空前矚目，造成威權主義體制動搖的時期中，為解析國民黨一黨體制下地方政治的結構提供一個理論性基礎，自一九八〇年代末起，在臺灣的大學也大量出現討論各地「地方派系」介入選舉活動的地方派系論之相關論文。

陳明通的研究[6]也在這股潮流之中，不過他採取的方式並非深入特定的「派系」，而從日本殖民地時期各種地方名士鑑作為切入口，透過戰後報紙中刊登的地方名士葬儀委員名簿等徹底蒐集、整理資料，以臺灣省議會議員選舉為核心描繪出全臺灣的地方派系結構。關於

5 Wu, Nai-teh, *The Politics of a Regime Patronage System: Mobilization and Control within and Authoritarian Regime*, Ph. D. thesis, Dpt. Of Political Science, University of Chicago, 1987.

6 陳明通，〈臺灣地區政治菁英的參選行為：歷屆省議員候選人的分析〉，國家科學委員會專題研究計畫報告，臺北：國立臺灣大學政治學研究所，一九八九年。此論文整理之後隔年成為陳氏的博士論文。

陳明通，我曾透過中間人約定見面，直接與他進行談話。

關於此次見面，奇蹟般地仍記得場所與日期。地點是在臺灣大學政治學系、法學院雙方都利用的胡佛教授研究專案室，日期為一九八九年十二月七日。我沒做紀錄，不過當天政治學系的大學生洪郁如也在，我致贈她我的著作，也署名並寫上日期，因此得以確定。洪郁如之後前來東大參與我的研討課程，以臺灣近代女性史研究取得博士學位，今天在一橋大學指導提攜後進。洪女士在自己研究室的一隅幫我找出當時致贈的書籍。

除此之外，還從同時代的臺灣學者如社會學者張茂桂、在香港認識的蕭新煌的族群論與社會運動論等處學得許多，至今還記得讀畢二位的論文時內心湧出「啊！這樣一來就能寫了」的感受。

人們經常說，民主化並不止於民主化。臺灣在之後的政治體制民主化過程中，原本以代表「全中國」打造出來的虛構政治結構一處接著一處崩解，朝著僅限於統治臺灣的現實縫合，以小幅度的政治制度改革，實現了所謂的「分期付款式民主化」。連帶地，公民的政治意識也隨之改變。

日後我將這種民主化並不止於民主化的政治結構變動稱為「中華民國臺灣化」。我關注的焦點在於政治正統性、政治菁英、政治制度，更進一步達到住民的國族認同等，以此為內容的政治結構變動，但今日回首可以發覺，在學術領域中也與一九八〇年代的政治自由化胎動幾乎同時，強力出現可稱之為「中華民國臺灣化」的動向。

我最初的臺灣政治研究專書多半吸收這種學知上新思潮的初期成果。反言之，我也將這股胎動介紹給日本知識界，又經過兩年在尊敬的友人吳密察君審訂下此書出版中文版[7]，因此學知上的「中華民國臺灣化」初期狀況，也如鏡面反射般得以在臺灣的人們面前展現。

7 若林正丈（吳密察審訂，許佩賢、洪金珠譯），《台灣：分裂國家與民主化》，臺北：新自然主義公司，一九九四年。

第五章 民主化與「走鋼索的人」李登輝的鬥爭

——諦觀「憲政改革」的政治過程

1 「向若林詢問選舉評論」——與李登輝的第一次接觸

迎向臺灣政治的激盪期

一九八六年九月，蔣經國容許在野黨民主進步黨成立，自此臺灣的政治便進入動盪期。彼時取得東大助教授職位的我，在每個動盪的階段都被要求撰寫時事評論性的文章，與此同時也為自己的學術性臺灣政治研究打穩基礎。

此處先整理臺灣政治民主化的政治史。自一九七九年底的美麗島事件起至一九八六年民進黨組成為止，是國民黨一黨專政的威權主義體制的動搖期。之後歷經一九八七年解除長期戒嚴令，依據憲改後的《中華民國憲法》修正政治制度，基於此實施國會的全面改選等過程，到一九九六年初實施首次總統直選的民主政治體制最終成立為止的十年期間，則是從威權主義體制走向民主體制的轉型期，也就是民主化期。一九九六年之後則是後民主化期。

民主化期之所以是政治的動盪期，不僅因為在新規則下舉行國會與總統選舉，政治菁英發生一次大整編，還與獨裁者之死引發國民黨內政治動盪相互重合。

蔣經國做出讓政治開始自由化的重大決定後，於一九八八年一月十三日過世，死因是長年的糖尿病。根據《中華民國憲法》的規定，由副總統李登輝繼任總統接續蔣經國剩下的任期，果不其然導致國民黨內爆發激烈的權力鬥爭。

從後見之明來看，前文介紹的蔣經國死後副總統李登輝成為掌握實權的領導，也就是「李登輝＝沙達特論」確實言中，但理所當然一開始並不能預見這樣的結果。身為本省人，僅是蔣經國時代國民黨體制中的從屬菁英，這樣的李登輝即便依憲法規定成為總統，究竟能否掌握實權？若能，又能掌握到什麼程度？他將會如何運用這樣的權力？從一九八〇年代末起至一九九〇年代中期為止，這段後蔣經國時代，國民黨內權力鬥爭的歸趨，與已經打開突破口的民主化走向，持續著相互彌合的政治過程。

當然，我身為一介學者只不過是個外部的觀察者。即便如此，還是與在臺灣政治中存在感迅速提升的李登輝有了少許接觸。

錯失見面的機會

前一章提及，在我還是助教時，有前輩學者想為我介紹還在擔任臺北市長時的李登輝。試著重新整理一下記憶，該位學者是山田三郎老師（當時擔任東京大學東洋文化研究所教授）。山田老師是農業經濟學者（主要著作《亞洲農業發展之比較研究》），應該是與同為農業經濟學者的李登輝在國際會議的場合認識彼此，雙方大概是也可藉日語進行學術性對話的關係，對於我這種學者預備軍的後輩，寫封介紹信之類的應該沒什麼問題。

獲得介紹的時期大約是在一九七九年秋。推估是在我也加入的亞細亞政經學會的年度大會上。隔年（一九八〇）春假，我計畫著時隔七年的第二度訪臺，此時正是美麗島事件發生之前，我雖對同時代的臺灣政治產生關心，但尚在初步階段，缺乏拜會臺北市長的內在動機。對臺灣政治的關心，在第二次的臺灣旅行中才終於確立。

只是，逃脫的魚總是最大的（得不到的總是最好的）。先不論見面後會談論什麼樣的話題，若能在李登輝成為最高權力者之前，親身感受那位被司馬遼太郎形容為「宛如用剛從山上伐下來的大樹，粗略地雕刻了眼鼻似的」（《台灣紀行》）的人物所散發出的氣場，或許我也會變得有所不同。年輕時即便視野有限，但感受力則格外敏銳，若當時能夠積累下這種無法以言語形容的感受，說不定之後對臺灣政治會擁有更寬廣的看法，至今我仍如此認為。

第一次的接觸是透過間接的問答

當我開始集中心力於同時代的臺灣政治研究後，才出現與李登輝的連接點，而這是錯失首次機會十年之後的事情。實際上，此事在二〇〇八年出版的《戰後臺灣政治史：中華民國臺灣化的歷程》（東京大學出版會〔編注：中文版於二〇一四年臺大出版中心出版〕）中，曾以註釋的形式披露過。因為判斷此時已是李登輝從總統退任八年後，即便公開也不會有什麼問題。這個連接點發生的時間在一九八九年十二月，臺灣最後的增額立委與縣市長、縣市議員三合一選舉之後。此處先原樣引用該註釋。

「一九八九年底，筆者於結束現場觀察後回國，得知當時的亞東關係協會駐日代表處副代表鍾振宏於筆者出國期間，不斷來電留言希望能會面。與他聯絡上並碰面後，才得知他接到總統李登輝本人的電話指示，希望能聽聽筆者對此次選舉的評論。筆者於是表示，鑑於國民黨掌握媒體，並擁有民進黨所無法比擬的組織力量與財力，總得票率不到六成，事實上可謂慘敗。」（前揭書，日文版四三一頁、中文版二六一頁）

鍾振宏氏是從政府的宣傳系統一路爬上來的人，李登輝擔任臺灣省政府主席時，鍾氏擔任新聞局長。在當時的外交系統中算是少數李登輝的心腹。因此，透過鍾氏收集情報可說等同於藉由李登輝個人管道進行情蒐。掌權者除了從政府、情報機構、黨等官方途徑獲取情資外，同時經常也會利用個人人脈從其他管道收集情報。許久之後筆者才得知，此時李登輝也詢問了美國的觀察家的見解，因此我屬於這種情蒐管道底下的其中一人。

面臨迫近的重大政治時程

從事後諸葛的角度來看，此時期李登輝被迫做出極為重大的政治決斷。我在前述二〇〇八年的著作中推測，「最遲到一九八九年底選舉之後，李登輝才較具體地決定與反對力量再度交涉，以推動民主化」，其根據之一即是前文引用的附註。

接續在任內過世的蔣經國，李登輝的總統任期至一九九〇年五月為止。在此前的三月，國民代表大會將舉行正副總統選舉，其中除了多數延續舊制未經改選的「萬年國代」，還包括透過「增額選舉」產生的少數代表。此外，在此之前，國民黨的中央常務委員會與中央委員會也將先行決定國民黨內部的正副總統候選人。

在此重大政治時程之前，國民黨政權內的各派系中握有影響力之外省人也開始行動，進入後蔣經國時期不久，國民黨要員之間相互牽制的均衡行將崩毀。同時，在野黨民進黨面對從蔣經國末年至逝後不久制度化之「附加限制的自由化」（新成立政黨不得主張「臺灣獨立」）以及緩步的政治改革（以發放退休金促其自發性退職的形式來解除「萬年國會」）感到不滿，此外，對於把憲法的重要條款束諸高閣，長期以來作為治安法治依據的嚴苛《動員戡亂時期臨時條款》依舊未被廢止的狀況，更是大感不悅。這種狀況從戒嚴令解除後臺北街頭陸續、不斷出現各種高舉政治、社會改革要求的遊行、集會即可清楚看出。

決心成為「實權總統」

一九九一年夏季左右，許水德以亞東關係協會駐日代表身分赴任，筆者聽到他以日語發表評論，稱李登輝是「赤手空拳進入總統府」。在外省人看來，李登輝不過是蔣經國基於政治戰略提拔的本省人從屬菁英。一如前述我的推測，反對勢力不滿蔣經國掛保證的溫吞改革，李登輝若打算與他們進入二度交涉，就不能僅成為外省人菁英為他設定的「暫時總統」、「傀儡總統」，而必須是自身擁有獨自交涉能力的「實權總統」。為此對決的時刻迅速迫近。若強加忖度李登輝的內心，那應該是「從清水寺的高臺上一躍而下」（清水の舞台から飛び降りる，下定決心豁出去做）的決心。不過，如果沒有此時的決心，也就不會出現日後被讚為「民主先生（Mr. Democracy）」的李登輝。

即便如此，以上是我自己認為較為可靠的推測。即便曾有機會，但關於此時的間接詢問卻在我疏於向李登輝本人或鍾振宏求證之下，二位都已過世。對於自己未搞清楚此事只感到羞愧。如此一般，雖說只是間接的、單方面的問答，不過這就是李登輝與我的最初連接點。

不久之後便迎來能與他直接對話的機會。

2「我是走鋼索的人啊」——首次進入總統府，首次與李登輝見面

開啟的「潘朵拉盒」

在前述一九八九年十二月選舉後出乎意料的「間接對話」後，一九九一年七月以日方成員之一的身分參加第三屆亞洲展望研討會（Asia open forum）的我，得以首次與李登輝本人直接見面交談。在這大約一年半的期間臺灣政治出現重大變動。至此時為止，李登輝在黨內鬥爭中獲得初步勝利，成為「實權總統」，在其中道改革路線下歷經三度修憲，啟動「憲政改革」，達成民主體制的建構。

先簡單回顧這段過程。一九九〇年二月，在國民黨決定下一屆正副總統候選人的黨中央委員大會上，李登輝排除了在黨組織中擁有強大影響力的行政院長李煥等一眾人等的妨礙後，讓黨接受自己指定的副總統候選人，接著壓制三月國民大會上打算擁護監察院長林洋港（本省人政治家，李登輝的競爭對手）與國家安全會議祕書長蔣緯國（蔣經國的異母弟）成為正副總統候選人的舉動。至此李登輝得以繼續參選總統，並在勝選後取得非蔣經國殘留、屬於自己的全新六年任期。

面對由學生、一般公民在位於臺北市中心的中正紀念堂舉行要求民主化的絕食靜坐活動（野百合運動），李登輝為凝聚民主改革共識而召開「國是會議」，並於五月就任總統之際承諾提出政治改革的時程表，讓抗議活動和平解散。

接著於一九九一年四月召開國民大會（舊制），決議廢止《動員戡亂時期臨時條款》，也制定憲法「增修條文」，大致確定了「萬年國會」全面改選的選舉方式（第一次修憲）。

如前所述，所謂的《臨時條款》是以與中國共產黨處於內戰狀態為由，一九四八年由國民大會制定的一種將憲法束諸高閣的附屬條款，同時也是舉發政治犯時擁有絕大威力的特別刑法（如《懲治叛亂條例》等）之法源，亦為阻礙「萬年國會」全面改選的法源，若要實現政治自由化與民主化，廢止此法乃不可避免的舉措。

然而，我當時預感到此舉其實帶有強烈的另一層意義。此條款名稱所稱「叛亂」係指中國共產黨對中華民國的叛亂。中國共產黨是叛亂團體，中華人民共和國為非法政治體，只有中華民國才是正統中國，根據這樣的理論，《動員戡亂時期臨時條款》在法律上賦予在臺灣的中華民國明確的認同。

廢除此法的現在，存在於中國大陸的政治體不再是叛亂團體，那麼其定位為何？反言之，存在臺灣的中華民國又為何？這肯定會引發關於臺灣政治認同的根本問題，牽扯到對中國現實關係的處理與法律框架的形成。這一舉措，將會和一九八〇年代以來便開始顯現的

「黨外」追求「民主自決」口號一道，真正打開臺灣政治身分認同的「潘朵拉之盒」。筆者也在當時的時事評論中寫下此預感。實際上臺灣政治也如此開展，李登輝則是其中最大的推動者。

亞洲展望研討會

回到原本的話題。亞洲展望研討會是由李登輝與其舊識中嶋嶺雄（一九三六～二〇一三。時任東京外國語大學教授）一同發起的第二管道（民間外交），也就是大規模臺日交流的平臺。臺灣方由政治大學國際關係研究中心作為主辦團體，日本方則以「日本亞洲展望研討會」（日本アジア・オープン・フォーラム）的名義營運。對世界上的主要國家與不具官方外交關係的臺灣而言，這種平臺尤為重要。

第一屆研討會於一九八九年在臺北揭幕，第二屆在東京，之後由臺灣與日本交替舉辦，二〇〇〇年十月第十屆為最後一屆。能在日本舉辦時邀請李登輝總統參加，是中嶋老師也是臺灣方面的殷切期望，但終究未能實現。暫且不論總統在任期間，總統卸任（二〇〇〇年五月）後，在中嶋老師故鄉長野縣松本市舉辦的大會也無法出席。相信中嶋老師一定相當遺憾。

我從一九八〇年代末起，每個月一次借用職場東大駒場的教室舉辦名為臺灣研究會的學習會。應該是舉辦第二屆亞洲展望研討會之後的事情，我從臺灣的報紙上得知此研討會，戰戰兢兢地打電話給中嶋老師，請託對方前來學習會擔任講師，對方迅速答應，因此得以在學習會上聆聽亞洲展望研討會的相關話題。或許因為這樣的因緣，第三屆在臺灣舉行研討會時，我得以成為成員前往參加。

我手邊保有當時的手冊。今日翻看卷尾的臺日參加者名簿時，不禁感慨時間流逝之速，這段期間已經經歷了一個世代。中嶋老師較李登輝更早過世。提起年輕一輩，可舉之後發明「九二共識」這個神奇字眼，從陳水扁的第二任民進黨政權（二〇〇四～二〇〇八）至馬英九國民黨政權（二〇〇八～二〇一六）對中臺關係造成重大影響的蘇起，當時是主辦團體國際關係研究中心的研究員，為會議營運工作人員之一。此外，在名簿的末尾也見到今日三頭六臂般活躍的國際政治學者，東大教授松田康博的名字。當時尚為慶應義塾大學的研究生，擔任會議工作人員負責口譯。

「總統蒞臨！」

時至今日，有些當時寫的筆記也難以判讀，其中有一條寫著「一七．．四〇」。日方成員於七月十九日下午抵達臺北後，在隔天開始的會議之前便被帶往總統府。當然對我而言，這是首次進入總統府（日本殖民時代的臺灣總督府）這棟建築。進入會客室依照禮賓人員指示順序就座後，立正站在入口附近的禮賓人員旋即高聲道：「總統蒞臨！」用日語來說就是「総統のおなり！」瞬間感覺到蔣家父子二代的宮廷政治味道。

總統在隨從的陪伴下帶著笑容進入，中嶋老師在一旁開始介紹日方的參加成員。輪到我時，在中嶋老師介紹後，總統突然大聲對我說：「我正在讀你的論文呢」，讓我吃了一驚。閱讀我的論文並不令我感到意外，但在這種場合大聲說出則讓我訝異。日後一想，這或許是他對來賓發揮的一種服務精神吧。

之後有總統的歡迎致詞，內容強調此研討會的意義，照稿宣讀中文原稿，由當時行政院新聞局人員、出身筑波大學的邱榮金先生照稿口譯。之後可以由日方進行發問，接下來便不再口譯，全部以日語進行對話。總統以日語說話時感覺更為放鬆。一旁陪同理當不懂日語的總統府參軍長蔣仲苓將軍對此毫不介意。

「我是走鋼索的人啊」

暫且由年長成員與總統談話之後，輪到中嶋老師向我提問，我思索著開頭所述的原委，大略提出如下的問題。「民主化開始後，無論大眾傳媒或臺北街頭，都對臺灣政治的未來提出各種各樣的主張並發生爭論。總統也是國民黨主席，套用棒球用語，看起來就像是球員兼裁判，對此您本身的想法如何？」

對此李登輝一開口便說，「我是走鋼索的人啊。」我僅清楚記得他就是如此以日語回答。他想要表達的，參照先前提過我那份不太可靠的筆記，推演開來大致是：現狀為既得利益、傳統思考方式與新的主張相爭，民主政治雖在原則上以民意為基礎，卻無法達到百分之百。與其從改革伊始便決定必須這麼做，不如邊摸索並從中找出合適的方法——大概就是這樣的發言旨趣。因為我筆記上也寫著「真的是在走鋼索」字樣，可以看出一直煞費苦心地在看似流動中的政治平衡中確立領導權。

這是首次與李登輝交談的經驗。從本人口中聽到「我是走鋼索的人啊」一語，對已開始的「憲政改革」觀察而言算是重大收穫。

3 「你的書中有不正確之處」——首次單獨會見李登輝

長達一個小時半的單獨會見

李登輝在黨內政爭中勝出，同時讓「野百合運動」（要求推動民主化的學生絕食與公民靜坐社會運動）和平解散，一九九〇年五月二十日就職總統，任期六年。之後他召開「國是會議」，取得①廢止《動員戡亂時期臨時條款》、②將至此為止官方選派的臺灣省、臺北市、高雄市長改為民選、③實施總統民選（而非由國民大會選出）等共識。這明顯打破了蔣經國總統晚年國民黨菁英間彼此認可的改革框架。有時慎重，有時大膽，與如此推進民主化的李登輝，終於在一九九二年七月再度見面。

大學進入暑假後，我迅速出發前往臺灣，實現與李登輝總統的單獨會見。當天的筆記寫著「九：二〇～一〇：五〇」。在長達一個小時半的期間，幾乎都是李登輝的獨腳戲。

在亞洲展望研討會初次與李登輝見面後，一九九一年底首次實施國民大會代表的全面改選，接著一九九二年春經過全面改選後召開新制度下的國民大會，進行第二次修憲，確定國是會議共識中的②與③的一部分。所謂③的一部分，是雖然確定總統「民選」，但具體方法需要進一步修憲，並在現職李登輝任期結束的一九九六年之前決定。

即便如此，欲推動總統直選的李登輝仍一時受挫。召開第二次修憲國民大會之前的國民黨中央委員會大會上，並無法在黨內取得「總統直選」的共識。在單獨會見時，李登輝也講述了此事。

對我評論的評論

第二次進入總統府。這次不是乘車從正面玄關進入，而是由側門接受行李檢查後進入。推測此次見面應當不是總統的公務。被帶到小會客室等候，接著李登輝進來打招呼，之後一開口就說：「你的書有不正確之處，因為你要來，所以又試著重讀一次。」

之後思考他所說的「書」，應該是一九九一年二月號的《臺灣海峽的政治》（田畑書店），與當天對話一致的部分，則是〈李登輝擁有的時間〉這篇時事評論。原文刊登於一九九〇年《世界》雜誌六月號，所以是配合李登輝新的總統任期而寫，撰文時尚未召開「國是會議」，而且也還看不出李登輝主導的「憲政改革」（後述）路線，在此時間點上，筆者試著對李登輝領導權做出今後展望。

今日重讀，筆者基於「政治家李登輝誕生自『威權主義式』現象（因獨裁者蔣經國的提拔而躋身統治菁英之列），卻必須否定這種體制，（為了推動民主化）發揮領導權」（一三六頁），這與一九九一年初見李登輝時，獲得他回答出「我是走鋼索的人」（前述）相呼應。雖觸及一九九〇年二月至三月的國民黨權力鬥爭與「野百合運動」，但未能切入原委與背景做出分析，判斷出召開「國是會議」的想法也是遵循「野百合運動」的要求。

李登輝想說的「不正確」之處，是我在書中對權力鬥爭的內幕與國是會議的認知。這天他首先言及的是一九九〇年三月國民大會上擁立林洋港、蔣緯國的一幕（「三月政爭」）。重點就是，這一幕是由（當時的）行政院長李煥籌劃的。李煥是前述國民黨中央委員會大會中挑戰李登輝的重要人物之一（在媒體上他們旋即被稱為「非主流派」），在黨務系統中擁有龐大的影響力。

在國民大會上提出要擁立林洋港、蔣緯國擔任正副總統候選人的，是出身政治警察的鄧姓國大代表，不過據說是受到李煥的指示。但李登輝這方（被稱為「主流派」）已收集超過五百名代表的支持連署，林洋港與蔣緯國實際上也對成為候選人不甚積極，只是被李煥拉出來擔綱。此事最終由林洋港被國民黨內佔據重要地位的本省人（被稱為「八大老」）說服，取消成為候選人而讓「三月政爭」落幕，但根據李登輝的說法，是因為林洋港本就無競選之意，因此不過是一場鬧劇罷了。

「國是會議是不流血革命」

接見絕食學生（三月二十一日晚），約定召開「國是會議」，也不是回應學生的要求，而是李登輝本身的想法。李登輝指出，因三月十七日《中國時報》刊登了召開國是會議的訴求廣告，所以他透過總統府祕書長李元簇（李登輝的副總統候選人）向報社社長余紀忠（當時國民黨中央常務委員）傳達有意召開國是會議。

此外，李登輝也強調這次國是會議的意義。我在一九九七年發行的《蔣經國與李登輝》（岩波書店）中如此引用他的說明。

「擔任政治改革十二人小組副召集人時，理解到小組中的年長者們根本無意改革。大眾們希望改革。但國民黨內的力量根本不行。所以，國是會議是一種不流血的革命。」（同

書，一九三頁）

所謂的「政治改革十二人小組」，是一九八六年三月決定對長期戒嚴令與「黨禁」（禁止成立新政黨）等，果斷推動政治自由化的蔣經國在國民黨中央常務委員中打造的特別工作小組，任命最高長老前總統嚴家淦（蔣介石死後，由嚴家淦副總統接任總統完成剩下任期，之後由蔣經國接續下一任總統）擔任召集人，被任命為副召集人的李登輝切身感受到嚴家淦等外省要員「無改革之意」，很早便判斷出，不靠外部力量，國民黨內部將不會有任何作為。

雖說如此，也非僅靠民進黨或在野勢力的「廣場政治」。他認為必須動員在現行體制下仍握有力量的國民黨，如前所述，國是會議後將政治改革定義為「憲政改革」，並將憲改限定由國民黨內打造的「憲政改革小組」執行。這麼做的理由，在我與李登輝的會見中他如此說明：「若國是會議的共識不在國民黨內執行，在現實上有窒礙難行之處。雙方（民進黨與黨內「非主流派」）皆帶有不滿，為了社會安定所以在體制內實行。」

然而，這樣的妥協不斷遭黨內非主流派利用，因此在「黨內改革小組」中對總統「民選」方式的討論傾向「委任直選」。此非由公民直接投票選舉的「總統直選」，而是由某種方式選出正副總統的難以理解方案。

「委任直選」究竟將成為美式的直選選舉人制，或者會成為由類似國民大會般的會議以變形的方式選出，當時並無清楚定論。無論何者，站在黨內非主流派的角度來看，如果實施

「總統直選」，將產生更加握有實權的總統，而最令他們擔憂的是有可能成為「臺灣總統」。李登輝對於黨內的這一派人的想法不以為然。

如前所述，李登輝於一九九二年一月臨時提議採用「總統直選」方式，但在隔月的黨中央委員會大會上，反對意見紛紛湧現，最終提案被擱置。在總統府與我會面時，他表示，當時若進行表決，確信能夠通過，但仍選擇不強行推動。他解釋道，之所以提出「總統直選」，是因為民眾普遍支持直選，若推出「委任直選」這種難以理解的方案，年底的立法院「全面改選」恐將遭遇挫敗。然而，若在當時強行推動「直選」，勢必導致國民黨內部分裂。因此，他判斷，等到來年，民意將促成變化，故決定不急於強行推動。

比民意「領先半步」的領導力

筆者認為，李登輝對已然啟動的「憲政改革」抱持樂觀的展望。年底的立法委員全面改選後也確實如此，與非主流派的力量對比也轉變為對李登輝有利，一九九四年的第三次修憲，在沒有重大糾紛之下確立了「總統直選」。

這次會見中，他進一步明言自己採取的中道路線。關於《動員戡亂時期臨時條款》廢止後的「大陸（中國）政策」與國家認同問題，他引一九九〇年制定的《國家統一綱領》（要求中國方承認臺灣為政治實體，相應於此將階段性擴大與中國的交流），表示自己的方針是

「執中治國」（以中道治理國家），無論「急獨」（否定中華民國的幾近獨立路線）或「急統」（現在立刻邁向統一的階段）皆不可取。

這雖是筆者的後見之明，李登輝慎重讀取民意，不躁進，偶爾稍微後退，仍在變動狀況中保持自身「中道」位置，且若判斷可能成事，便比民意「領先半步」做出提議，牽引前行。這便是民主化時期李登輝的領導風格。時代的趨勢使這一切成為可能。

4 「臺灣人的心，日本人的做法，西歐的政治思想，中國式的皇帝」——一九九〇年代臺灣人心中的李登輝

陳水扁的李登輝觀

在臺灣政治中，一九九〇年代是李登輝的時代。此處僅再提一點關於李登輝的回憶。

一九九二年七月二十一日，在前小節提及被說「你的書有不正確之處」的與李登輝初次一對一會面之前，我首度與二〇〇〇年成為臺灣總統的陳水扁見面，並聽取他對李登輝的看法。當時他是民進黨的立法委員，我前往通稱「青島會館」、位於臺北市青島東路的會館狹窄辦公室拜訪。日後不只民進黨議員，我還數度前訪立法院委員的辦公室，全都空間狹窄，與其稱為辦公室，不如稱之為「小隔間」。

打開狹窄辦公室的門，進入屋內的是當時陳水扁的「國會助理」羅文嘉。陳水扁當選臺北市長後，他擔任市政府的發言人，以陳水扁的左右手而於政壇活躍、抬頭。

陳水扁的名字，在美麗島事件擔任被告辯護律師，以及事件後一九八一年地方選舉當選臺北市議員而嶄露頭角之際，我便已得知，但以政治家的身分給我強烈印象的，則是一九八九年最後一次「增額立委選舉」時。當時我依慣例前往「選舉參觀」，選戰最後一天閱讀臺北的報紙（應該是《自立晚報》），內心不禁發出「啊！」的一聲。陳水扁打出「義無反顧喊臺獨」的口號。記憶中應是頭版的半版廣告。

此次選舉中民進黨陣營內大量公然喊出「臺灣獨立」，散布各種「臺灣共和國憲法草案」，此事為民進黨帶來一定程度的熱潮，同時檢察機關則一件又一件地以違反國家安全法進行起訴。但，見到陳水扁的報紙廣告時，與其說驚訝於他終於公開陳述「臺灣獨立」的主張，不如說更先給我他是一個賭徒的感受。當判斷這就是出手時機時，即便有風險仍能下定決心行動，在這層意義上給筆者機會主義者（opportunist）的感受。我當時的判斷是，陳水扁在選舉活動的最後階段打出這則廣告，意在促成自己當選。之後一九九四年的臺北市長選舉，二〇〇〇年的第二次總統直選，利用國民黨分裂在成為三方大戰的選戰中大獲勝利，帶領民進黨問鼎執政黨。就我而言，對他這種「從選舉發跡的政黨」中的「善於選舉的陳水扁」印象，即是由此而起。

那麼，這天在青島會館陳水扁談論李登輝，對其權力基礎做出評論。李登輝本身沒有「班底」，在國民黨內的權力基礎薄弱，因此即便他是本省人，也不得不說些外省人想聽的話。不過，他提出「中華民國是主權獨立國家」的說法有人民的支持，即便在民進黨中也有支持李登輝的氣氛。

「不得不說些外省人想聽的話」，這個說法代表陳水扁臆測，很明顯身為本省人的李登輝別有其他真實想法，而這麼臆測的並不只有陳水扁。當時國民黨反李登輝派看穿此事，揶揄這是民進黨的「李登輝情結」。換言之，陳水扁的李登輝觀屬於當時標準的民進黨李登輝觀，從李登輝的權力基礎開始談，的確相當像陳水扁的風格。

「李登輝用髒水清洗污泥」

隔年（一九九三）八月訪臺時，與從一九八〇年代起偶爾見面告知我許多事情的舊識，新聞工作者司馬文武見面，讓我聽到了饒富深意的李登輝觀察，給我某種綜合式的李登輝理解。

關於總統直接選舉制度的決定，在國民黨內遭到反彈後一度被迫撤退，但與我見面時李登輝仍抱持樂觀的展望。之後一如他預期，一九九二年底立法院實施全面改選，所謂的「萬年立委」全數退職，政治氣氛突然改變，翌年年初「非主流派」的重要人物——行政院長郝柏村院長下野，由連戰（本省人）接任，一直被外省人佔據的國民黨中央祕書長職位，也任命當時的駐日代表許水德擔任。總統（兼國民黨主席）、行政院長、黨中央祕書長等，所謂過往黨國體制的重要職位皆由本省人佔據，也有時事評論家強調這種現象而稱之為「國民黨的臺灣化」。我對這樣的說法有不同意之處，但臺灣政治的氣氛已然改變，則確有其事。

因為處在這種情勢下，關於李登輝的話題便集中在推進民主化時，李登輝在國民黨內權力鬥爭的手法。司馬文武在我的筆記本上以中文寫下「用髒水清洗污泥」。「污泥」指的是非主流派的外省人勢力，「髒水」則指國民黨在戰後舉行地方公職選舉時一路培養起來，被稱為「地方派系」，以本省人為核心的地方勢力。國民黨中央在地方經濟上選擇性容許貪污與腐敗，以此形式攏絡這些勢力。

只要選舉政治不廢除，對外省人勢力而言，「地方派系」就是必要之惡。這種「必要之惡」的一方在黨內鬥爭時站在李登輝這邊，黨內有「地方派系」的支持，黨外有民進黨的「李登輝情結」，這種勢力上的安排配置決定了李登輝的勝利。

筆者想起的是，一九九五年底參觀立法院選舉訪問嘉義之際，在嘉義地方派系候選人的辦公室請教候選人的父親對李登輝總統有何看法，對方回答：「總統身上帶有帝王之相。」可說，這句說明了李登輝在黨內鬥爭中所獲得成果。在此背景之下，李登輝於一九九六年首次總統直選中獲得壓倒性的勝利。然而，四年之後的二〇〇〇年，當民進黨陳水扁在總統選舉獲勝後不久，李登輝便遭國民黨放逐。因此，「國民黨的臺灣化」之所以能夠推動，全憑李登輝之力。那麼在某種意義上，「國民黨的臺灣化」這樣種說法實屬虛妄。

一語道中李登輝與臺灣全體「多面性」的話

司馬氏的李登輝論加入了人物評價，並展現新聞工作者高明的摘要風格。他說明李登輝「擁有臺灣人的心、日本人的氣質與表現方法、西歐的思想、以中國式的皇帝行事」。「日本人的氣質與表現方法、西歐的思想」這部分，可由李登輝生於戰前的一九二三年，經日本學校系統進入帝國大學就讀來理解。戰爭期間處於舊制高校殘留的「大正教養主義」氛圍中，漫讀各種書籍的經驗足以讓他透過日語習得西歐式教養與政治思想。此外，關於李登輝的政治手腕，當時臺灣本省人、老一輩世代，甚至在日本也開始出現的「李登輝迷」多所傳言，這是他受到舊制高校時代沉迷的「劍道的『氣合』（全神貫注、心無旁騖）」所致。如此，李登輝行事作風會被本省人的戰後世代的新聞工作者視為「日本人的氣質與表現方法」，也不足為奇。

關於「以中國式的皇帝行事」這點，我也能夠理解，因國民黨的規定賦予黨主席強大的權限，再加上總統的權限與威信，此種權力的安排在民主化後仍在國民黨中存續之故。我在之後的著書中將此種權力安排稱為國民黨的「強人轉移」(strongman shift)，可說李登輝刻意不濫用個人強權，而將其用於斷然實施民主化措施。

我不太理解的是「臺灣人的心」，這似乎不是日後常被提起的「臺灣精神」或「臺灣魂」之類的東西。詢問之下，這位新聞工作者表示用臺語可以這麼說，並把該詞彙以羅馬拼音寫在我的筆記本上。

「Ching tsai gon-gon」，譯成中文便是「隨便說說」。

大概是我仍舊一副不甚理解的表情，他更進一步解說道，就像臺灣一般人會做的，與人見面、分開時都會一派輕鬆地說：再來玩呀、有什麼問題就來找我，這是臺灣人常有的習慣，李登輝對外省人部下或外國賓客也採取同樣的做法。

這點往好處說或許可指「臺灣人好客」，但至今我依然未能理解。不過，即便不甚理解，這種「臺灣人的心」若是指李登輝渾身散發出的「臺灣人特質」（Taiwaneseness），那麼李登輝再過一陣子便將全面施展這種特質，在面對完成民主化期的「奠基選舉」（一九九六年首次總統直選）中，向世人展現這種舉止。

今日回顧，我察覺這種新聞工作者對李登輝評價，其實說中了領導者在臺灣這個複雜的土地成長，必須面對並抵抗複雜過渡期所擁有的一種特性，那恐怕也是臺灣全體在接連不斷的外來統治中不得不隨身具備，且在面對眼前的民主化時堪稱很幸運能擁有的「多面性」。

5 國會全面改選，轉變的社會氛圍——臺灣的「渦漩選舉」

「萬年國會」的全面改選

「臺灣的社會隨著每次的選舉都像蛻下一層皮般變化。」首次在綜合雜誌《世界》上撰寫臺灣政治論時，一開頭即如此寫道。在一九九二年底的立委選舉後有如此強烈的感覺。

撰寫前述論文時，腦海中思索的是一九八六年「立委增額選舉」，「黨外」組成民主進步黨後首次參與的選舉，換言之，關注的是臺灣歷史上首次有在野黨的國會選舉這點。

不過，此時的國會仍是由非改選的國民黨議員佔大多數的「萬年國會」。相對於此，一九九二年底的選舉是解決「萬年國會」的全面改選。第三章提及，從日本殖民地統治下的一九二〇年代起，臺灣人們的「臺灣議會」夢想，歷經七十年歲月才實現了「憲政改革」的初步成果。

當然此時我也前往「選舉參觀」。切實感受到這場選舉引發社會氣氛變化的，與其說是現場看見的選舉造勢活動，不如說是事後發生的狀況。我憶起兩件事，一是友人吳密察的話。

「那種遊行抗議，一直到最近為止都還是我們這邊在幹的。」

這次選舉中，在野黨民進黨與立法院內被視為李登輝派的「集思會」候選人，皆把批判矛頭對準行政院長郝柏村。如前所提及，郝柏村作為國民黨「非主流派」（反李登輝派）的領袖，由他出任行政院長，是「非主流派」與李登輝之間妥協的象徵。

在此時的選舉中，自由主義派學者團體「澄社」所編輯的《郝語錄》大為暢銷。筆者訪問的幾位候選人辦公室中，包含桃園縣「集思會」候選人黃主文辦公室，前訪時適逢候選人回到辦公室，我詢問對方選舉活動中最投入心力的主張是什麼時，對方以一句話回答「就是批判郝柏村」，接著候選人稍做休息後又匆匆忙忙返回宣傳車上。

《郝語錄》的封面（筆者當初也曾購入，但之後遺失，此次委託友人莊宏年於臺北舊書店購得，特此記之以表謝意）

選舉的結果從政黨勢力的分布上看有些複雜，若簡單從政黨的力量來看，國民黨獲得約三分之二的議席，一如預期取得大勝，但「集思會」的候選人中，除了與我交換過意見的黃主文以外全數落選。相反地，反李登輝派的「新國民黨連線」集團大有斬獲，成為政局中的新勢力。另一方面，在野的民進黨在立法院獲得大約三分之一的五十席。此即所謂在新的「臺灣議會」中，首先應當確實鞏固地盤。

鑑於這種情勢，李登輝在第二年企圖更換行政院長郝柏村並最終獲得成功。然而在此過程中，從一月初起，就出現反對更換郝柏村的外省人退伍官兵等團體組成遊行隊伍，連日在國民黨本部前抗議。

之後大概是在三月訪臺之際吧，我照例與吳密察君見面閒聊，他對這種場面評價道，「這次的選舉讓社會改變了。老兵們幹的那種遊行抗議，一直到最近為止都還是我們這邊在幹的。」

在餐廳中見到的落魄政治家

另一點是，之後在臺北的餐廳碰見政治家梁肅戎，他在一九九二年選舉前與後的模樣差異。

位於臺北仁愛路三段的福華大飯店因停車方便，成為臺北人見面時經常利用的飯店。在一樓大廳的椅子不知為何是木製的，臀部感受著那股堅硬，心中帶著幾分緊張等著約好的人現身，若約定時間正好是用餐時間，就這樣坐電梯下到地下室的臺灣料理餐廳，我已經有過多次這樣的經驗。

一九九〇年或是一九九一年的某一天，我在那家餐廳見到梁肅戎的身影。該桌氣氛熱烈，偶爾會傳出小小的喧囂般的笑聲，梁氏的身姿就在其中。當時他是立法院長，在日本來說就是眾議院議長，是三權長官的其中之一。雖說從結果上而言，因憲政改革使「萬年國會」消失，讓他成了末代院長，但席間的盛況仍能感覺相當符合他當時的地位。彼時只要

上方照片為立法院長時期的梁肅戎，下方照片為施政報告中的時任行政院長李煥（引自《梁肅戎先生訪談錄》，國史館，1995年）

立法院發生什麼狀況（經常都是與民進黨立委的衝突），梁肅戎的名字與照片必然會出現在媒體上。

於同一家餐廳再度見到梁肅戎則是一九九三年或一九九四年左右。在距離我與友人的桌子相當遠處，他一個人坐著。當然他使用的桌子是聚餐用的圓桌，我以為他約了人正在等候，但過了一陣子卻沒有任何人來。之後又過了一段時間，只有一名中年男子似乎看不下去，靠近他打了個招呼，而他看來似乎很高興。雖說「世態炎涼」乃人之常情，但這樣的光景還是讓人心中一震。正因為是年輕時曾近身聽聞對方談話的人，所以那幅前後對照的光景，至今仍令我無法忘懷。

「臺灣的選舉是渦漩選舉」

一九八〇年代臺灣的主要政治學者之一，臺灣大學的胡佛教授（一九三二～二〇一八）曾說過，「臺灣的選舉是渦漩選舉（circumvolving election）。」他針對一九八九年十二月歷史上最後的「立委增額選舉」（國會部分改選）的評論，我以自己的方式加以摘要如下。

> 臺灣的選舉，即便是國會選舉，今日也不會對政權的歸屬有直接影響，因此仍留有對

國民黨信任投票的性格，以及對政治、社會宣泄不滿的特性。然而，即便如此，在國民黨政權的「唯一代表中國的政府」之正統性神話不斷動搖的這十幾年，這種渦流的漩力範圍逐漸擴大，越來越多的臺灣社會各種勢力都不由分說地捲入其中。投入此選舉渦流的能量，一路以來都使臺灣的政治社會蛻變出新的姿態。（若林正丈，《臺灣海峽的政治》，一二〇頁）

一九八〇年代中期，「黨外」開始出現組成在野黨的行動，與國民黨政權之間緊張程度升高之際，胡佛教授是擔任「溝通」角色的四位學者之一（順帶一提，此時國民黨方的窗口是當時黨中央政策會副祕書長梁肅戎）。我認為這種經驗也反映出教授的此種概念。當然，他的學生中也有反國民黨的活動家(activist)。

此概念也與我的實際感受相符。即便是與政權未來無關的「威權主義選舉」也不容小覷，其中散發著從制度外觀難以看出的蒸騰熱氣。我之所以被臺灣選

2016年11月8日，在臺灣大學社會科學院接受臺灣政黨政治史研究會（筆者主導的科研經費研究小組）訪談的胡佛教授（右）與筆者（左）

舉所吸引，也是因為這股「熱度」。一九七〇年代的選舉在「黨外」的數個「人士」組成競選的「政治團體」（「黨外助選團」、「黨外選舉後援會」）中成長，促成他們自身的媒體（「黨外雜誌」）發展，若政權一方有非法狀況，也會在街頭上產生出二二八事件以來的憤怒群眾（一九七七年中壢事件）。

從「黨外」到反對黨

進入一九八〇年代後，因鎮壓（美麗島事件）而入獄的反對勢力政治家家人與公設律師陸續當選，除了給遭受不合理待遇的被捕者家人帶來慰藉，也讓遭受打擊的「黨外」迅速恢復。在此過程中，「黨外」一詞在臺灣成為反對勢力的專有名詞，新世代的加入也促成反對勢力領導階層的世代交替，最後終於誕生出一個在野黨。

胡佛教授與我當時關注的是「增額立委選舉」等民主化之前的選舉，而臺灣的「渦漩選舉」並不止於創造政治社會的機能上。

在「憲政改革」中採用總統直接選舉制並於一九九六年春實施，正式決定此政治日程的是一九九四年的第三次修憲，在政治上這等同於說，李登輝也是在這個時期決定更換郝柏村，並進一步鞏固在黨內的權力。談到創造政治社會的「渦漩選舉」，最頂峰就是總統直選。而我也配合著這種政治日程開始思考，想向任職的大學申請「休假研究」一學年。之後，此事獲得實現。

6 歷史性總統大選前的臺灣——開始在中央研究院展開長期研究

為了觀察歷史性的選舉而申請長期休假研究

一九九三年春，實現國會全面改選的李登輝再度於黨內鬥爭中獲勝，一九九六年春實施第一屆總統直選幾乎成為確定的政治日程。對臺灣而言，此次選舉一如字面所示，是一次歷史性的選舉，這應該是任何人都能同意的。我思考想在臺灣長期逗留觀察，一直到這次選舉日為止，適逢職場也差不多輪到我可以進行休假研究，與同事商量後，讓我排入一九九五年度（一九九五年四月～一九九六年三月）。

在臺灣接受我訪問的單位是中央研究院民族學研究所，在該所研究員、社會學者張茂桂的協助下，我成為該所的「訪問學者」。民族學研究所中的社會學者，這聽來似乎有些奇怪，不過當時的中央研究院尚未設置社會學研究所，且本書中已出場的蕭新煌、吳乃德、柯志明（前政治犯柯旗化先生的兒子），以及對當時臺灣「族群」問題進行實證性研究並獲得注目的王甫昌等有實力的少壯學者，也都「寄身」於民族學研究所。

民族學研究所當時的所長是徐正光，他也是社會學者，研究當時臺灣的勞工問題，印象中，他訪日演講時我還擔任過口譯。他是臺灣的「客家人」，日後也致力推動客家研究。

著手臺灣人國家認同研究的人們

實際上，我逗留的這年成立了社會學研究所的籌備處，根據中央研究院規定，十年後的二〇〇五年可以正式成立社會學研究所。之前也曾提及，我對臺灣政治研究最初的專書《台灣：分裂國家與民主化》，因內容吸收一九八〇年代起所謂的「中華民國臺灣化」研究成果方能寫成，上述的學者們便是該些研究的先鋒。

雖說是先鋒，從不同角度而言，他們也並沒有特別做出什麼事情。從學術上來說，他們關注著當時臺灣社會的現實，針對外省人與本省人的敏感問題，或者臺灣人國家認同問題，以他們在美國習得之分析方法與概念進行調查、分析，並對社會發表他們的研究成果，僅此而已。

然而，探討這些敏感問題，並將其作為學術課題，甚至提升為社會議題的行為，也引發被稱為「國際左派」人士的反彈，在學界中發生摩擦。而我幾乎沒有察覺到這些事，就在這場摩擦中的某個陣營裡，開始了「訪問學者」的生活。對此我並不感到後悔，但回國後，這段經歷還是讓我留下了些許苦澀的回憶。

書寫「臺灣日記」

在所長徐正光老師的安排下，我在中央研究院活動中心取得一間宿舍，研究室則使用研究所內空出的一室。從宿舍步行至研究室只需七至八分鐘，我只有在這一年實現了職場接近居處的夢想。

研究室內也提供一臺電腦。當時正值網際網路普及的時期，中央研究院也建置好系統，我獲得一個電子郵件信箱，便嘗試給此時正在德國的張茂桂寫封抵達中研院兼問候的電子郵件，也獲得對方回信。我想這應該是我剛開始使用網際網路的時候。只是，該系統仍不便於使用日語書寫，因此自己的工作仍使用從日本帶來的富士通文字處理器。以下純粹是閒聊，等我從休假研究回國後，東大職場的同事們皆開始盛行使用網際網路，我也匆匆忙忙從文字處理器派轉為個人電腦派。

另外，便是開始孜孜不倦地開始寫日記。我不擅熬夜，大都是隔天早上在研究室使用文字處理器繕打，因為書寫內容相當詳細，許多時候都會花費大半個上午書寫日記。當時逗留臺灣的主要目的，是近距離觀察臺灣的歷史性總統選舉，不過心中還暗自盤算，透過選舉的民主化達到一個階段後，就回歸到歷史研究，有機會的話，逗留期間也打算做點事前準備，然而這番打算完全成了空想。但，想要見證歷史性的一年才是主要目的，因此這也是沒辦法的事情。

早上時間都很忙碌，雖然也會去游泳池游泳、在研究院附近享受散步，不過也會邊吃早餐邊在宿舍閱讀訂購的《中國時報》與《聯合報》，以及看電視新聞。之後前往研究室寫日記，進行研究作業，中午以後趕赴各種約會，也接受一些邀約，大多數時間都前往臺北市內。

我記住主要的路線後大都乘坐公車出行。以正式訪談形式見面的狀況不多，因此也鮮少在現場做筆記，為了不遺忘這些有趣的見聞，往往都是利用回程的公車或計程車時間，用手邊現有的紙張振筆疾書。當然，面對每天見面的民族學研究所與其他研究所熟人，也盡力與他們交談，努力理解他們包含時事問題在內的各種看法、感受。夜晚偶爾會與來臺北後認識的產經新聞臺北支局長小澤昇先生、日空航空（Air Nippon Co., Ltd.）臺北支社長池本好伸先生等，自稱「臺獨聯盟」（臺北獨身者聯盟）的男性們喝一杯。

提到訪談，我曾試著預約李登輝總統的訪談，但未能實現。我正為岩波書店的「現代亞洲肖像」系列叢書撰寫一冊《蔣經國與李登輝》，原本打算利用這次休假研究的機會活用與李登輝的訪談，從春天起便託人轉達我的意向，但對方傳回的訊息是，由於當時的政治局勢，李登輝對於書寫他的個人事務變得很敏感。到了七月之後更發生中國軍隊發射導彈威嚇，局勢變得緊張，所以訪談便煙消雲散了。不過，這本書仍按部就班書寫，回國後的隔年六月即成功出版。

三個人的回憶之旅

前往臺灣各處也留下了愉快的回憶。當時住在臺北市郊木柵的葉國興先生到了星期天經常帶我外出。我是在一九九〇年代初與葉先生認識的，當時他任職國策研究院這個民間智庫副執行長。從木柵的山區步行、北部金山遺跡到一八九五年日軍登陸處等地，他都帶我去見識過。

為我介紹作家李喬的也是葉先生。我還在擔任助教的時代便已拜讀過他的臺灣歷史大河小說《寒夜三部曲》。葉先生是出身高雄的福佬人（十七世紀左右主要由中國大陸南部來到臺灣西部開拓平原地帶的人們），李先生則是居住苗栗的客家人，雖然他們的母語不同，但當時仍以「文化臺獨」的志向而成為同志。有一次坐著葉先生開的車，三人前往南部做三天兩夜的旅行，今天仍經常想起的是前訪臺南縣（當時的行政區劃）玉井，亦即一九一五年噍吧哖事件的事發現場。

此事件為日本殖民地時期，除去一九三〇年著名的霧社事件外，最知名的以漢人為主體之最後一次武裝起義事件，也有以首謀者之名稱之為余清芳事件，而噍吧哖事件的稱呼，則是以臺灣總督府警察隊與起義農民戰鬥最激烈之地為名而稱之。總督府法院以惡名昭彰的〈匪徒刑罰令〉（臺灣總督府專為懲治反抗日本的武裝集團而在一八九八年公布之刑罰法規）逮捕近二千人，其中八百多人遭判決死刑，但因在日本國內也批判聲浪高漲，因此不得不以大正天皇即位為藉口進行大量減刑。

在玉井鎮上，葉先生探問得知祭祀事件犧牲者的廟宇，我們便前往造訪。事件之後，有當地農民耕地時挖出遺骨，係屬與警察隊戰鬥而陣亡的起義農民，當地人收集後祕密進行祭拜。李先生說「把這件事寫入記憶的筆記本吧」一句，讓我印象深刻。在那二十年後，在已成為成功大學（臺南）歷史系教授的學生陳文松的陪同下，又重新造訪此地，讓我再次想起當年的回憶。

寫完以「臺灣日記」為標題的日記後，累積四百字稿紙達一千三百張，日後由朝日新聞社以《臺灣的臺語人、國語人、日語人：臺灣人的夢想與現實》為名出版。任職出版編輯部並看中、企劃出版此日記的岡惠里編輯大約幫我刪除了一半的分量，取捨的方法相當高明。

2016 年重訪祭祀噍吧哖事件犧牲者的廟宇內部，1915 年領導起義的三人為祭祀的主神（筆者攝影）

7 民主化的集大成——見證臺灣史上首次總統直選

幾個纏繞在一起的潮流

邁向史上首次總統直選的臺灣，有幾個潮流纏繞在一起。前述社會學者之間的學術或意識型態對立等也是其中之一。李登輝與司馬遼太郎的對談中提出「生為臺灣人的悲哀」後，與他同一世代的日語世代臺灣人之發言、行動也變得引人注目。我把他們稱為臺灣的「日語人」，這些人也曾聯繫我參與他們的餐會或主辦的活動。從更廣的角度來看，這也是一九八〇年代起重新審視臺灣歷史的潮流之一。或許可說，李登輝這號人物成為觸媒，而臺日關係也持續出現某種質性的變化。

不過，當然主要的仍是朝著總統選舉的龐大潮流。我抵達臺北後不久，無論國民黨或民進黨都正式進入推舉候選人的政治過程。

現任總統李登輝進行了名義上非官方、卻帶有歷史意義的訪美之行，引發了中國的「文攻武嚇」，亦即通過言論機關強烈批判李登輝，以及藉由中國軍隊演習對臺海發射導彈威嚇臺灣，美國柯林頓政權對此做出的政治、軍事對應等動態國際關係也牽扯到臺灣總統大選，這也使臺灣的總統大選引來國際性的注目。

國民黨候選人的推選，等於是蔣經國過世後權力鬥爭的延長。八月，李登輝與行政院長連戰的搭配在黨內獲得壓倒性的支持，成為黨內承認的正副總統候選人後，前國防部長陳履安旋即脫離國民黨自行參選，此時國民黨非主流派試圖推出司法院長林洋港與陳履安搭配，但遭陳履安拒絕，最終非主流派改以前行政院長郝柏村搭配林洋港參選。形式上是脫黨以無黨派形式自行參選，不過一九九三年從國民黨分裂出來的反李登輝政黨「新黨」放棄推出候選人，宣布支持林洋港與郝柏村的搭檔。

民進黨採取美國式的黨內初選方式列出有意參選者，第一輪的四位候選人由黨幹部與黨員投票決定兩名，初選勝出的是一九七七年中壢事件的英雄許信良，以及一九六四年發表〈臺灣人民自救運動宣言〉而長期亡命美國並於一九九二年回國的彭明敏。此二人巡迴全島進行公開演講，在演講會上接受一般有選舉權者投票進行第二輪預選，最終由彭明敏獲勝。許信良並未帶著黨內支持者脫黨自行參選。當時中研院的友人帶著我前往參觀第一輪四位候選人的討論會，以及之後在臺北的公園舉行的第二輪兩位候選人相互競爭的預選演講。

因緣際會的演員們齊聚舞臺上

我如此在「臺灣日記」中記下每天的具體見聞，在前述精簡版著作《臺灣的臺語人、國語人、日語人：臺灣人的夢想與現實》也有充分反映，因此此處不再贅述，不過時隔二十五年至今仍讓我留下深刻印象的是：國民黨與民進黨承認的候選人，以及脫離國民黨自行參選的兩組，合計四組候選人都決定之際，竟然完美湊齊能代表臺灣戰後政治史上重要因緣際會的人選。日本殖民地統治時期接受高等教育的臺灣本省人菁英，又在戰後受到蔣經國提拔的國民黨政治家李登輝，以這種雙重身分為基軸與性質相異的其他候選人競爭。這種雙重身分可說是由臺灣激盪的近代史所賦予的。

李登輝與林洋港，是蔣經國從蔣介石手中實質繼承最高權力後，推動政權人事「臺灣化」而提拔的國民黨內本省人政治家，彼此也是競爭對手。李登輝與搭配林洋港的副總統候選人郝柏村，是蔣經國過世後權力鬥爭的主要角色，此已於前文說明。陳履安是蔣介石獨裁時代的行政院長、副總統、最後升遷至國民黨副總裁的陳誠長子，表面上陳誠在蔣介石政權下明顯是第二號人物，不過實際上與蔣介石長子、私下掌握政治警察的蔣經國之間充滿強烈的緊張關係。

雖說陳履安晚年經蔣經國提拔成為政權的菁英，但從陳履安的角度來看，李登輝、林洋港到郝柏村全都是蔣經國派的人馬。即便政治計算上很明確與林洋港搭配相當有利，他仍頑固堅拒，從這點看來，我認為陳履安的行動與過往蔣經國及陳誠之間的糾葛有著千絲萬縷的關係。

另一方面，李登輝與彭明敏同為大正時代出生（一九二三

接受筆者（左）研究小組訪問的彭明敏（右）。2015 年 11 月 30 日攝於臺北

年生），經歷日本時代的本省人戰中派的高學歷菁英，戰後也在國民黨政權的末端佔有一定地位，但前者以技術性官僚的身分兢兢業業地爬上權力的臺階，在蔣經國過世後的權力鬥爭中不僅堅持住，而且利用人民要求民主化的壓力，逐一搬開路上的石頭；後者公開對政府的批評因而被迫展開海外亡命生活，並在反體制派中持續保持高度聲望。這兩個人分別代表執政黨與在野黨彼此對決。

如此一來，在日本殖民地統治期受過高等教育的臺灣本省人高學歷菁英，並在戰後受蔣經國提拔的國民黨政治家李登輝，他彷彿體現臺灣現代史交錯點般的經歷作為一種觸媒，各個帶有異質因緣際會的候選人因而齊聚登場。

在夜晚的臺北街頭看到的「安心感與滿足感」

一九九六年三月二十三日投票日當天，傍晚我前往產經新聞的小澤支局長的辦公室，領了一個外賣便當後一同看開票。隔天報紙報導的截稿時間也各有不同，觀察各報配合截稿時間指揮、出稿的熱烈模樣也相當有趣。投票的結果大致符合預測，由李登輝大勝（得票率百分之五十四）。

選舉全部結束後已然夜深，我坐在計程車中眺望著行人顯著減少的臺北街頭，不知為何感到一股安心感。當然這裡頭包含著個人的理由，那便是觀察首次臺灣總統選舉的過程，這個臺灣研究的目標此時已經達成，但並不僅止於此，更是臺灣社會散發著一股讓我如此感覺的氣氛。

我記得前政治犯柯旗化老師曾說「我的夢想就是逃亡中的彭明敏老師回國，成為總統選舉的候選人啊」。不僅是前述政治菁英的各種因緣際會，類似柯老師這種民主夢想的能量，也一起投入臺灣史上首次的總統直選。複雜的臺灣近代史留下的夢想與各種因緣際會，正是在這一天，透過民主選舉，得以和平的方式達成。

此外，自李登輝訪美之後，出現包含中國導彈發射演習的軍事威嚇，與美國為牽制中國讓美軍航母艦隊通過臺灣海峽等狀況，顯示大國間的遊戲也隨之開展。在此狀態下，臺灣史上首度總統直選呈現「導彈對決投票箱」的對抗結構，而臺灣的選民也成功完成如此嚴苛的選舉，這種滿足感與安心感飄蕩在那一夜的臺北街頭，至今我仍如此認為。

開始新的政治動盪

從那之後已經流過二十五年的時光。臺灣史上首次總統直選是民主化的集大成，也是臺灣人夢想的部分實現，然而從二〇二〇年代的美中對立與臺海緊張狀況來看，該選舉可說只不過是個開始。在新的民主規則下，有實力的政治家與政黨間開始激烈的權力遊戲，而四年一度舉行總統選舉的臺灣政治也更進一步牽動臺灣海峽的政治動盪。

一九九五年九月當彭明敏確定成為民進黨候選人時，我認識的日本新聞記者前往訪問，我也搭便車一同前往拜訪彭明敏在臺北的辦公室。此時正值該年夏天中國軍隊實施臺灣海峽導彈演習之後，所以此事自然成為話題。至今依舊清晰記得的是他所說的一段話。

那導彈落在臺灣海峽北邊的海中。臺灣民眾的反應幾乎都在預料之中。但，中國的行動將更加升級，例如假設中國導彈穿過中央山脈上空，那麼臺灣民心將如何動搖，這難以預料。

也因為美國出動了兩支航母艦隊接近臺灣海峽對中國進行牽制，臺灣選民得以「投票箱」對抗中國導彈。這一年因舉行總統直選讓民主改革走上新階段，臺灣主流民意也開始變動，朝遠離中國威權主義體制的方向邁步。同時，這也是人們與龐大中國對峙時，不得不直視橫亙其中的深淵的一年。

第六章

成立日本臺灣學會

——理解臺灣的知識基礎建設

1「大家來此集合！」，朝著成立「日本臺灣學會」邁進

期待被認同是一個學術領域的心願

一九九八年五月三十日（星期六），日本臺灣學會成立大會在東大本鄉校區的法文二號館第三教室成立。

那是進入梅雨季後不久，相當悶熱的日子。這間教室的一側面向安田講堂廣場，適逢五月祭（東大本鄉校區的學園祭〔校慶〕），學生們邀來偶像歌手正舉辦活動，因此不得不把窗戶全部關上。不過讓悶熱會場熱度更加上升的，是會場湧入超乎預期的兩百多名參加者，把現場擠得水泄不通。我想這種熱度多少也是因為大家終於可以藉此齊聚一堂。此外，臺灣民主化的進展也明確、持續地讓日本學界拓展對臺灣研究的關心。見到這樣的景況，讓我期

望日本的學界、知識界能認知到臺灣研究是一個學術領域，一個知識探究的範疇，並且理解在臺灣這個區域研究中存在著相當的價值。這樣的期望、想法，此時已經不再是我個人或我周圍小團體的期望與想法了。

關於日本臺灣學會成立的原委與成立大會的模樣，以及當天一併舉行的紀念研討會「何謂『臺灣研究』」，由當時的新銳年輕會員川島真先生（現為東京大學教授）在《亞洲經濟》（第三十九卷十號，一九九八年十月）發表文章，簡潔說明了整個概要（〈學界展望・日本臺灣學會的成立〉）。這可視為一種設立過程的正式紀錄。

臺灣報紙的新聞辭令在背後推了一把

根據川島的「正式紀錄」，學會成立的具體緣由是一九九六年秋天東大教授藤井省三與我彼此「確認成立此會的想法」。藤井先生是文學部中國文學科的教授，除鑽研魯迅等中國現代文學的研究外，當時也針對始於日本殖民地統治期的近代臺灣文學陸續發表論考。「正式紀錄」這麼寫大致沒什麼問題，不過我記憶中的經過是這樣的。

一九八六年我成為東大教養學部的助教授後，以過往戴國煇先生領導的臺灣近現代史研究會成員為核心，開始舉辦名為現代臺灣研究會的研究會，這已於前文提及。我結束一九九五至一九九六年逗留臺灣的研究回國後，覺得成立學會的時機差不多成熟，我一吐露心聲，松田康博先生與佐藤幸人先生（亞細亞經濟研究所。專精領域為臺灣經濟、中臺經濟關係論）等年輕研究者也抱有同感。

此時正好為了辦理一些事情前往本鄉校區，順道拜訪藤井先生的辦公室，時間應該是一九九六年的秋天。我先打電話給藤井先生，表示電話中恐怕講不清楚，結果他親自跑到法文二號館的拱廊來接我。接著他帶我來到彷彿就要這樣走上屋頂的祕密小屋般的研究室。藤井先生讓我看了他的藏書，閒聊了一陣子後，話題便轉到：最近有股氣氛，那就是差不多可以成立臺灣研究的學會了。我的記憶中談話僅止於此，並沒有什麼我表明決心，問藤井先生願不願意一起幹之類的情狀。不過，我一直覺得藤井先生並沒有拒絕的意思。之後我便離開本鄉校區。

然而，幾天之後我在大學內閱讀訂購的《中國時報》時，竟讀到一篇報導指出：若林打算成立臺灣學會。我推測或許是在我之後拜訪藤井先生的記者，在還沒完全弄清狀況之下就先下了判斷。不過，這樣也好，既然已經被報導了，那就幹吧——來自臺灣意料之外的「新聞辭令」在我的背後推了一把。

來這裡集合

我本身不擅長搖旗走在什麼活動前頭，或者營運組織、團體之類的事情，不過此時下定決心要扮演促成「大家來這裡集合」的角色。這一年，筆者於一九九二年發表的第一本臺灣政治研究專書《台灣：分裂國家與民主化》（東京大學出版會）、一九九五至一九九六年逗留臺灣的研究成果《蔣經國與李登輝：脫離「大陸國家」？》（岩波書店）與《臺灣的臺語人、國語人、日語人》（朝日新聞社）合起來獲得三多利學藝賞。三本書合起來才獲得獎項雖讓人感到有些可恥，不過得獎本身還是為我增添了信心。

之後便籌組籌備委員會（以東京的成員為核心），拜託發起人，製作與派發成立旨趣書呼籲大家參加，準備成立大會，成立後制定規約草案等等。此處只先寫下今日記憶依舊比較深刻的部分。

我思考當時日本的臺灣研究的活動分布有關東與關西兩個中心，成為一種「橢圓結構」，所以即將成立的日本臺灣學會其經營也應該反映這樣的狀況。之所以拜訪在關西的研究活動核心人物石田浩先生（當時為關西大學經濟學部教授），就是為了成立學會一事。而石田先生相當支持成立學會。

前述的藤井教授也加入了籌備委員會。藤井先生對人文學相關學會的典章制度知之甚詳，我記得他為大家介紹的其他學界先例在制定學會規則時起到相當大的幫助。

學會的成立旨趣書在前述川島先生的短文中有所介紹，且旨趣書連同當時三十四名發起人的名字皆一同刊登於學會的首頁。名字以日文五十音的順序排列，其中有數人已經過世。

雖說歲月本就滄桑，但依舊讓人感到唏噓。

適合區域研究的「強烈特質」

旨趣書中除了從地理上、民族上、歷史上簡略說明臺灣的緣起，還主張「臺灣這個區域作為跨學科（interdisciplinary）區域研究（area studies）的對象之一，表現出適合這種研究的強烈特質」，而關於日本的臺灣研究現狀是「現已經脫離截至一九七〇年代為止的意識型態性、政治性忌諱與不關心狀態，對研究的關心獲得擴散，也取得一定的成果」，但「無論在理論上或現實中仍處於缺乏組織化的狀態」，因此「作為日本的跨學科（interdisciplinary）區域研究（area studies）之一」，為了「讓有志於臺灣研究（Taiwan Studies）的研究者的潛在性網絡浮顯，提升相互交流密度，透過謀求研究資源的有效利用，致力充實、發展日本的臺灣研究」，以及「以作為與其他區域臺灣研究的交流窗口之一為目標，發揮功效」，故「呼籲成立日本臺灣學會（The Japan Association for Taiwan Studies，簡稱ＪＡＴＳ）」[1]。

旨趣書由我起草。當然事先有發給諸位發起人徵求意見，最終大家並無異議。我是無論什麼文章都得仔細推敲後才能書寫的人，不過書寫此文卻意料之外地順暢，大概是因為無

1　日本臺灣學會首頁（https://jats.gr.jp/）中可以見到活動概要。此外還可下載《日本臺灣學會報》刊登的論文。

論對我自己或對學界來說時機已然成熟。順帶一提，學會的英文名稱是由來自東北大學，也參加籌備委員會的沼崎一郎先生（文化人類學）參考歐美學會與日本各種學會的英文名稱後命名的。

對我個人而言，那個時候有一件事我一直記得。籌備活動進入最後階段的某一天，我前往在臺北的舊識小澤昇先生的產經新聞社辦公室。小澤先生與成立學會完全無關，不過我就是想向對方報告一下目前正在籌建學會。聽了我的說明後，小澤先生說：「若林先生，做到六十分就足夠了。」我與小澤先生在臺北自稱「臺獨聯盟」（臺北獨身者聯盟），常在林森北路漫步喝酒，總是對我多所照顧。他這一句話讓一直感到緊張的我的心情，獲得些許的餘裕與放鬆。

接下來想立刻把話題轉到成立大會當天，但在此之前還有重要的一幕。距離成立大會不到一個月的五月上旬某日，回到家後認識的《朝日新聞》資深記者打來電話。

對方開口便說：「聽說你要成立臺灣學會啊」，接著詢問了幾個問題，我也如實回答。接著該報的晚報就出現了以「臺灣學會」為題的專欄。

當時留下的剪報已不知在何時弄丟，不過最近認識

《朝日新聞》1998 年 5 月 11 日晚報，2 版

的檢索達人幫忙找出了該篇專欄（參考照片）。記者似乎從哪裡取得學會的成立旨趣書而決定撰寫此文，文中也引用了電話中我回答的內容，末尾以「學術研究被捲入政治是一種不幸。希望臺灣學會不要被捲入中臺的對立」作結。

這篇專欄在大會成立之前忙於各種事務的籌備委員會上也成為話題。筆者我認識寫專欄的記者，因此只把該文定位在「善意忠告」的範疇，不過委員之中也有人認為那是站在一定的立場上給予「政治性的警告」。確實，最後套上猶如真理的化身般的修辭，也可解讀為含有「野雉不啼，不會挨打」（雉も鳴かずば撃たれまい，有留心禍從口出之意）的警告意味。

如前所述，大會當天出席者超過兩百人。根據川島先生的紀錄，響應旨趣書事先申請入會者有一百四十五人，前述專欄或許意外地起到宣傳的效果。而大會當天也發生了一些狀況，幸好學會還是平安度過了這些事情。野雉不僅啼鳴，而且還盡力高聲鳴唱。

2 日本臺灣學會成立大會

「給我名冊」

一九九八年五月三十日，終於來到日本臺灣學會成立大會的日子。當天有許多場面需要上臺，整理好為此準備的文件後，從住宿的東大招待所前往會場。在會場的法文二號館一露臉，負責會場布置與當天服務處的藤井省三先生就讓我看一張名片，頭銜寫著「中國新聞社記者」。該社為中華人民共和國服務華僑的國營通信社。

順著藤井先生手指方向一看，在參加者陸續入座的階梯教室前方有一名男性，一副閒得發慌的模樣。根據藤井先生的說法，似乎該名男性到服務臺就說：「給我學會會員的名冊。」藤井先生回答：「接下來會召開成立大會決定學會規則，如果根據規則申請入會，根據規定支付學會費用成為會員，就可以領取名冊。」實在是非常高明的應對，不過同時也預感今天可能會出現各種各樣的人士。而這種預感，在下午的研討會上果然變成現實，出現了一些狀況。

「確實執行學會三要點」

成立學會的手續在上午進行。以當天的出席者為主體，承認籌備委員會提案的學會規則與暫時理事會成員，接著成立學會。稍做休息後舉行暫時理事會，選出暫時理事長，由我當選。記憶中此時也審議了基本的活動方針，我提出根據眼下學會的實力，應該每隔一年舉行學術大會與發行學會期刊，對此石田浩先生認為太過消極，主張應該每年舉辦一次大會，發行一冊學會期刊並獲得通過。從日後的發展來看，石田先生的判斷完全正確。

我在暫時理事會與再度召開的成立大會致詞中強調，今後將確實執行「學會活動三要點」（舉辦學術大會、發行學會期刊、透過通訊等方法維繫、形成會員間的網絡）。簡要而言，我們想要做的，並非是身為學者、研究者而打算做些特別的事情，而是希望能集結以臺灣為研究對象的區域研究者，打造一個普通的學會。我的口頭說明究竟到什麼程度，記憶已經模糊，但至少在我心中確實打造一個「普通的學會」就是本會的口號。

大聲制止不尊重的違規發言

下午的研討會首先由邀請自臺灣的文化人類學家陳其南先生以〈五十年來臺灣研究之回顧〉為題進行演講，之後從社會研究、經濟研究、政治研究、歷史研究、文化研究的立場進行「何謂臺灣研究」的分科討論會，我則兼任雙方的司儀。

之所以邀請陳先生，係因這位學者年輕時曾以學生身分參加過被視為戰後學術性臺灣研究出發點的「濁水溪大肚溪綜合研究計畫」。作為跨學科的區域研究學會，理所當然邀請各分科討論會各主要研究領域的研究者上臺。我尊敬的友人吳密察也鼎力支持，代表歷史研究領域上臺。這些演講與討論收錄於《日本臺灣學會報》創刊號，今日可由前述日本臺灣學會首頁下載（https://jats.gr.jp/journal/journal_001.html）。

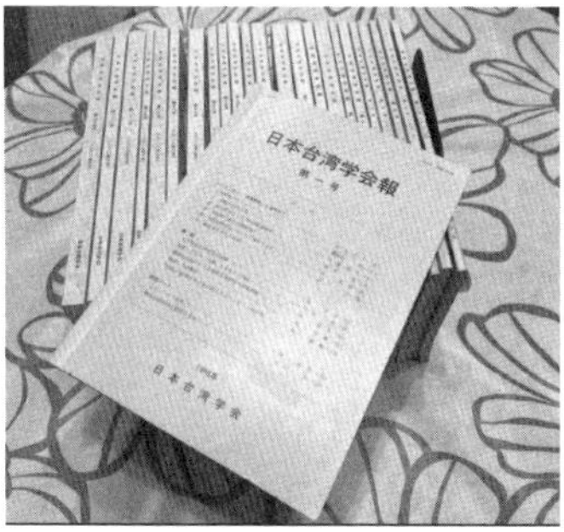

《日本臺灣學會報》

發生狀況的是陳先生演講的問答環節。請參加者提問時，一位中年男性立刻舉手，是見過面的在東京臺灣人，據稱在研究「臺語」，促請他發言後，內容卻是不滿陳先生把臺灣漢人居民的多數派稱為「閩南人」，並開始陳述自己的論說，然而內容卻與陳先生的見解沒有關聯。接著，就在這個人還在發言時，另一個青年站起來大聲批評這個人的發言，並迅速往前走打算要上臺。

最初的提問者根本不尊重陳先生的發言，還冗長地自說自話，對此內心已感焦躁的我再也忍受不住大聲加以斥喝。無論過往或之後我都未曾在公開場合如此厲聲說話，僅有這次大聲制止對方。我大概說出「這裡不是學生集會，不允許違規的發言」之類的發言。「學生集會什麼的」，這個說法或許顯露出我也是屬於「全共鬥世代」的一員。

就在此時，擔任陳先生口譯、坐在我身旁的松田康博先生（前學會理事長）迅速走近那位青年身旁，以笑臉邊跟對方說些什麼，在完全沒觸碰到對方身體的狀況下將對方帶出會場。實在是精彩的「體術」（日本武術之一）。

託此之福，會議得以回到極其普通的學術研討會氛圍，無論演講或分科討論會都平順結束。突然想起一看，那個在服務臺說「給我名冊」的中國新聞社記者也已不見蹤影。

在學術大會的營運上，討論會後的餐會如何估算人數讓負責人頗為苦惱。當時可說是個大失敗。在東大隔壁預定的學士館分館會場太過狹窄，導致會場外也擠滿了人。幾乎沒人聆聽司儀宣布開始與相關人士的致詞，大家都熱中於自己的對話，大概是長久以來只能見到名字或論文的人們終於能夠面對面談話之故。認識的出版社社長為了給研討會錦上添花，特意請來了日本胡弓的演奏者，但演奏開始卻幾乎沒人在聽。自不待言該社長相當生氣，之後我親自到出版社道歉，但對方仍謝絕了今後的任何交往。

3 之後的日本臺灣學會

之後的學會營運

如此，日本臺灣學會總算平安跨出第一步。我還擔任了第一屆與第二屆共兩期四年的理事長。花了一些時間才讓學會達到成為「普通學會」的目標。堅持學會的基本「三要點」並無問題，不過關於舉辦學術大會部分，最初不得不由常任理事會兼任執行委員會，至第三屆大會（二〇〇一年）為止，都在東大本鄉校區舉行。

到了第四屆，在黃英哲理事（愛知大學教授）的努力下，得以假名古屋國際會議場舉辦，終於走出了成立大會的所在地。之後由石田浩先生接手理事長，並在他任職的關西大學舉行第五屆大會。至此總算在形式上較為完備，能與其他全國性組織的學會比肩，決定輪值的學校依序舉行。我記得大會企劃的籌備與學會期刊編輯等業務，過於集中於常任理事會的狀況也逐步獲得改善。

為了讓日本臺灣學會成長為「普通的學會」，理事長必須適時更替，我想這是理所當然的事情。成立之初，我本身雖然努力擔任「讓大家來這裡集合」的角色，但實在不甚擅長行政。最初也有外圍人士對我說：你大概得努力當個十年的理事長，不過我覺得擔任一半的時間就已經是極限了。

石田先生在第二任理事長任內突然於臺北過世，讓人倍感震驚。幸好當時的副理事長下村作次郎先生（天理大學，臺灣原住民文學研究先驅）旋即接手理事長一職，學會得以平安度過危機。至今依然記得，在天理大學舉辦第七屆大會的晚間聚餐上，一手拿著啤酒瓶，微醺中把幫忙的學生叫來，向他們表示感謝的下村先生身影，實在讓人動容。

對處理「政治研究」產生自信

之後，我迅速脫離學會營運的實際業務。因為是年輕的學會，交給值得信賴的人才是必需的。之後關於學會的事情，由他們繼續書寫下去會更好，此處只再提一件個人的回憶。

其實無需成立前來自《朝日新聞》專欄的忠告／警告，我已開始費心思考學會該如何處理「政治研究」。第六屆大會中開設「臺灣的對外關係與安全保障」分科會，委請我東大研究所的學長、青山學院大學教授（當時職位，專攻美中關係論）高木誠一郎擔任座長（分科會主席）。在分科討論會結束後，高木先生來到會場外找到我之後靠近對我說，「原本還不知道會是什麼狀況，不過實在是水準很高的討論啊。」現在回頭看當天的發表者與評論者名單，會覺得這是理所當然的事情，不過當時聽了還是相當開心，也感到放心。政治相關的分科討論會從第二屆大會起便一直持續，不過此時才見到展望，感到今後臺灣政治相關主題的分科會應當能夠持續舉行。

雖說如此，臺灣研究上關於「政治」的部分，至今仍無法脫離戰戰兢兢的心情。日本臺灣學會作為一個「普通的學會」，為了持續作為對臺灣抱持學術性關心的人們的基礎機構，今後仍須保持這樣的心情。日本的臺灣研究狀況，至今尚無法僅依靠大學、研究機構的制度便可存續。研究成果必須以自身持有的學術權威與力量持續運轉，因為若無法自行轉動，那麼這個陀螺必然傾倒。

日本的臺灣理解、臺日相互理解的知識基礎機構之一

走過二十五年的光陰，日本臺灣學會今日仍堅定邁步，持續營運。至二〇二二年已舉行二十四次學術大會，若加入成立大會則有二十五次，擁有四分之一世紀的閱歷。最初大約一百人左右的會員也增加到超過四百名，學會期刊《日本臺灣學會報》發行至第二十四號。二〇二〇年之後即便在新冠病毒危機中，仍堅持以線上或混合（HyFlex，線上加線下）形式舉

辦，也在線上邀請臺灣學者舉行國際研討會。

我個人認為日本臺灣學會的成立與持續，其意義可以彙整為如下三點。因為我本身參與成立與初期營運，這麼說可能會被批評為自賣自誇，不過還是想藉此闡述一下。

其一，使日本知識界認知到臺灣研究的存在，並促成對臺灣研究產出的學問、知識進行評價。如前所述，首先這部分隨著學會活動順利營運，學會期刊與會員的其他研究成果確實積累而得以顯現。當然，雖說學會期刊中刊登的論文都受到仔細的審查與修正，但仍有優有劣，不過在筆者看來，在理解歷史中的臺灣或者同時代的臺灣時，這些論文確實都提出了關鍵主題並進行議論。

此外，會員不斷鑽研並付梓的著作，陸續獲得大平正芳紀念賞、亞細亞・太平洋賞的大賞或特別賞，以及樫山純三賞等權威性的亞洲研究學術獎項，也如實展現出日本知識界的評價。

其二，每年舉行一次學術大會、發行一冊學會期刊這種普通的學會活動本身，即成為臺日學術交流的場域。學術大會上從臺灣邀請各種領域的研究者進行主題演講、組織研討會，此事已經成為定例。此外，分成若干主題進行討論的分科會，每年都有臺灣會員企劃的主題，其他各企劃中也有一定的臺灣會員發表或評論。來參加大會的舊識臺灣人研究者與日本研究者，在會議空檔或會後的聚餐相談甚歡的模樣，已成為日本臺灣學會的尋常風景。

其三，在日本臺灣學會的活動中或許帶著一種意義，亦即打造一個談論臺灣的國際空間。如果思考到臺灣不得不長期處於外交孤立狀態，那麼日本臺灣學會便是在臺灣之外不設任何前提下，可於學術上充分討論臺灣，世界上為數不多的常設公共論壇（其他還有北美臺灣研究學會〔NATSA〕、歐洲臺灣研究協會〔EATS〕）。

總而言之，在日本的大學、研究機構難以制度性支持臺灣研究的狀況下，日本臺灣學會扮演了由民間打造、為增進臺日相互理解的日本社會方的知識基礎機構之一。

4 從缺乏關心轉變為強烈關心與共鳴——日本社會對臺灣認知的變化

在臺灣書展上邂逅精彩的指南書

二〇二二年八月初，我出席在東京新宿的紀伊國屋書店舉行之臺灣書展（臺北駐日經濟文化代表處文化中心與紀伊國屋書店共同舉辦）開幕式。當時拿到了一本手冊，名稱是《臺灣書旅：為了理解臺灣的指南書》[2]。

2　從紀伊國屋書店首頁（https://www.kinokuniya.co.jp/dsd-107000400103600201502З-　二〇二二年十一月十四日點閱）可下載PDF版（譯註：最新下載連結 https://store.kinokuniya.co.jp/event/taiwan-bookguide2022/　二〇二四年九月十日點閱）。

在這本《臺灣書旅》中，將日本現在可以取得約四百冊的書籍分為「文、人、政、食、旅、學、日」的七種獨特領域，由十九位「介紹者」與八位「專欄」作者挑出重點加以介紹。所有介紹的書籍都附上彩色的書籍封面，配置也相當超凡脫俗，與其說是手冊，不如稱為一本精緻的書籍。

總攬內容，被介紹的約四百本書籍，除了反映半世紀以來日本的，以及透過日本之臺灣的，充實的臺灣研究學問之外，還可以說這也反映了近年來，特別是二〇一一年東日本大震災之後，日本社會急速高漲的對臺關心與好感，在這樣的背景下出現「臺灣書籍」熱潮。這讓我回憶起過去很長時間在東京都內的大型書店中，僅能看到少數幾冊以臺灣為主題的書籍，因為有這樣的經驗，見到這四百本多采多姿的書籍，不禁重新感慨它們真的是「遠道而來」。

《臺灣書旅》封面

此外，此手冊係由作為發行此《臺灣書旅》主體的臺北駐日經濟文化代表處之臺灣文化中心、負責企劃製作的紀伊國屋書店，以及負責內容編著的「SNET臺灣」共同合作才得以出現。SNET臺灣是日本臺灣學會中堅會員成立的非營利組織（NPO），主要支援近年急速增加的高中生臺灣畢業旅行時的團體，負責行前學習（派遣講師、透過動畫產出內容等）及安排參觀處[3]。這樣的活動是日本臺灣學會近年來開始重視的研究成果，意即「社會貢獻」（social outreach）活動中的重要一環。透過這樣的組合有彈性且細緻地促進日本社會對臺灣的理解，在稍早之前根本無法想像。

「介紹者」的關鍵字

《臺灣書旅》的「介紹者」與專欄作家皆是在學術研究或著述上有實際業績的中堅階層，我認為他們的重要關鍵字就是「多樣性」或「多元性」。在臺灣有不同出身、不同文化的人們，這些人在臺灣這個舞臺上交流，也與世界交流。如此的他們創造出如此的電影，如此的小說，如此的歌曲，如此的料理。如果開始對這樣的現代臺灣抱持關心，將會感到無窮的趣味。作者們也持續、周到地敦促讀者們注意臺日雙方在看待對方時彼此之間觀點上的非對稱性、偏移、隔閡，透過如此方法生動地「介紹」多樣性與多元性。

3　SNET臺灣的活動資訊與動畫等內容，可由首頁（https://www.snet-taiwan.jp/）觀看。

此《臺灣書旅》的誕生與其內容展現出臺日「非政府實務關係」的半個世紀中，日本由最初的關係疏遠與毫不注重出發，一路走到出現旺盛的關心與共鳴的狀況，同時這也傳達出臺日文化、學術交流達到一定的成熟度。

民主化就是將社會開放

有許多複雜的背景因素在背後推動、改變這種日本的對臺認知，如果特意將其單純化，以一句話來總結，筆者認為那便是臺灣的民主化。這種民主化過程的現場實際狀況，已在之前的章節中做出各種各樣的描述。總而言之，臺灣自一九八〇年代中期以後，以政治自由化為觸發點，臺灣社會出現多種元素，在選舉、街頭或媒體上開始做出自我的主張，基於一九九〇年代起的「憲政改革」打造之民主政治制度，各種主張互相碰撞、溝通，如有必要也舉行遊行或集會，且更進一步展開將問題帶入國會以圖法制化的活潑行動。

此外，隨著臺灣海峽展現新的狀況，二者相乘後，此種狀態下的臺灣較過往吸引成倍的國際關注。與此同時，在日本則因受到天安門事件的衝擊，此前知識界在臺灣認知上的意識型態障礙逐漸減弱。從這幾點來看，雖說是間接的，不過日本臺灣學會的成立或許也可說是臺灣政治民主化在海外的副產品。

民主化也是社會政治的開放，擴大了臺灣與外部世界的人際往來。過往偏向經濟方面的臺日間人際往來也擴大交流範圍，知識界、文化界等過往民主化之前根本沒想過要前往臺灣的人們也大量訪臺。從人物的角度來看，一九九〇年代至二〇〇〇年代吸引外部社會人們前往臺灣時發揮最大「吸引力」的人，可說就是前總統李登輝。

從「臺灣很有趣」到共鳴與學習

再次回到《臺灣書旅》，可以看出「介紹者」們對民主化開放、解放的臺灣社會多元性及透過主體間溝通創生的活力持續感到共鳴，在此前提下撰寫介紹文。他們確實對臺灣「感到很有趣」，不過這種「有趣」已經不是單純的好笑（funny）、讓人感到好玩（amusing），而是饒富意趣（interesting），甚至更進一步到了引人入勝（intriguing）的程度。

此處展現出來的是，一種對臺灣人在民主體制下，來自背景相異的多元主體做出的自我主張，並在臺灣內部彼此交流，謀求共存，對於創造臺灣社會的動力感到共鳴，且欲向之學習的態度。對今日的日本人而言，了解臺灣的人文、社會、文化相關事務，或許可說已不斷成為鍛鍊想像力、創造力的重要線索之一。到我的世代為止的日本人，面對臺灣終究無法完全抹除我們會無意識地認為自己才是「先進國家的意識」。然而這些年輕的「介紹者」面對臺灣社會的活潑動態時，卻已在無意之間表現出——現在早已不是當初那個年代了。

即使親密仍須有禮

關於日本社會的臺灣認知，本書第一章介紹我開始臺灣研究的一九七〇年代，第六章說明四分之一個世紀後日本臺灣學會成立及其後的狀況，這裡則談及二〇二二年夏天的狀況。這些的確不過是由「點」與「點」串接起來的觀察，面對這半個世紀的變化，選擇這些相異的「點」大概可以描繪出各時代不同的臺日關係，其中應該有很好或者談不上好的部分。只是，在這個半世紀的最初，身為體驗過日方鮮少關心臺灣狀況的人，筆者於此展示的脈絡堪稱重要。

從這種相互關係中產生的臺日關係，可說在國際政治中創造出一則異例（anomaly）。具備正式外交關係的日中之間，國民間相互交流與相互理解的隔閡看來逐漸加大；而不具正式外交關係的臺日之間，相互交流與相互理解則持續發展。眾所周知，因為這屬於一種異例所以存在束縛與限制。回首觀之，透過臺日間各種人士的努力與想方設法，對之後產生的各種障礙做出對應處理，並在不斷累積之下方有今日。

二〇一〇年代以後，東亞進入地緣政治的新緊張時代，臺灣海峽也持續風雲詭譎的狀況。正因為如此，我們更需要珍惜在臺灣民主化的支持下，臺日「非政府實務關係」良性循環中所累積的成果。也正因如此，未來的臺日交流應該秉持著與朋友交往的基本原則——「親密仍須有禮」。

第 II 部

發現臺灣化的脈動——觀察認同中的政治背景

第七章 新興民主體制啟航——總統選舉譜出政治節奏

一九九六年五月二十日，在臺灣史上首次總統直選中當選的李登輝展開新的四年任期。這是新興民主主義臺灣的啟航。之後的臺灣政治一直依照每四年舉辦一次總統選舉的節奏開展。這段期間身為研究者的我認為應當感受這種節奏，努力前往總統選舉現場共計七次。在此過程中感受特別強烈的是，臺灣的民主體制確實堪稱已然「確立」（後述），但這一過程伴隨著陣痛，同時也歷經了身處美中兩大國夾縫間的壓力與衝擊，充分反映出臺灣在國際政治上的特殊位置。

1 臺灣民主制度的啟航

在臺灣的政治體制中做了些什麼足以使其民主化

在確認臺灣民主體制啟航的狀況之前先簡單整理第Ｉ部，即回顧我自身研究活動時說明

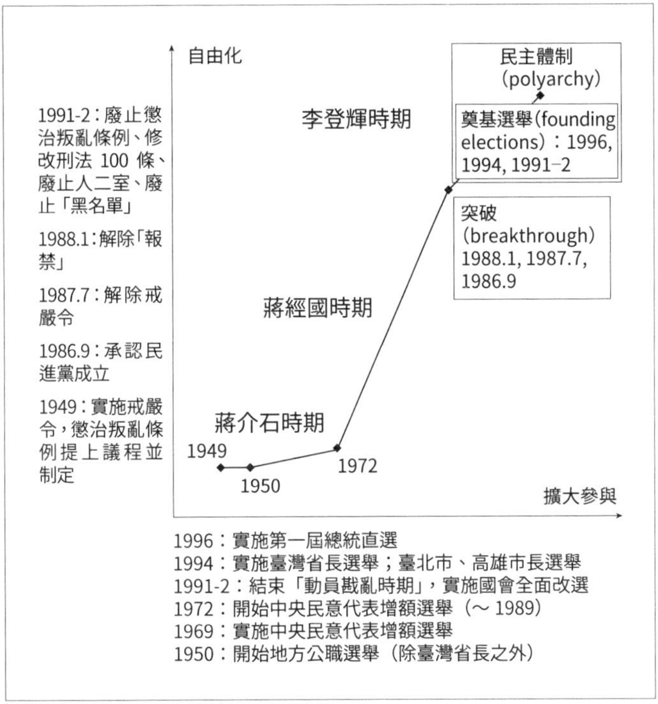

概念圖：臺灣威權主義政治體制的民主化。依照勞勃・道爾（Robert Alan Dahl）的模型

過的臺灣民主化過程。

上面是我歷來授課或演講時經常用以說明的概念圖，表示臺灣國民黨一黨專政的政治體制之民主化歷經何種過程，亦即得實施何種改革才能達到所謂的最低限度民主體制。

概念圖的形式係根據美國政治學家勞勃・道爾(Robert Alan Dahl)的「多元政體」(polyarchy)[1]概念。縱軸為公開表達異議的容許程度，亦即即便批評體制、政

1 R・道爾（高畠通敏、前田脩譯），《ポリアーキー》，岩波書店，二〇一四年，一三頁。

府也能保證人民不被拘捕的程度；橫軸是政治參與度的程度，亦即表示政治過程中有意義的參與程度，從實際面而言，就如是否舉行能左右政權方向的國政選舉。二軸直交的二元空間表現政治體制轉型的理論空間。道爾稱二者程度皆高的政治體制為「多元政體」，將其稱為民主體制也無妨。

從自由化程度較低、政治參與受限的體制，向民主體制轉變的路徑，可以設想出各種不同形式。其中也包含了那些開始轉變，但最終落入另一種威權主義體制的情況，而本圖中展現的是戰後臺灣國民黨一黨體制經歷的轉型途徑曲線，併記相關時期的政治領導者名字。自由化軸的左側，表示限制政治自由的制度，及之後自由化的相關措施與實施年月，越往上自由度越高。橫軸下方是有關政治參與的措施及實施年月，此處同樣越往上參與的包含度越高。

戰前把臺灣當作殖民地來統治的日本，在賦予臺灣居民參政權上表現得極其吝嗇，而戰後的中華民國其實相當大方。一九四七年實施的《中華民國憲法》，包含原住民在內，年滿二十歲的男女都被賦予普通選舉權。雖說如此，之後臺灣並未立刻出現民主式政治體制，係因此前介紹過仍保有懲處政治犯的法規之故。

以中國內戰為由，實施長期戒嚴令、懲治叛亂條例等特別刑法，以及嚴密的政治警察、「黨禁」、「報禁」等措施都顯著壓抑了政治自由。即便一九五〇年起實施地方公職選舉，一九七二年起舉行國會的「增額選舉」，但透過選舉的政治參與不僅仍遭受「黨禁」、「報禁」等之壓抑，也伴隨堅持「中國的正統政權」名義而繼續維持的「萬年國會」制度，再加上「買票」、「作票」等非法操作橫行等，在在扭曲了選舉。

一九七二年起施行之「增額選舉」，雖是無關政權交替且是為了保證現行制度的威權主義選舉，但在國政層級的政治參與上，此選舉還是開了一扇窗，具有一定意義。因為，選舉是戒嚴令體制下寶貴的「自由的空隙」所產生出來的「民主假期」。

我被同時代臺灣政治研究所吸引的，便是這種「自由的空隙」中，由下而上推廣擴散的「熱度」。此外，加上我的經歷也推了一把，讓我透過從「反對勢力著手」的做法，從事臺灣過渡期政治過程的觀察。

突破、奠基選舉、設置民主體制

圖示的轉型空間中描繪之曲線，在蔣經國時代末期處標示「突破（breakthrough）」的方框。所謂的「突破」，係指實施從一種政治體制轉型為另一種政治體制且不可逆的措施。蔣經國晚年採取的解嚴、承認在野黨成立、解除「報禁」等均屬此類。

圖中「民主體制（polyarchy＝多元政體）」方框中包含「奠基選舉（founding elections）」方框。在比較政治學的民主體制轉型論中，在「突破」之後，新的、取得實質合法地位的反對勢力得以參與政治，在既存制度外的會議（理論文獻中有稱之為「圓桌會議」者）中，對設置新政府的規則達成共識。最終基於該共識採取某些法律措施，為設置新政府而舉行奠基選舉。在臺灣的例子中，這種制度外的「圓桌會議」該當於李登輝自豪地稱之為「寧靜革命」（不流血革命）的「國是會議」（一九九〇年六～七月），而「法律措施」該當李登輝主導之「憲政改革」。

又，在臺灣的例子中奠基選舉分成三個階段實施，自一九九一至九二年實施國會（國民代表大會與立法院）全面改選，解除「萬年國會」狀態；一九九四年實現臺灣省長選舉，一九九六年更進一步實施首次總統直接選舉。透過這些選舉，取得新民主正統性之民主政府獲得設置（installment）。但，在臺灣的例子中，圓桌會議後的制度改革（「憲政改革」）仍由執政黨國民黨的領導者李登輝主導，加上奠基選舉的集大成，亦即總統選舉中仍由李登輝擔任候選人並勝選，因此轉型後新體制的領導與其所屬政黨仍與轉型前相同，在此狀況下新民主體制啟航，這是臺灣的特異之處。不過此新體制確實是民主體制，之後的總統選舉中反覆出現政權輪替，即清楚呈現此事。

由總統選舉譜出政治的新節奏

透過實現總統選舉，臺灣實現下起里長（都市）、村長（農村），上至國會議員、總統，皆經由民主選舉選出的政治體制，且產生了與之相連的選民共同體。

這些各種層級的行政首長、各級議會層級的選舉中，意義最重大的自不待言是總統選

表　臺灣總統選舉之選民動員規模

屆數	年度	當選者	選民總數	投票總數	投票率%	總人口
1	1996	李登輝（國民黨）	14,313,288	10,883,279	76.0	21,525,433
2	2000	陳水扁（民進黨）	15,462,625	12,786,671	82.7	22,276,672
3	2004	陳水扁（民進黨）	16,507,179	13,251,719	80.3	22,689,122
4	2008	馬英九（國民黨）	17,321,622	13,221,609	76.3	23,037,031
5	2012	馬英九（國民黨）	18,090,295	13,452,016	74.4	23,373,517
6	2016	蔡英文（民進黨）	18,782,991	12,284,970	66.3	23,539,816
7	2020	蔡英文（民進黨）	19,311,105	14,464,571	74.9	23,598,776

（資料）中央選舉委員會各年發表資料／（出處）若林正丈製作

舉。根據「憲政改革」《中華民國憲法》追加的「增修條文」中規定，總統任期為四年，連選得連任一次（亦即不得三度連任）。

自一九九六年起至二〇二〇年為止已舉行了七次總統選舉。表「臺灣總統選舉之選民動員規模」中，顯示此七次選舉的當選者（所屬政黨）、總投票者數、投票率等。

從這份總統選舉的表格可立即察覺投票率之高。最低的二〇一六年選舉也有全體選民的三分之二，共計超過一千二百萬選民前往投票所投票。三方交戰的二〇〇〇年選舉（後述）出現高達百分之八十二．七的數字，已經可視為能投票者幾乎全都前往投票。無論由實現三度政權輪替的選舉結果來看，或者從每次選舉選民參加規模之大來看，總統選舉為臺灣選民的政治生活訂立了每四年一度的明確節奏[2]。

2　小笠原欣幸的《台湾総統選挙》（晃洋書房，二〇一九年。中文版《臺灣總統選舉》，大家出版，二〇二一年。）一書，從首次到第六次幾乎都實施密切的現地觀察，加上六次都以一貫的手法刻畫出臺灣總統選舉的具體樣貌，堪稱一種「密切觀察的政治學」著作。以下關於總統選舉經過的敘述，皆根據小笠原著作及拙著《戰後臺灣政治史》。

2 「臺灣之子」陳水扁的榮光與挫折——新興民主體制的試煉

舉行絕非一帆風順的總統選舉

在比較政治學的民主化論中討論到，奠基選舉——民主體制之設置後，將來到民主體制鞏固（consolidation）的階段。一旦在「圓桌會議」取得共識後，便基於該規則舉行選舉，然而若實際舉行結果不如預期，失敗一方不接受該結果，又得重新回到談判桌上。這樣的狀況確實發生過，例如緬甸（一九八八年與二〇二一年的軍事政變）便可見到此種狀況。此外，也有該地區誕生具有某種傾向的政權，但外部勢力並不喜歡這種傾向的狀況。奠基選舉——民主體制的設置，未必會連結到樹立穩定的民主體制。

那麼，所謂民主體制的鞏固是什麼？這也是眾說紛紜，大致是該國家無法想像在追求權力之際使用自由、公正的選舉競爭以外的方法（the only game in town）。此外，必須經過兩次政權輪替（two-turnover test）的檢證這點也經常被提及。

在臺灣的例子，從表中即可一目了然，這段期間已實現三次政權輪替。僅從臺灣內部各種狀況來看，臺灣的民主體制大致已然鞏固。只要外部勢力（現階段只能想定是中國）的明顯妨礙工作無法奏效，政府的負責人即便交替，有很高的可能性臺灣民主體制也不至於動搖。二〇二四年一月第八屆總統選舉中即便出現各種各類的妨礙，海內外的政治人士仍理所當然地預設該選舉大致上仍將和平舉行。

雖說如此，在臺灣總統選舉中至今為止的過程並不必然一帆風順，而是被內部、外部的波動所震盪。一路走來，臺灣的總統選舉本身也是這種波動的要因之一。這是因為面對高舉「統一」臺灣旗幟的中國，態度立場相異的政黨直接透過總統選舉進行政黨輪替，若從更長遠的視角來看，這也是因為民主化促使臺灣的選民統合成一個政治共同體，具有在「中華民國」這個外殼下，培養臺灣作為民主國家的實質意義。總統直選是四年一度促進此事的機制，換言之，便是每四年展示「臺灣規模」政治主體性的政治活動。

與此同時，自臺灣民主化以來，中國便試圖阻止臺灣政治中產生的臺灣國民身分的向量成長；同時在臺灣內部，依附於舊體制、對其依賴的人群依然存在，他們在看待政治時，對這樣的變化而感受到了相對剝奪感。

新生事物的誕生，本身就是一種重大的試煉。此處針對新生的臺灣民主體制內部波動進行闡述，關於與外部環境的關聯將於下一章說明。總統選舉在臺灣內部出現強烈衝擊的，是自稱「臺灣之子」的陳水扁當選以及連任的兩次選舉。

「李登輝下臺」遊行——二〇〇〇年的政權輪替選舉

二〇〇〇年的總統選舉在最終階段形成「三腳督」，並由民進黨的陳水扁以微小的差距勝選，進行了臺灣政治史上最初的政權輪替。此次選舉中，一九九八年於臺北市長選舉中尋求連任卻敗給馬英九的陳水扁被民進黨推為候選人，國民黨推出李登輝支持的連戰（當時任副總統），與李登輝對立的前臺灣省主席宋楚瑜，透過選民連署以無黨籍身分參選。這三位是最有力的候選人。

李登輝在國民黨內掌握實權的過程中，宋楚瑜是以國民黨中央祕書長等身分一路輔佐李登輝的人物，一九九四年在李登輝的支持下出馬當選臺灣省長，之後巧妙操弄省長權限進行利益誘導政治，掌握地方派系，強化自身在黨內的支持基礎。但身為民選總統的李登輝於第四次修憲（一九九七年）「凍省」（將臺灣省虛級化，亦即廢除民選省長、省議會），造成宋李對立，最終決定脫黨參選總統，依靠省長時代的地盤以無黨籍身分挑戰總統大選。

臺灣總統大選的選戰，實際上是在投票日前約一年開始，開始之際仍是由李登輝支持、獲得國民黨推舉的連戰最有希望。具備臺北市長經驗與執政業績的陳水扁則是民進黨內最有力的候選人，在民進黨大會主導通過把「臺獨」黨綱束諸高閣的「臺灣前途決議文」（主旨為臺灣是主權獨立國家，現行憲法中稱中華民國。一九九九年五月）等，應對總統選舉的政治路線修正，但面對連戰擁有強大地盤與宋楚瑜的氣勢，大多數的看法都認為陳水扁在本次選舉中不得不落入「陪選」的狀況。我是在一九九九年四月初從東吳大學游盈隆教授口中聽到這樣的觀察。游教授因分析當時的輿論調查而知名。當時基隆有陳水扁的政見發表會，我前往一探後發現聽眾既少場面也不熱烈，現場模樣似乎給游教授的「陪選」論述做了背書。

之後選戰轉由宋楚瑜取得優勢並保持至十二月初為止。當年九月發生九二一大地震，李登輝讓連戰作為政府救災的總指揮，等於給他一個重返舞臺搶回光環的機會，但連戰卻未能把握這次機會。而進入十二月後，連戰陣營揭發宋楚瑜在擔任黨中央祕書長時代，曾涉嫌中興票券事件，此舉導致宋楚瑜聲勢略衰，陳水扁支持率爬升，選戰一如字面所示進入「三腳督」的狀態。

這種三腳督狀態大概是前述高投票率的原因之一。至今依然記得，進入三腳督狀態後，臺灣的日刊報紙便刊登了精神科醫師的建議，說明面對這種難以選擇狀態時，選民該如何處理自身的「選舉憂鬱症」。

臺灣的總統選舉採取正副總統配套出馬的形式。關於如何決定當選則採取相對多數當選制，不若法國現行制度般，如果第一輪未出現票數過半的候選人則進入第二輪投票。如果是絕對多數當選制，選民在第一輪只要投給自己最支持的候選人即可，若該候選人未進入第二輪，選民面對這樣的候選人則可投給第二支持的候選人。二〇〇〇年選舉中選民憂鬱症大半原因，可說大概就是出在三腳督在法國可通過兩度投票決定，但臺灣卻必須一戰決勝負的相對多數當選制上吧。

陳水扁的當選，給臺灣政治樣態帶來李登輝當選民選總統時所無法比擬的衝擊。即便是本省人且為從屬菁英，李登輝仍是國民黨一黨體制的「至高領袖」蔣經國所提拔的人物。相對地，陳水扁是本省人且出身臺南貧農階級，考取臺灣最高學府，拚命用功下考取律師資格，晉升都市中產階層。這完全符合他自稱「臺灣之子」的名號，他具備體現戰後臺灣經濟成長帶來社會流動的閱歷。但在國民黨體制方的人物看來，陳水扁說著一口帶強烈臺語口音的「國語」，完全是外圍菁英（outsiders elite）。

許多人從「臺灣之子」的當選中找出希望，而這樣一位外圍菁英突然擔任政治領袖且還是三軍統帥，可說也使許多人感到手足無措。

為此，當陳水扁可能當選時，擔憂因此產生衝擊且為了減輕這種衝擊，臺灣採取了許多措施。投票日當天，在投票結束開始開票時，國軍參謀總長發表聲明，表示國軍遵從《中華民國憲法》規定，將忠誠於當選的總統。在陳水扁確定當選後的記者會上，他表示「自己就任中華民國第十任總統」，即率先強調自己是「中華民國」的總統。當選的隔天起巡迴拜會了國民黨的長老，特別是在黨內權力鬥爭中與李登輝對立的前行政院長郝柏村，以及晚年被蔣經國降職的王昇將軍。

陳水扁這樣的姿態是否有影響，實難判斷，但大眾對外圍菁英當選的違和感與不知所措形成的反彈，這股衝擊波竟奔向李登輝，而非陳水扁。陳水扁當選當晚起，在選戰中長期領先最終卻屈於第二的宋楚瑜的支持者，包圍總統官邸要求李登輝辭去國民黨主席，使李登輝總統與家人暫時被困於官邸。他們採取這種行動的理由，係因認定宋楚瑜的敗選肇因於李登輝一方面說支持連戰，一方面卻又祕密接觸陳水扁，特別是陳水扁陣營在選戰末期提出的顧問團中有親近李登輝的人物，這便是他們的證據。

值此之際，當時民進黨主席林義雄對地方的黨支部下達指示，絕對禁止動員前往臺北街頭進行反對運動。前述抗議行動成為僅限於官邸周圍的孤立現象，李登輝等到宋楚瑜發表將另外成立「親民黨」後辭去黨主席職位，才終結這場緊張的局面。

槍擊事件與否定選舉結果──二〇〇四年陳水扁以極小差距當選連任

然而，當陳水扁尋求連任的二〇〇四年，敗選的國民黨候選人連戰不接受選舉結果，與支持者們進行抗議遊行，展現出一種像是「反鞏固」（deconsolidation）行動的典型反應。

透過二〇〇〇年選舉而成立的陳水扁政權，在兩層意義上算是少數政權。無論在總統選舉的得票率上（距過半數還差十一個百分比），或者在立法院席次上，執政的民進黨都遠遠未達半數。理所當然在立法院內國民黨仗此進行對抗。在此過程中，原本在總統選戰中互相對立的連戰與宋楚瑜，隨著開始對抗民進黨而加強合作，之後又與打著反李登輝路線而於一九九三年成立的新黨聯合。這三黨的勢力因國民黨黨旗「青天白日旗」的顏色而被稱為「泛藍」陣營。

另一方面，在被趕下國民黨主席座位的李登輝周圍仍有少數國民黨議員，他們於二〇〇一年八月組成以李登輝為「精神領袖」的臺灣團結聯盟（臺聯），與民進黨形成友黨關係。民進黨與臺聯的勢力因民進黨黨旗的顏色而被稱為「泛綠」陣營。之所以對二〇〇四年選舉發起「反鞏固」行動，係因背後存在著臺灣政界出現這種兩大勢力對抗的結構之故。認為在二〇〇〇年選舉中陳水扁乃坐收漁翁之利的「泛藍」一方看來，如果己方不能聯合推出候選人必然無法獲勝。

為此，二〇〇三年二月，以上次選舉中得票第三的連戰為總統候選人，得票第二的宋楚瑜為副總統候選人，且新黨也支持這組候選人，泛藍在此狀況下成立正式合作關係（參照第八章「臺灣總統選舉與美中的反應」表）。原本是合作阻礙的李登輝此時已經被踢出國民黨，上次選舉二者得票率相加後，對上陳水扁是大約百分之六十對上百分之三十九，約有百分之二十的差距。而人們很快便知道李登輝的臺聯並沒有多大影響。連宋配公布後，輿論調查的支持率超過陳水扁十幾個百分比。當時的媒體甚至稱，連宋配應該「躺者選也會贏」。

相對於此，在二〇〇三年五月源自中國的ＳＡＲＳ（嚴重急性呼吸道症候群）流行及於臺灣最嚴重的時期，中國仍在妨礙臺灣加入ＷＨＯ（世界衛生組織），陳水扁看出輿論反感的趨勢，提出下屆總統選舉時進行加入ＷＨＯ公投、公投制憲等挑起臺灣認同的議題，向另一方發動攻勢。而包裝這些概念的口號就是「愛臺灣」。

陳水扁的這些舉止不僅讓北京也讓華府感到警戒，引發同年十二月九日美國總統布希在與訪問白宮的中國總理溫家寶會談之際表示，「反對臺灣領袖出現企圖單方面改變現狀的言行。」美國總統在中國重要人物面前幾乎就是在指名陳水扁進行批判，事態可謂嚴重。因此，陳水扁不僅被北京也被華府視為「不受歡迎的人物」。此事之後也長期給民進黨帶來負面影響。

雖說如此，此舉在當時臺灣內部的選戰中起到效果，以連任為最優先目標的陳水扁，毫不猶豫地決定將在隔年總統選舉時同時辦理「防衛性公民投票」。到了選戰最後階段，雙方比拚誰能更大量動員支持者，「泛綠」陣營在二月二十八日，亦即爆發二二八事件的日子動員近兩百萬人發起「二二八百萬人手牽手護臺灣」遊行，「泛藍」陣營在三月十三日也動員近二百萬人進行全島遊行，訴求政權輪替。

這種選戰活動讓陳水扁與連宋配呈現肉搏戰，在此狀況下來到投票的前一天。這天在臺南市內搭乘選舉車，沿街移動呼應民眾聲援的陳水扁與副總統候選人呂秀蓮同遭不明人士槍擊。二人皆受輕傷，在臺南市內的醫院接受治療後半夜返回臺北，決定隔天投票仍然依照預定舉行，但因事件造成重大衝擊，雙方陣營停止原本應該是最熱鬧的選前之夜活動。臺灣社會上流傳各種臆測，「泛藍」一方的政論名嘴說出槍擊陳水扁乃是「自導自演」等等，且廣為擴散。

隔天投票日，計票結束後，雙方得票差僅有二萬九千五百一十八票（得票率差為百分之〇・二二九），由陳水扁勝選。如此些微的差距讓連戰陣營無法接受，連戰面對深夜聚集在選舉本部的支持者表示「這次選舉不公平」，與支持者們一同進行抗議遊行，部分支持者就這樣佔領總統府前的十字路口廣場繼續抗議活動。

但抗議活動與緊張的氣氛最終並未更加擴散。我從投票日隔天起飛往香港，之後在上海、北京與中國的臺灣觀察家進行意見交換之旅。每到一地的旅館都可見到電視新聞大肆報導臺灣總統府前的抗議活動，讓人感到臺灣處於極度緊張的狀況，但若試著仔細思考便可發現報導的場景只有臺北的局部區域。民進黨幹部強烈呼籲支持者不要對總統府前的抗議活動採取對抗行動。附近的臺大醫院也發出抗議，指出該活動影響住院患者的安寧。此外，面對無效票增加而質疑開票不法、不完備的聲浪，在第一線負責投票實務的中學教師也發出反彈。此場街頭抗議活動在四月上旬停息。

見到民意對抗議活動的支持沒有攀升，最終「泛藍」只能將此問題送入司法程序。陳水扁一方也同意重新計票，法院接受「泛藍」一方的當選無效與選舉無效提告，在法院監督下重新計票，雖然無效票有所增加，但並未能推翻結果。

如前所述，就在兩大陣營對抗的結構下進行激烈競爭與動員，拉高競選活動緊張感之際，投票前夕發生總統候選人槍擊事件，結果出現違反一方預期的微小差距，引起「反鞏固」的抗議行動，力圖透過由法院監督的重新計票決定選舉結果，筆者認為這表現出臺灣選舉制度其效能之優秀。如同在第I部描述的筆者見聞一般，尚在戒嚴令下一九八〇年代初起即完備選舉的法制與改善管理效能，提高了臺灣社會中公職選舉制度的可信賴度，甚至可說提高了政權的正統性。

核心腐敗與政權危機

陳水扁雖然撐過了「反聳固」行動的挑戰，但他的第二任期卻充滿挫折，其結果，某種意義上可說是種慘敗，在二〇〇八年的選舉讓國民黨重獲政權。臺灣政治研究家小笠原欣幸指出「陳水扁、民進黨及整個綠營都因為誤判情勢、教條主義、高傲自大、見風轉舵及過度計算而導致後來的風雲變色。」[3]

在這種挫折與悲慘中最重大的問題便是權力中樞及其周邊的腐敗。二〇〇四年選舉的最後階段，當時因背信嫌疑而逃亡海外的實業家牽扯到與陳水扁夫人吳淑珍的政治獻金，二〇〇五年曾任總統府副祕書長的陳水扁親信因高捷舞弊案遭到起訴，隔年陳水扁女婿因非法買賣土地之嫌遭逮捕，吳淑珍夫人更因挪用國務機要費之嫌被起訴。支持「泛綠」的知識分子集團也提出陳水扁辭職的要求，二〇〇六年九月總統府周邊持續出現「紅衫軍」要求陳水扁下臺的遊行。

3 小笠原，前揭書，一七八頁。中文版，二三二頁。

決定二〇〇八年總統候選人的民進黨預選，在經歷激烈的內部鬥爭後推出歷任高雄市長、行政院長的謝長廷，但在選舉中卻以龐大差距敗給國民黨的馬英九。陳水扁政權的核心腐敗對馬英九、國民黨而言，成了只要加以抨擊即能取得支持，被形容為「提款機」般的方便機制。不過這次選舉的政權輪替，除了可歸結於陳水扁政權的自我崩毀，但也可視為民主選舉理所當然具備的問責機制（accountability）發揮效能。

陳水扁卸任後，在臺北車站前的大樓設立辦公室，日本學者團前訪時，我以其中一員的身分參加。當時陳水扁大談特談的，是批評總統選舉中謝長廷選戰策略，拓展中間票的效果甚微，應該像自己競選連任時獲得成功般，煽起核心支持者的熱情，也就是強調所謂的「造勢」幹法。接著幾天之後，他本人便因涉嫌國務機要費貪污而被逮捕。

陳水扁政權的八年期間，是臺灣產出新興民主體制的痛苦期，對從長期戒嚴令下的反對勢力轉變為首次承擔政權的民進黨而言，也是給予極痛苦教訓的八年。

3 關於之後的李登輝

首屆民選總統的誤判

李登輝擔任總統職務共十二年。蔣經國留下的兩年任期，修憲前舊制的六年任期，加上民選總統的四年。最後的四年因有憲法的增修條文新規定可以再尋求連任四年，但他並未選擇這麼做，因此民選總統期可視為他總統在任的第二期。李登輝之後的總統陳水扁、馬英九、蔡英文都連任成功，但因「增修條文」規定不得三連任，所以出現如美國總統第二任期般難以發揮指導能力，所謂的「跛腳鴨」(lame duck) 問題。

民選總統李登輝並不適用不得三連任的規則，但因宣布不再尋求連任也發生類似的權力鬥爭問題。國民黨下一世代的菁英針對後李登輝時期開始短兵相接，李登輝則無法抑止這種狀況。對李登輝「凍省」發出反彈的宋楚瑜經脫黨參選二〇〇〇年總統選舉後，最終組成親民黨，此已於前文提及。除此之外，一九九八年臺北市長選舉中，面對評價甚高的現任市長陳水扁，馬英九趁李登輝未注意的空隙成為國民黨市長候選人，導致李登輝不得不加以支持。在國民黨黨內政治脈絡中也能見到如此的現象。

接著臺北市長選舉中馬英九打敗陳水扁。如此一來，李登輝等於野放了臺灣政界的兩頭「猛虎」。這便是宋楚瑜與陳水扁。連戰是普通的「人類」，即便被視為另一頭「猛虎」李登輝的接班人，但在選戰中短兵相接時，「人類」仍難以勝過「猛虎」。這是當時我對三組候選人與李登輝關係的觀察。

我曾從當時政界相關人士處聽說，不尋求「連任」的李登輝其實有規劃一幅後李登輝的政界權力重組藍圖。即，二〇〇〇年選舉中實現連戰政權，並使用自身的威信促進國民黨的臺灣化，使國民黨與民進黨聯合形成廣義的「本土派」國會，擁有超過六成的勢力，在此期間得以出現政權輪替。

我曾與李登輝的某位幕僚談話，很可惜已經忘了確切的時間，大概是李登輝出任民選總統後的某個時期，或許是我提到了關於李登輝卸任之後的情勢，該幕僚表示，如果李登輝更年輕一些，他會進言請李登輝自組政黨。這或許間接佐證了李登輝卸任後，已有規劃政界重組的藍圖。

如前一小節所見，宋楚瑜的背離，三腳督的選戰，陳水扁獲勝的發展，使這種形成「本土派六成」勢力的構想失敗。二〇〇一年組成臺聯也可說是此構想的延長，但從國民黨中切割出來的勢力卻太小，李登輝期望的政界重整並未發生。之後政界形成前述般的藍、綠二陣營對抗的結構，因各自具有不同的對中姿態，故容易受美中關係波動的影響，而且這也成為容易讓中國施展政治操作，也就是後文將說明的「中國要素」容易介入的結構。此點將於下一章說明。

對李登輝的憎恨與對陳水扁的厭惡

李登輝為了推動名為「憲政改革」的中庸路線民主改革，必須對黨內以外省人為主的核心進行權力鬥爭且取得勝利，第Ⅰ部中已經提及我對這部分的觀察。這個階段，李登輝展現出相當精明的權力操控，達成了「憲政改革」的成果，經此之後一九九五年夏天訪美前，一時被歐美媒體讚為「民主先生（Mr. Democracy）」。

然而，達成獲得「民主先生」讚譽的過程，也是造成國民黨部分支持者對李登輝出現根深柢固憎恨的時期。所謂「國民黨部分支持者」，指的是那些支持李登輝的對立面，黨內外省人保守派核心的人們，他們至今為止的人生都高度依靠國民黨的一黨專政體制，面對眼前發展中的民主化與臺灣化必然感受到相對的被剝奪感。如以本省人、外省人的區別來看，以居住於城市的外省人居多，從職業上來看則是以軍人、公務員、教員等及其家族居多。對這些人來說，李登輝不過是蔣經國中途提拔的從屬菁英，而他進行的權力鬥爭與之後推動的民主化、臺灣化，對一手扶持他的黨而言是一種「背叛」。根據二〇〇〇年政權輪替之後經常聽到臺北友人的說法，就是他們「憎恨」李登輝。對於從體制外部菁英爬上來的陳水扁雖然也有「厭惡感」，但據稱這與他們對李登輝的憎恨具有本質上的差異。

晚年前往臺灣與李登輝對談[4]的作家司馬遼太郎，見到在此之後的李登輝模樣，在《產經新聞》的專欄中寫道：「臺灣問題如同燒得熾熱的炭火，空手去觸碰相當痛苦。現在只能聞到我手指上的焦味。」他與李登輝的談話，引出了「生為臺灣人的悲哀」這句日後廣為流

4 〈対談．場所の悲哀：李登輝／司馬遼太郎〉，《週刊朝日》，一九九四年五月六日至十三日號。收錄於司馬遼太郎，《台湾紀行》，朝日新聞社，一九九四年。中文版《台灣紀行》，〈對談：生在台灣的悲哀〉，臺灣東販，一九九五。

傳的名言。不僅在臺灣內部引發關注，也與一九九五至一九九六年間臺海兩岸關係的緊張局勢有所關聯。當時我讀到《產經新聞》專欄中記載的這段話後，也在自己的「臺灣日記」中寫下：「如果司馬先生是『燒焦的手指』，那麼李登輝就是以日本式『劍道的氣合』屠戮政敵，渾身染滿看不見的血，獨自一人，承受著擁有十二億人口的共產黨武裝領導人投向眉間的敵意。」[5]

「生為臺灣人的幸福」——積極的臺灣人氣質

雖說如此，我感到了不起的是他即便面對重大的困難或無法盡如己意，直到晚年仍舊一直貫徹積極的態度。在卸任總統前，他以中日文出版的《台灣的主張》中，有如再總結與司馬遼太郎的對談般，指出臺灣人的悲哀之一是「臺灣人有很長的一段時間，不能治理自己的家園」，但如今「已經可以感覺到臺灣的幸福，甚至是生為臺灣人的幸福」。他如下寫道[6]：

……（臺灣的）這一段錯綜複雜的歷史，的確為臺灣人帶來悲哀，但也正因為如此，才能孕育出臺灣獨特的豐富多樣性，與處逆境而百折不撓的柔軟性。

根據我個人一路觀察臺灣達半世紀的感觸，此種意義上的積極，也是臺灣人氣質的表現。

5 若林正丈，《台湾の台湾語人・中国語人・日本語人：台湾人の夢と現実》，朝日新聞社，一九九七年，二九八～二九九頁。

6 李登輝，《台湾の主張》，PHP研究所，一九九九年，一六～一七頁。中文版《台灣的主張》，遠流，一九九九，三五頁。

第八章

在大國的夾縫間——政治上出現「中國要素」與美中對立

1 北京與華府「不歡迎的人物」

臺灣問題的國際政治空間——「七二年體制」

臺灣政治所處的國際政治環境，是美中兩大國針對臺灣問題一方面做出妥協，一方面互相競爭的環境。中國主張，中國只有一個，臺灣是中國不可分割的領土，國際社會上只有中華人民共和國代表中國。這就是「一個中國」原則。美國在國際社會上承認中國的代表權，將與臺灣的關係限制在「非政府間關係」形式，但對臺灣主權並未百分之百同意中國的主張（僅「認知到中國的立場」），認為延續至今的臺灣海峽兩岸的政治對立應以和平方式解決。這是美國對臺灣問題的「一個中國」政策。對美國而言「和平解決」是原則，「一個中國」是政策，既然有了政策，那麼做出靈活的應對也無妨。

面對美國的「和平解決」原則，中國持續主張臺灣問題是內政問題，所以不排除以武力解決，與美國建交的毛澤東時代使用的「解放臺灣」口號即包含對臺動武之意，之後改用「祖國和平統一」。

此種美國的「一個中國」政策與「和平解決」原則的組合，以及中國「一個中國」原則與「祖國和平統一」政策的組合，彼此既有妥協也有對立競爭，形成開展臺灣問題的國際空間框架。我將上述組合形塑出來的，包括美中兩國共同聲明等，表現出來的部署稱為「七二年體制」。一九七二年美國總統尼克森的訪華即是象徵此體制起點的大事。

臺灣的民主化過程以及民主化之後譜出政治節奏的總統選舉，以及已舉行七次的臺灣總統選舉，一直也都是在此七二年體制形塑的國際政治空間中開展。我從一九七二年開始的臺灣研究及之後對臺灣政治的觀察、研究，也可說是在這種國際環境下推進。二〇一〇年代起，美中關係逐漸緊繃，七二年體制受到強烈衝擊，已接近名存實亡的狀態。只是，美中兩國似乎皆未走到衝破相互妥協的最後一條紅線的狀態[1]。此一「體制」，與我的臺灣研究人生相同，已經持續了半個世紀。

1　突破紅線的狀況大概就是中國以武力攻擊當前臺灣政府有效控制的領土，或者美國放棄「一個中國」政策（放棄將把對臺關係維持在非政府間的關係等）。不過，這中間存在著灰色區域，發生中國軍方的各式各樣武力威嚇、美國政治家訪問臺灣或武器援助等針鋒相對的狀況。

北京與華府「不歡迎的人物」

二六二、二六三頁展示的表試著整理出自一九九六年至二〇二〇年臺灣總統選舉的候選人得票率等事項，以及從選戰中至當選時美中兩國對候選人的態度與應對。關於各候選人，只要筆者能做出判斷，即在北京「不歡迎的人物」加上★號，華府「不歡迎的人物」加上■號。根據中國政府做出軍事演習或政府要人發言等，中國會明確地表現出對候選人的好惡。

美國政府尊重臺灣選民的民主選擇，一般而言不公開對候選人表示好惡，不過從政府層級來看，基於《臺灣關係法》公布准許對臺軍售、重要智庫研究者（多數為前政府乃至下一任政府的政策負責人）的發言與預定候選人訪美時的各種待遇，仍可做出推測。中國方面自不待言，沒有「尊重民主選出的領導人」的政治文化。

美中的應對	
美國的應對	中國有無直接威嚇：應對方式
1995年接受李登輝訪美。選舉時派遣兩支航母打擊群接近臺灣海峽	有：實施臺灣海峽導彈演習
歡迎陳水扁的「新中間路線」與實現和平的政權輪替	有：選戰到最後時朱鎔基總理發言威嚇
對陳水扁為連任提出的「公民投票」、「公投制憲」戰略強加警戒，對民進黨產生不信任感	無：透過華府施壓
對即將卸任的陳水扁在選舉中的影響力抱持警戒，不信任民進黨	無：透過華府施壓
仍舊抱持對陳水扁時期民進黨的強烈不信任感	無：透過經濟交流等軟性手段背後支持馬英九
贊許蔡英文的「維持現狀」路線	有：2015年3月習近平發言若動搖「九二共識」將會「地動山搖」威脅民進黨，11月習近平突然在新加坡與馬英九會談
在對中關係惡化的情況下決定軍售臺灣F16V等	有：中國戰機、軍艦出沒臺灣海峽數量增加，12月26日航母「山東號」通過臺灣海峽

表 臺灣總統選舉與美中的反應

選舉的各項指標				美中的應對		
屆數	年度	候選人（黨派）／粗體字為當選人／*為外省人	各組候選人得票率%	北京與華府對候選人的好惡：★為北京、■為華府「不歡迎的人物」	美國總統	中國共產黨總書記
1	1996	**李登輝、連戰**（國民黨）	54.00	★	比爾・柯林頓	江澤民
		彭明敏、謝長廷（民進黨）	21.13	★		
		林洋港、*郝柏村（新黨推薦）	14.90			
		*陳履安、王清峰（無黨籍）	9.98			
2	2000	連戰、蕭萬長（國民黨）	23.10		比爾・柯林頓	江澤民
		陳水扁、呂秀蓮（民進黨）	39.30	★		
		*宋楚瑜、張昭雄（無黨籍）	37.47			
		*李敖、*馮滬祥（新黨）	0.13			
		許信良、*朱惠良（無黨籍）	0.63			
3	2004	連戰、*宋楚瑜（國民黨、親民黨）	48.89		喬治・W・布希	胡錦濤
		陳水扁、呂秀蓮（民進黨／臺聯支持）	50.11	★■		
4	2008	***馬英九、蕭萬長**（國民黨）	58.45		喬治・W・布希	胡錦濤
		謝長廷、蘇貞昌（民進黨）	41.55	★■		
5	2012	***馬英九、吳敦義**（國民黨）	51.63		巴拉克・歐巴馬	胡錦濤
		蔡英文、蘇嘉全（民進黨）	45.63	★■		
		*宋楚瑜、林瑞雄（親民黨）	2.77			
6	2016	朱立倫〔最初為洪秀柱〕、王如玄（國民黨）	31.04		巴拉克・歐巴馬	習近平
		蔡英文、陳建仁（民進黨）	56.12	★		
		宋楚瑜、徐欣瑩（親民黨、國民黨）	12.84			
7	2020	韓國瑜、張善政（國民黨）	38.61		唐納・川普	習近平
		蔡英文、賴清德（民進黨）	57.13	★		
		宋楚瑜、余湘（親民黨）	4.26			

（出處）若林正丈製作／（資料）依據各年的中央選舉管理委員會發表資料

觀察該欄位內美中兩國對臺灣總統候選人的態度，首先可確認民進黨候選人總是可確認為北京「不歡迎的人物」。另一方面，國民黨的候選人除了首屆的李登輝之外，則皆非如此。接著，在共七次的選舉中，包含李登輝在內，北京「不歡迎的人物」共當選五次（執政期間共計二十年），國民黨候選人當選時除李登輝外，只有民進黨候選人同時成為北京與華府「不歡迎的人物」的期間（即馬英九執政的八年）。此外，只有陳水扁連任時，候選人成為北京與華府雙方皆「不歡迎的人物」，但仍舊當選。此時華府並未直接表明對總統選舉的態度，但如前述般，陳水扁競選連任時打出的「公民投票」、「公投制憲」導致臺海關係緊張，華府明顯厭惡此種狀況。如前所述，此時華府對民進黨的不信任感，一直延續到下一任候選人謝長廷，甚至二〇一二年的蔡英文仍未解除。

同時，中國的胡錦濤政權對包含二〇〇四年的選舉在內，因華府認為陳水扁政權有「改變現狀」之虞，故也出現透過華府之手對臺施加壓力的舉措，此外，北京避免透過國民黨將觸手伸入臺灣內部（「兩岸三黨政治」，容後述），對總統選舉進行直接威嚇（前任的江澤民政權做出如此舉措），因此得以實現馬英九政權當選的成果。

華府風向的改變與美中關係惡化

然而，二〇一六年選舉時狀況出現變化。民進黨的蔡英文候選人依舊是北京「不歡迎的人物」，但蔡英文已不再是華府「不歡迎的人物」。實際上，二〇一五年選戰正式打響之前訪美的蔡英文，與二〇一二年參選時不同，獲得美方主要智庫的厚遇。蔡英文打出的臺灣海峽「維持現狀」路線相當明確獲得華府方的接受。二〇二〇年競選連任之際，華府對國民黨的候選人韓國瑜並未表示太多關心，但對尋求連任的蔡英文政權則打出准許軍售戰機的表達支持訊號。

在此背景下，美國的對中政策出現明確轉換。歐巴馬政權第二任期所謂的「回歸亞洲」政策，即是對接班胡錦濤政權的習近平政權在對外態度上採取擴張主義一事，表現出警戒的姿態，這種警戒到了接下來的川普共和黨政權更為明確，不僅限於臺灣問題，針對貿易、經濟安保等大範圍與中國競爭、對抗的姿態，已發展成超黨派共識，達到國家戰略層級。

面對此等發展，中國習近平政權將蔡英文政府的「維持現狀」視為企圖「臺灣獨立」，因蔡政權不接受馬英九政權時期為改善與強化兩岸關係的「九二共識」[2]，屢次且不斷加強

2 「九二共識」是由國民黨論客暨國際政治學者蘇起（日後擔任馬英九政權的國家安全會議祕書長）符號化的，為圖國、共兩黨接近合作而打造的關鍵詞。關於一九九二年由臺方的海峽交流基金會與中方的海峽兩岸關係協會在香港會談時，口頭上達成關於「一個中國」的「共識」，其中臺方的措辭是「一個中國，各自表述」，與此相對，中方的詮釋是「海峽兩岸均堅持同屬一個中國」，雙方的解釋雖然不同但對此彼此並無強烈異議。此表述讓二〇〇五年國共和解及其後的時期兩黨在政治上有接近的可能（松田康博，〈馬英九政権下の中台関係：経済的依存から政治的依存へ?〉，收入松田康博、清水麗編著，《現代台湾の政治経済と中台関係》，晃洋書房，二〇一八年，一六六～一六七頁）。

軍事上的恫嚇。

2「七二年體制」的新脈絡——「中國要素」的作用與反作用

民主化的臺灣政治，除前一小節所見的美中關係脈絡之外，進入二十一世紀後中臺關係中亦出現新脈絡。此即以二〇〇五年國民黨主席連戰訪中為契機，一口氣推進的國民黨與共產黨的合作關係，以稍作預告的方式來說，便是圍繞「中國要素」（中國的影響機制）的作用與反作用之政治局面開始登場[3]。

新脈絡——國民黨與共產黨的合作關係

二〇〇四年總統選舉之際，因實現了連宋配，中國期待這組候選人能阻止陳水扁連任，然而，即便透過華府的反應可以看出美方也把陳水扁視為「麻煩製造者」，仍舊無法阻止陷入這種不利局面的陳水扁獲得連任。再度失敗對連戰與國民黨而言自然大受打擊，對共產黨而言亦是如此，甚至可說這足以成為將一九二〇年代作戰至今的國共內戰恩仇先擱置一旁，雙方靠近合作的理由。中國在全國人民代表大會上制定《反國家分裂法》（二〇〇五年）從外部施壓，但力道仍不足。

連戰訪中之後，連戰本人或國民黨副主席江丙坤等，國民黨要員率領大量臺商前訪中國，與共產黨、中國地方政府幹部、企業家等進行交流，透過各種會議、聚會的形式形成「國共平臺」。此平臺成為共產黨方提供國民黨方利益的管道，透過這些管道的運作，可把當時身為在野黨的國民黨中央與地方勢力各層政客納入合作，將許多相關人士打造成可在臺灣內部政治舞臺做出行動的代理人。當然，這些代理人也各自有原本的利害關係，其行動不見得全數符合共產黨的期待，不過共產黨將一九九〇年代之後迅速擴大，以臺灣企業對中出口與投資為核心的對中經濟倚賴關係轉化成政治上的影響力，獲得將觸手伸入臺灣政治內部的踏板。這才是「中國要素（China factor）」亦即「中國的影響力機制」在臺灣發揮作用的號砲，這也如政治學者松本充豐所述般，可從共產黨也透過代理人爭取臺灣民意支持，出現「兩岸三黨政治」的角度來理解[4]。

臺灣知識分子的悲觀與中國知識分子的樂觀

然而，關於二〇〇八年總統選舉中民進黨敗北，國民黨勝利，我在同年夏天的臺南與隔

3 本節及下一章第一節、第二節係根據若林，〈補論「中華民国在台湾」から「中華民国台湾」へ：中国の影響力メカニズムと中華民国台湾化の現在〉，《台湾の政治：中華民国台湾化の戦後史（増補新装版）》，東京大学出版会，二〇二一年。

4 松本充豊，〈台湾の民意をめぐる「両岸三党」政治〉，《東亜》，第五七一號，二〇一五年。

年夏天的北京，個別聽到當地知識分子的相反評論。

在臺南見到的是所謂「臺灣本土派」的知識分子之一，比起國民黨的勝利，他更怨嘆陳水扁執政的失敗，表示：「陳水扁把臺灣人好不容易一路積蓄起來的歷史能量，在幾年之內敗光了。」另一方面，在北京見到中央研究機構學者在得知我是臺灣研究者後，告知「我們這邊的知識界，認為臺灣問題基本上已經結束」。

前者認為，陳水扁政權的表現堪稱民進黨的烏龍球，對因此造成的失敗不僅感到失望，還對在歷史上終於打破國民黨一黨專政高牆與一路走到今日的民主化、臺灣化，這種社會的推動力似乎已經被消磨殆盡而感到強烈焦慮。這從他「歷史能量被敗光」的發言可以一窺究竟。

關於後者，中國共產黨為了「祖國和平統一」，在「統一戰線」上被視為「敵人」的民進黨慘敗，透過「九二共識」作為口號，國共雙方已走上合作關係的國民黨重掌政權，如此變化可視為阻礙「和平統一」的基本障礙被除去，讓人感受到他的發言帶有一種「安心的感受」。

從之後十數年歷史推展的後見之明來看，此時二人的發言堪稱一半命中，一半脫靶。一半命中的部分，是可以看出從此時期起開始發揮作用的前述「中國要素」，亦即透過經濟關係，不僅從間接管道甚至可直接傳達的「中國的影響力機制」開始猛烈衝擊臺灣社會，進入二〇〇〇年代後，在貿易與投資不斷發展的臺灣，對中國經濟倚賴確切地轉化成政治倚賴。連戰訪中時形成「國共平臺」後，共產黨在國民黨成為在野黨的時期，特意選擇與國民黨聚會的場合發表對臺企業等的優待措施，透過如此做法對陳水扁政權施壓，當馬英九當選國民黨再度掌權後，以海峽交流基金會（臺方）與海峽兩岸關係協會（中方）等窗口管道為始，進一步透過行政院大陸委員會（臺方）與國務院臺灣事務辦公室（中方）的政府層級官方管道做出接觸、交涉，迅速推動中臺關係制度化，最大的成就便是二〇一〇年締結堪稱中臺間自由貿易協定的〈海峽兩岸經濟合作架構協議〉（Cross-Strait Economic Cooperation Framework Agreement，簡稱ＥＣＦＡ）。

說到ＥＣＦＡ，讓我想起締結報導出現後不久，我在東京某餐廳偶然遇到舊識，對方是出身臺灣的大學教授，他一見到我就喪氣地說：「臺灣這下完了。」這位教授的感嘆也是一半命中，一半脫靶。

二〇〇八年馬英九的當選，與其說國共合作發揮強大壓力，不如說陳水扁與民進黨烏龍球的面向更為強烈，而二〇一二年馬英九的連任也可稱為共產黨收割國共合作的政治成果。因為，當出身學者、技術官僚，且從戒嚴令時代選舉一路成長起來的民進黨歷史來看，屬於「非典型的」人物蔡英文出現後，便不斷重整民進黨的姿態並成功挑戰、擊退基於「九二共識」帶來之對中關係改善成果。何況在選戰正酣之際，還可清楚見到在中國大陸取得成功的企業經營者，透過報紙廣告發表支持「九二共識」的聲明等，展示中國的影響力機制進入臺灣政治的現象。

另一方面，從美中關係的發展來看，美國在這個時間點上並沒覺得馬英九政權下的中臺關係改善有什麼特別的問題。但，一如前一節所見，這股發展潮流很快就要發生變化。

從太陽花運動到第三次政權輪替——中國要素的政治波動1

但，中國的影響力機制的此種滲透，並非如入無人之境般地發揮作用。理所當然地，對這種滲透的不安與不滿暗潮湧動，之後又浮上表面。此即在國際上堪稱「中國要素」論先驅的臺灣社會學者吳介民所言——「中國要素的作用與反作用」。反作用引發的政治波動共有兩次，分別是在馬英九政權第二任期與蔡英文政權第一任期，分別造成不同的政治走向，且都在社會運動與地方公職選舉中伴隨出現顯著的民粹主義（populism）現象。

在馬英九的第一任期中，中國的海峽兩岸關係協會會長訪臺（二〇〇八年十一月）時，警方的強硬取締（如會長通過時必須降下沿路的「中華民國國旗」）造成反彈，即通稱的「野草莓學生運動」，以此為始，對馬政權施政的不滿而持續引發社會運動，進入第二任期後，這些不滿與不安浮上表面，爆發了反服貿運動。此〈海峽兩岸服務貿易協議〉是此前締結的許多強化兩岸經貿政策的統合，等於是位於頂點的協議，影響遠超經貿關係，讓臺灣人擔憂將直接且廣泛影響臺灣內部的中小企業與勞工市場。

於二〇一三年簽署的該協議，隔年三月進入立法院的核准程序，在民進黨的反對與跟馬英九關係不佳的立法院長王金平採取謹慎處理的狀況下，審議觸礁，接著國民黨仗著國會多數打算強行通過。對此做出抗議的一群學生斷然佔領立法院議場。此次行動意外地獲得支持，發展成一次重大的公民運動，被稱為「太陽花運動」並獲得國際矚目。之後國民黨內部因馬英九與王金平的對立也發生作用，最終成功阻止服貿協議，使之未能通過，且學生們仔細留心地打掃完佔領的議場，之後和平離開立法院。抗議中議場遭損毀部分，也由公民陸續捐款加以修復。

這段發展改變了面對中國的影響力機制不斷滲透而倍感無力的臺灣社會氛圍。此變化也與選舉政治連結，當年秋天的統一地方選舉中，國民黨慘敗。此時國民黨推出名譽主席連戰之子連勝文參選臺北市長，與他對戰的，是有話直說且言行中帶有諷刺意味，成為媒體寵兒的臺大醫院醫師柯文哲，他以無黨籍身分參選，並搭上太陽花運動氣勢的順風車，打造出一股吸引以年輕人為主要支持者的風潮。民進黨認為把國民黨從首都市長的席位拉下才是優先任務，因此未派出候選人，結果這場選舉最終由柯文哲獲勝。

在臺灣的選舉中，如果有某個人物違反大眾預期迅速獲得支持，便會以該人或該黨派之名稱為「某某現象」。這些「現象」產生自該人物尚無組織基礎或者新興團體的組織基礎尚未完備之處，可說是一種民粹主義的現象。過去曾出現過一九九四年臺北市長選舉中打出反李登輝基調而產生的新黨現象（新黨是一九九三年分裂自國民黨的小政黨）、二〇〇〇年總統選舉中與李登輝對立而成為無黨籍候選人並獲得選民支持，三分選票的「宋楚瑜現象」

等。而柯文哲這位過往完全沒有政治經歷，雖是位特異人物但並不具備什麼像樣組織，卻引發一股風潮，這樣的狀況大致可說是種民粹主義現象。

另一方面，從「中國要素」的政治脈絡來說，臺北市外省人比例居高，選民組成原本對國民黨有利，也是一九九八年阻止陳水扁連任並賦予馬英九實力的選區。在這樣的選區中連戰之子的敗選，成為國民黨以及「兩岸三黨政治」中，國共合作最初的重大挫折。

被撼動的國民黨無法重振勢力，二〇一六年的總統選舉中也出現最初以洪秀柱為候選人但中途卻「換柱」，改由黨主席朱立倫出馬的混亂調度，最終被二度率領民進黨參選的蔡英文打敗。在同時實施的立法院選舉中，民進黨也首度取得過半數的議席。如果說，二〇〇〇年陳水扁雖勝利但在議會並未取得過半席次，是所謂二分之一的政權輪替，那麼可說二〇一六年的蔡英文與民進黨終於實現了百分之百的政權輪替。當時的臺灣媒體稱之為實現「全面執政」。

這段期間，就在總統選舉前，馬英九總統與中國共產黨總書記、中國國家主席習近平，在第三地新加坡舉行「歷史性的會見」，雙方略去職銜，稱呼對方為「先生」，雖然引起國際媒體的關注，但對總統與立法院選舉的動向並未帶來影響。

「韓國瑜現象」與蔡英文的連任——中國要素的政治波動2

民進黨雖回到執政黨位置，但蔡英文政權迅速在第一任期中面對莫大的困境。

中國的習近平政權對拒絕接受「九二共識」的蔡英文政權採取嚴厲的應對。胡錦濤政權時代，對於「九二共識」的解釋仍容許國民黨方在臺灣內部的聲稱（「一個中國」對國民黨而言是「中華民國」），採取不置可否的模稜兩可態度，但到了習近平任期，則認定此共識便是中臺雙方對「一個中國」原則的意見一致，不再隱藏。拒絕「九二共識」亦即拒絕「一個中國」原則，亦即「策動祖國分裂」。在外交層面上，開始以高額的金援作為交換，剝奪承認「中華民國」的國家；馬英九政權時代容許臺灣以觀察員參加ＷＨＡ（世界衛生大會），此時也不再准許，如此透過多種方式對蔡英文政權施壓。

經濟方面，限制中國大陸的觀光旅行團前往臺灣，有一段時期臺灣的觀光景點充斥著被稱為「陸客」的中國客人，此時他們的身影瞬間消失。此外，所謂的「惠臺三十一項措施」雖然看似是針對臺灣社會基層和青年層的經濟誘因政策，看似「糖果與鞭子」中「糖果」的政策，但對蔡英文政府而言，實際上是一種試圖削弱其支持基礎的「鞭子」政策。

如此一來，來自中國的「鞭子」也可視為一種政治性的挑釁，而蔡英文則堅持「維持現狀」的態度，不讓已改善的對美關係出現任何破綻。過往陳水扁無法達成此點，或者把這種挑釁當作連任戰略來利用，結果導致華府深刻的不悅與不信任。馬英九政權的八年期間讓民進黨沉浸在這種失敗的教訓中。

蔡英文生於一九五六年，留學英國後回國，一九九〇年代起以經濟法務學者身分獲得李登輝政權任用，在本書第I部說明的長期戒嚴令時代並沒有參加「黨外」運動的經驗，與陳水扁世代的民進黨領袖屬於完全異質的人物。例如，她並非像陳水扁連任宣傳時那般，能讓黨內核心支持者喊出「臺灣之子」，做出華麗政治演出的人物。正因為她被視為民進黨的「非典型」領袖，所以歷經陳水扁第二任期的失敗後，她堪稱領導民進黨重新出發的適任者。此外，她的政策決定其實相當慎重，加上性格也具備讓人覺得頑固的部分，這樣的經歷與性格，可說非常適合執行因陳水扁政權失敗而帶來的教訓。

但，蔡英文與民進黨的考驗卻來自內政方面。可能因為蔡英文是位勤勉的總統，抑或對「完全執政」過於自信，自第一任期起便接連著手處理過往政權視為難題而暫時擱置的政策課題。如與民間相較優待得極不公平的公務員年金制度改革、縮短勞工工作時間的一例一休，更有由下而上要求高漲的同性婚姻合法化等等。這些改革在立法院通過相關法案時雖獲得充分支持，但理所當然地也有一定程度的反對，這些急速累積的改革逐漸給政權帶來重擊。

在這種情況下來到二〇一八年的統一地方選舉，此時在意料之外處發生與馬英九第二任期不同，於政治傾向上相反的民粹主義現象。高雄市在民主化之後與臺南市相同，皆為強烈支持民進黨的地區，故輿論認為的國民黨有力人士皆裹足不前，不願投入參選，此時國民黨不得不推出韓國瑜擔任高雄市長候選人。韓國瑜在民主化時期曾當選過立法委員，之後便完全遭人遺忘，屬於國民黨內的邊緣人物。但成為候選人後，他獨特的為人與言行，不僅讓民進黨、也讓國民黨體制內主流菁英跌破眼鏡，在捲起意想不到的政治旋風後，成功當選高雄市長。這股旋風的影響還波及其他地區，使民進黨在統一地方選舉中大敗，事態甚至危及預定於二〇二〇年一月舉行的蔡英文總統連任選舉。此即所謂的「韓國瑜現象」。

所謂的「韓國瑜現象」，是韓國瑜這位國民黨的邊緣政客與狂熱支持他的選民（被稱為「韓粉」）所打造出來的民粹主義旋風。根據小笠原欣幸的觀察，「韓粉」的核心組成為超過五十歲的軍人、公務員、教員及這些階層的退休人員（依靠年金生活），韓國瑜的競選活動經常能集結到五萬至十萬人的支持者。此外，他也大量在社群網路上發文，打造出龐大的凝聚力，甚至讓人懷疑這些支持言論超過實際支持他的人數。有些看法認為網路上的發言有不少來自巨魔農場（troll farm，即所謂的「五毛黨」網路水軍）的加持。小笠原指出，這種現象背後的心理存在著「對於廣義臺灣認同在社會擴散的現狀，所產生的疏離感、焦躁感與危機感」[5]。如果用我自身的語言來說，「韓國瑜現象」可說是「中華民國臺灣化」（參照下一章）之下失敗者對政治的大反攻。他們針對二〇一六年選舉中因大獲全勝而過度自信、太過擴大政治戰線導致出現空隙的蔡英文政權進行的反擊。

5 小笠原欣幸，〈総統選挙と立法委員選挙〉，佐藤幸人、小笠原欣幸、松田康博、川上桃子，《蔡英文再選：2020年台湾総統選挙と第2期蔡政権の課題》，アジア経済研究所，二〇二〇年，三八頁。

之後韓國瑜當然就任了高雄市長，接著展現出問鼎總統的意願，最終國民黨也推舉他為候選人，使二〇二〇年的總統選舉成為他與民進黨蔡英文的對決選舉。

在國民黨菁英看來，他們不得不順著「韓國瑜現象」的勢頭，但也存在著反彈。二〇一九年一月，面對習近平強調「一國兩制臺灣方案」，蔡英文迅速且明確表示反對，此時對蔡英文政權的支持率轉為迅速攀升，在立法院也乘多數之便得以在立法面整備對應中國滲透工作的法制[6]。此外，當香港如火如荼進行反對可將犯罪嫌疑人移送中國的反送中運動時，臺灣人除同情該運動外，也對習近平政權採取強硬態度、做出激烈鎮壓感到高度不滿。加上隨著選戰推進，韓國瑜欠缺作為總統資質的特性逐漸明朗，這些都拯救了蔡英文的選情。最終蔡英文以巨大優勢打敗韓國瑜，成功獲得連任，立法院的民進黨議席雖然減少，但仍維持過半數的狀態。

如上所述，蔡英文的當選與連任大戲，就在美中兩大國的對立擴大至戰略層級、七二年體制的穩定性遭到動搖、「中國要素」的作用與反作用的消長，以及發生政治向量相反的兩次民粹主義旋風中開展。

6 從二〇一九年五月至七月，通過修正「國安五法」（刑法、國家安全法、兩岸人民關係條例、國家機密保護法之修正，分為五次進行審議），同年十二月通過「反滲透法」（松田康博，〈米中台関係の展開と蔡英文再選〉，前揭《蔡英文再選》，六〇、六一頁）。

第九章

提出中華民國臺灣化論——臺灣政治研究的轉折點

1　中華民國臺灣化論的提出——樹立思考戰後臺灣政治史的工具

民主體制的成立是臺灣政治研究的轉折點

一九九六年的總統直選成為最後的「奠基選舉」，最終讓民主主義的政治體在臺灣成立。之後通過四年一度的節奏實施總統選舉，在政治上展開新興民主體制。

至今為止我進行的臺灣政治觀察及研究，一直關注國民黨一黨專政的威權主義體制結構如何改變與逐漸轉換為民主體制。民主體制的啟航對於這樣的我而言也是一個重大轉機與轉折點。此後不再從比較政治學的政治體制論與體制轉型論中，臨陣磨槍式地汲取優秀概念，這段期間每次訪臺所見的人們也出現變化。特別是二〇〇〇年政權輪替之後，過往「黨外」時代認識的人們許多踏入政壇，某天我去拜訪進入總統府工作的友人，在走廊上又遇到另一位熟人，對方一副來了怎麼不到我的地方走走，要我去他的辦公室坐坐。接著當天下午又為了別的拜會再度從同一個入口進入總統府。發生過這樣的狀況後，至今我仍清晰記得當夜在宿舍裡內心感到特別焦躁，尋思反覆不斷做這種事情究竟有何意義。

數年之間努力嘗試過不少方法。使用統計進行選舉分析、對政黨及政黨政治進行分析、研究不同政策領域的法律立法過程等等，嘗試接觸過多種資料。這些主題在民主體制悠久的歐美先進各國屬於理所當然的研究領域，也是累積了許多真知灼見的傳統政治學擅長領域。對這些領域我都做過些許接觸與嘗試，但作為在政治學科未受過訓練、一路走來自行學習概念的區域研究者，一直想不出如何從該些大量成果中導出新的卓見。

不僅止於這種學術訓練（discipline）上的理由，在一路仔細觀察從民主化時期起不斷向前邁步的臺灣社會本身，傳統政治學主題對研究後民主化期的我而言並不適用，這或許是最大的理由。

反覆強調，民主化並不會僅止於民主化。民主化伴隨各種各樣的社會上、文化上的必然變化，也將讓對外關係出現變化。這些樣態對應到個別區域的歷史、社會與國際定位，皆具備獨特的性格。最終，作為區域研究者的我果然還是更受這個部分吸引。

身分認同政治的光景

其中最在意的，是伴隨民主化而表面化的身分認同政治。此處所指的身分認同除了源自近現代史的國族主義式內涵（是中國人或臺灣人，欲與中國統一或以臺灣名義獨立），也包含各種程度與意義上的族群（原住民、十七世紀起移居的漢人、戰後的本省人與外省人、本省人內部的客家人與福佬人等等），此外，所有臺灣歷史時期中由原住民的去殖民化運動（「臺灣原住民族運動」）所發起的相關泛原住民身分認同也在其列。

這裡提出一對例子。首先是一九九八年國民黨推出馬英九阻止陳水扁連任臺北市長（結果把陳水扁推向總統選舉）時，選戰最終階段出現如下場面。

時間是十二月一日，場地是臺北市士林區某高中的校園，提問人是李登輝總統（當時），回答者是代表國民黨參選臺北市長的馬英九（前法務部長），李登輝是本省人，馬英九是外省人。雙方的互動並非使用官方語言的「國語」（在中國稱普通話，在臺灣俗稱北京話），而是使用「臺語」（或稱「臺灣話」。人口佔臺灣居民多數的福建系居民之母語，亦稱「福佬話」）。對李登輝而言福佬話是母語，在外省人家庭成長的馬英九則不甚擅長。

李：「馬先生啊，告訴我你是哪裡人啊？」

馬：「報告總統，我是吃臺灣米、飲臺灣水的**新臺灣人**啊。」

李：「絕對不是我是本省、外省，大家都是**新臺灣人**！究竟你走什麼路，很重要，你走什麼路？」

馬：「我走的路，是李總統民主改革大道啦！」

（《聯合報》一九九八年十二月二日。旁點為筆者所添加）

李登輝此時既是中華民國總統也是中國國民黨主席。但，這位領袖卻與過往站在相同地位，心懷「反攻大陸」未竟之夢的蔣介石、蔣經國父子不同，不呼喊「我們都是中國人」，而是讓外省第二代菁英以「臺語」喊出「新臺灣人」這種新的身分。這是外省第一世代隨蔣氏父子前來臺灣島時做夢也想不到的光景。

作為對照，二十三年前的一九七五年三月，當時的行政院長蔣經國與當時「黨外」領袖立委康寧祥在立法院的「歷史性問答」場面。在臺灣的社會學者蕭阿勤論文[1]中可以找到這段內容。康寧祥質詢蔣經國時，先依照當時國民黨官方的中國國族主義敘事，回顧自鄭成功把臺灣當作「反清復明」基地起，至十九世紀末武裝抵抗日本對臺統治等歷史，之後提及受第一次世界大戰後美國總統威爾遜民族自決論與中國五四運動等影響，強調在臺灣發起「臺灣文化協會」、「臺灣議會設置請願運動」、「臺灣民眾黨」、「臺灣地方自治聯盟」等抗日運動，論及臺灣同胞在日本殖民地統治下付出的犧牲與痛苦「不亞於大陸同胞八年抗戰之苦」，因此臺灣人民的抗日史也是「中華民國歷史文化的珍貴財產」，要求應當加入歷史教科書中。進行此段發言時，應該是用他帶著臺灣腔的「國語」進行。蔣經國回應，對於透過把「臺灣、澎湖同胞的愛國事蹟編入課本」可使青年學生更願意承擔「反共復國的神聖任務」一事，表示「非常贊成」。

此處是由本省人反對勢力的領袖，使用遵照當時國民黨歷史正統性的教條式敘事，要求外省人獨裁者承認本省人的歷史，而大約四分之一個世紀後，出現反過來由本省人的領袖要求比他年輕的外省人菁英說出自己是「臺灣人」的光景，即便這個「臺灣人」加上了一個「新」字。

如前所述，從國民黨內部的政治脈絡來看，此時李登輝的表現或許是因為馬英九一開始拒絕參選，之後才被說服出馬，讓李登輝為了保全面子而這麼做，但即便如此仍不妨礙我們讀取政治上的身分認同意義。

對戰後臺灣政治史的「同心圓」式視野擴大——中華民國臺灣化概念的重構

那麼，時間相隔的此二種身分認同，在政治光景中出現了什麼樣的變化？欲理解此二光景所象徵的身分認同政治及其變動，面對此課題，我嘗試透過理解其背後的政治結構變動來加以應對處理。

1 蕭阿勤，〈世代認同與歷史敘事：臺灣一九七〇年代「回歸現實」世代的形成〉，《臺灣社會學》，第九期，二〇〇五年。

在我最初的臺灣政治研究專書《台灣：分裂國家與民主化》（一九九二年）中，從戰後國民黨一黨專政的威權主義體制的分析開始，接著分析此體制的轉型，亦即把焦點放在政治體制的層級上，而政治體制轉型造成的政治激盪，向上追溯便及於上層的政治共同體層級（國家應有的形式、住民國族認同應有的形式），向下即隨之及於各族群關係的重整、對外關係的改變等等。

這正是民主化不僅止步於民主化。小笠原欣幸指出，臺灣總統選舉的核心爭議焦點就在「臺灣應有的狀態」[2]。所謂「臺灣應有的狀態」，可說是此處提及的政治共同體層級的問題。每四年譜出臺灣政治節奏的總統選舉也總是在要求選民們回應什麼才是「臺灣應有的狀態」，也就是使選民思考政治共同體層級的議題。因此，我便下定決心在下一本專書中應該也要聚焦包含此種層級在內的政治結構變動之論述。

在該書中，我把前一本著作中已露出苗頭的「中華民國臺灣化」概念進行擴大，當作一個概念，將包含政治共同體層級議題的政治結構變動進行統合式掌握，在二〇〇八年出版的《戰後臺灣政治史：中華民國臺灣化的歷程》（東京大學出版會）中進行詳細討論。

一九九二年的著作中，筆者自稱是透過雙重視角的現代政治論。所謂的雙重視角，係指威權主義體制的民主化政治社會學，以及圍繞著臺灣國家與社會的歷史社會學視角。二〇〇八年的著作我也自稱是雙重視角。此時的雙重指的是「中華民國臺灣化」這種政治共同體層級的政治結構變動，以及與此連鎖的社會、文化變遷暨國際政治傾軋過程。伴隨論述推展，還更進一步採取歷史觀點作為補充，眺望一直以來將臺灣置於邊緣位置的各帝國盛衰，如此讓論述更為完整。上述兩種雙重皆以第一種視角為主，第二種視角為輔，且無論何者，最終第二個視角都逐漸成為下一個階段的主要觀點。

換言之，研究觀點呈現同心圓式的擴大，這種傾向似乎掌控我的研究觀點。隨著臺灣民主體制成立的事實，我的臺灣政治研究也被迫進行轉換，但無法進行傳統政治學的研究，結果只能作為地區研究式的政治研究，從前一本著作的觀點進行「同心圓」式的擴大以資對應。

2 中華民國臺灣化論的概略

戰後臺灣國家的三重性格

那麼，中華民國臺灣化論究竟是什麼，此處將先介紹其骨幹。

首先，提及中華民國臺灣化時的「中華民國」，是一九四九年以後國民黨在中國大陸的內戰中敗給共產黨，以南京為首都的中央政府遷移至臺北後，在韓戰爆發後獲得介入臺海的

2 小笠原，《臺灣總統選舉》，六四～六五頁。

美國庇護，在此狀態下成立之實際統治臺澎金馬的戰後臺灣國家。此處所謂的國家，與其說是新聞報導中視為理所當然的前提，以國際關係論為基礎的主權國家，不如說是一種社會學式定義的國家，無論有無國際承認，廣義指在一定區域中具備排他性管轄能力的政治機構。如果採取此種論法，那麼二戰結束前統治臺灣長達半世紀的臺灣總督府，也是在日本本國政府監督下，成為在臺灣具有排他性統治的機構，從這層意義來看可以稱之為殖民地國家。一九七一年之前身為聯合國安理會常任理事國時的中華民國，或者被聯合國驅逐後的「中華民國」，其國際主權上的地位雖然出現重大變化，但在此定義下的國家，其實並無太大變化。

在我的中華民國臺灣化論中，這種二戰後的臺灣國家歷經一九五〇年代、一九六〇年代後，從三個面向具備三重特性。

第一，在二戰後東亞的東西冷戰局勢下，與韓國、美軍佔領下的沖繩並列，同樣被定位為管理封鎖共產勢力（在臺灣的案例中便是「共產中國」）前哨基地的國家。在美國承認下恢復工業力量的日本，則成為這些地區的後方基地。這些地區被注入來自美國的大量軍事援助與經濟援助，在中國大陸的內戰中被打敗而動盪不穩的蔣介石軍隊重新復活，從超高通膨行將潰滅的經濟中重新站起，自一九六〇年代起邁入經濟高度成長的軌道。逃脫存亡危機的蔣介石透過一九五〇年代的「黨之改造」（中國國民黨改造方案），成功建構出國民黨的一黨專政體制。

第二，在近現代中國的國族主義政治或近代建設統一國家的歷史脈絡中，臺灣所呈現出的特性。對蔣介石和國民黨而言，東西冷戰的敵方同時也是中國內戰中的敵人。面對中國共產黨在大陸建立的中華人民共和國，蔣介石與國民黨即便逃往臺灣後，也仍持續主張自己管轄的中華民國依然是中國的正統代表，堅持《中華民國憲法》及基於憲法的國家制度與國民統合政策，更以「反攻大陸」為目標堅持「反共復國」的基本政策。

美國並不歡迎戰後臺灣國家的這種特性。對美國而言，最理想的情況是將臺灣從中國內戰的糾葛中切割出來，成為反共前哨基地。然而，除了蔣介石和國民黨以外，面對此反共前哨基地，美國找不出足以委託進行政治管理的勢力。

第三個面向是，與至一九四五年為止的半個世紀期間，處於日本殖民統治下的臺灣社會間的關係特性。一九四五年前後，在內戰中敗給共產黨軍的超過一百萬政治難民渡海抵臺，這些外省人中的菁英建構起強大且周密的政治警察網絡，以此為根基統治在人口上佔壓倒性多數的本省人（約佔百分之八十五）。借用美國政治學家的概念，這種國家型態被稱為「遷佔者國家」（settler states）。也有臺灣的本省人知識分子認為這是一種沒有宗主國的殖民地統治。

國民黨政府因顧慮美國的想法而自一九五〇年代起導入地方選舉，此後與地方行政相關的政治領域由本省人擔任（且除了被蔣介石、蔣經國提拔外，僅能止步於此層級）、中央國政層級由外省人擔任，形成政治菁英的族群二重結構。這是遷佔者國家最顯著的特徵。

在名義上為了堅持第二個面向——即「另一個正統中國國家」，那些在中國大陸選出並隨蔣介石一同渡海來臺的「中央民意代表」（國民大會代表、立法委員、監察委員）並未進行改選，因此出現所謂「萬年國會」，這也成為遷佔國家扭曲臺灣政治的現實象徵。簡而言之，戰後的臺灣國家，正是以「另一個正統中國國家」的形態存在的「遷佔者國家」，並成為「中華民國臺灣化」這一政治結構變遷的對象。

何謂中華民國臺灣化？

如此，所謂中華民國臺灣化，可定義為：戰後的臺灣國家以自身抱持的矛盾為主軸，並循著一九四九年以後的現實逐步變化——即此國家實際上僅統治臺灣。如此的政治結構變動，便是中華民國臺灣化。更進一步來說，作為戰後臺灣國家的「中華民國」，將「另一個『正統中國國家』」這個虛構的外在一層又一層的揭除，這才是中華民國臺灣化這種政治結構變動的核心。

從美國對蘇聯關係的考量，美國嘗試改變封鎖中國的政策，一九七〇年代初美國試圖接近中國（一九七九年與中國建交，與臺灣的中華民國斷交），中華民國被趕出聯合國及其相關機構，對外威信大為喪失，在這些契機之下，中華民國臺灣化的政治變動開始啟動。政權的正統性可分為：來自內部的支持（即內部正統性）與來自外部的支持（外部正統性），美中親近加上失去聯合國成員資格使外部正統性遭到重大打擊，此狀態也反彈回臺灣內部，對自一九七〇年代起至一九八〇年代前半，反對勢力透過在選舉、雜誌上的言論活動抬頭起到刺激的作用。

接著這場政治變遷在一九八〇年代後期隨著政治自由化的啟動而加速，並在一九八八年一月蔣經國過世後進入全面展開的階段。國民黨內的從屬菁英李登輝與「黨外」勢力的後繼者民進黨站上舞臺中心，推動其進一步發展。於其中可以觀察到：藉由中華民國憲法添加增修條文的形式，達成使政治制度民主化的「憲政改革」；一方面對民進黨的接納，另一方面反李登輝的勢力自國民黨分裂，促成國族主義政黨體系的形成；透過臺灣原住民運動、重新審視二二八事件及「白色恐怖」（「轉型正義」）運動等刺激，促使國民統合政策向多元文化主義轉變；加上李登輝、陳水扁的對外對內政策造成「七二年體制」，並與中華民國臺灣化這一政治結構變動，雙方之間出現方向相異的傾軋等現象。

中華民國臺灣化帶來什麼——二〇〇八年的歸納

那麼，能夠如此定義並開展的中華民國臺灣化，這種政治結構變動為臺灣政治帶來什麼？《戰後臺灣政治史》一書發行的時間點是二〇〇八年，此處把至二〇〇八年為止進入我視野的事情進行整理後，可爬梳出如下四點。

第一，戰後臺灣國家的政治權力其正統性的依據出現了轉換，亦即臺灣化。如前所述，蔣介石、國民黨在臺灣堅持「另一個正統中國國家」的名義。換言之，政權的正統性源於「辛亥革命」、「八年抗戰」（一九三七至一九四五年的對日抗戰勝利）等，國民黨作為把近代中國建設成一個統一國家的政黨，透過此類言說建立自身的正統。國共內戰中實施的《中華民國憲法》規定了民主的政治制度，但蔣介石首先利用隔年將選舉總統的國民代表大會，以非常時期為由制定《動員戡亂時期臨時條款》限制憲法，強化總統職權後才選出他擔任總統。蔣介石帶來的是此種附加《臨時條款》的憲法，雖然其政權形式上乃基於《中華民國憲法》組成政府，但缺乏民主的正統性。

但在「憲政改革」中廢除了此《臨時條款》，透過臺灣選民選出的國民大會代表制定「增修條文」，藉此實施民主制度。臺灣的政治權力正統性從近現代中國的歷史正統性，轉型成由民主選舉來賦予淵源於臺灣選民意志的民主正統性。這既是政治權力正統性的民主化，同時也是臺灣化。

在這過程中，自然不會徵詢中國大陸居民的意見，因為《中華民國憲法》對他們來說顯然是無效的。因此，從臺灣的角度來看，這意味著兩岸對立的結構產生了重大變化，過往在內戰期間雙方爭奪代表中國的正統性，轉變為主要圍繞爭奪臺灣主權的關係，這種轉變主要是由臺灣方面所推動。當然，這並不意味著中國共產黨會放棄作為內戰勝利者所獲得的正統性利益。

第二，政治菁英的臺灣化。透過「萬年國會」的全面改選與總統的民選化，過去只能透過獨裁者提拔才能進入中央層級的本省人菁英，已無需繼續面對阻止他們晉升成為中央菁英的結構性障礙。此外，民進黨這個當地政黨的成長也助長了政治菁英的臺灣化。從另一個角度來看，對近現代中國的歷史抱持親近感的外省人菁英，也可能透過民主選舉轉變成對近代臺灣歷史抱持親近感的當地菁英，且實際上也發生了這樣的狀況。

第三，國民統合的意識型態也產生臺灣化。國民黨一黨專政時期小學「國語」教科書一開始就寫著「我們都是中國人」的字句。以此為代表，表現出來臺國民黨菁英心中的民族觀、文化觀、歷史觀如何掌控國民統合政策。在中華民國臺灣化的過程中，作為對抗，臺灣國族主義崛起，以具有一定彈性的表述方式，主張臺灣這個實際存在國家的主權性。此外，受此影響，此前國民黨的一元性同化主義的國民統合政策也遭到批判，開始實施更注重臺灣本土語言與文化的文教政策。過往佔據絕對優勢的中國國民黨版官方中國國族主義，也在政治意見市場與選舉市場上與各式各樣的臺灣國族主義爭奪支持，逐漸淪為一種政治意識型態，民主化以後形成的政黨政治體系，由於接納了以臺灣國族主義為基本理念的民進黨進入政治體系，使其意識型態對抗軸心轉變為由兩種國族主義的對抗所構成的「國族主義政黨制度」。

最後，隨著上述的變化，蔣介石「反共復國」國策取得成功時，將於中國大陸恢復之「中華民國」形式，雖談不上崩毀，但也遭大幅改動。如前所述，在「憲政改革」初期，原本將中國共產黨視為「叛亂團體」，中華民國以「正統中國」自居的《動員戡亂時期臨時條款》被廢止，接下來在重新編整政治制度與國家機器的過程中，體現「另一個正統中國國家」的國家機器，或部分遭扭曲，或乾脆遭廢止（廢止國民大會、實質上廢除臺灣省的「凍省」等）。其他如象徵「中華民國」的貨幣上圖案、法定紀念日等僅止於部分、小幅度修改。原本透過街道名稱來象徵「中華民國」在大陸上的地理空間，而這些街道名稱在做出少數修改後也就停下腳步。當然，只要還自稱是中華民國，則國名、國旗、國徽等也無法變更。更重要的是，《中華民國憲法》仍以附加臺灣制定之「增修條文」形式獲得維持，因此被大幅更動的中華民國體制仍於臺灣存續。但，在臺灣外部與臺灣具有外交關係，官方承認「中華民國」的國家僅止於少數。

第十章

中華民國臺灣化的不均衡開展
——新興民主體制下的國家重構與國民重構

1 《戰後臺灣政治史》中的未解問題

再逢「臺灣知識的真空」

我於二〇一〇年轉任早稻田大學。在政治經濟學部以「國際關係史」的課程講授現代臺灣政治論，在「區域研究」課程講授臺灣歷史。前者根據拙著《戰後臺灣政治史》中之中華民國臺灣化論說明即可，但後者卻窒礙難行，開始講授的一、兩年對內容一直無法感到滿意。原因簡單明瞭，起因於我對近代以前的臺灣歷史，亦即清朝統治時期，以及更往前追溯的鄭氏王朝統治時期、荷屬東印度公司統治的知識不足之故。

關於這部分的情況，還被吾友吳密察君挖苦，「這是因為你面對臺灣歷史當了三十年的逃兵。」當我熱中於同時代臺灣政治研究之際，學界中，特別是臺灣學界的研究，其中的前近代臺灣史研究累積了顯著的成果，歷史資料的使用環境也不斷獲得數位化。我遲了一些接觸這些成果，但接觸時仍舊大感新鮮。

對此我再度感受到「臺灣知識的真空」吸引力，旋即察覺自己再度進行同樣的事情，也就是捲入以同心圓方式擴大的視角。在《戰後臺灣政治史》中設定的第二個輔助視角——「眺望把臺灣置於邊緣的諸帝國盛衰之歷史性觀點」——現下變成佔據核心位置，開始探討什麼才是「臺灣的來歷」，作為探討「何謂臺灣」的區域研究，試圖從中建構一種足以回應臺灣研究中這種常駐基本設問的觀點。這種與其說是研究不如說是學習的成果，部分也被我運用在授課中，還反映在兩、三篇小論文中[1]，但截至目前為止尚無專著問世。

中華民國臺灣化何時終止？

不過，在這段期間仍舊勉勉強強維繫著對同時代臺灣政治的觀察，參與了亞細亞經濟研究所主任研究員佐藤幸人主導的「臺灣綜合研究II——民主化後的政治」（二〇〇六～〇七），以及之後實際上繼承此研究的專案，由東大教授松田康博主導的兩期科研經費研究活動，得以陪同出席訪問包含當時臺灣總統在內的政府要員及政黨高層。此外也前往北京、上海與中國所謂的「涉臺學者」（參與臺灣研究、進行政策提議的研究者）交換意見。

在松田教授科研經費下的活動，使用「兩岸關係研究小組」的名義，這段期間松田教授設定兩個科研研究主題為「無和解的安定——民主成熟期臺灣的國際政治經濟學」（二〇一三～一六）及「對中依賴結構化與中臺國族主義——後馬英九時期臺灣的國際政治經濟學」（二〇一六～一九），精準掌握從馬英九政權時期到蔡英文政權第一任時期的「兩岸關係」變化核心。所謂「無和解的安定」，係指國共兩黨迴避討論中國內戰如何和解的相關議題，試圖透過對「一個中國」的模糊共識，即「九二共識」作為共通暗號相互接近。「對中依賴結構化與中臺國族主義」係指在蔡英文總統政權期間，臺灣政治與兩岸關係的開展中，預設前述「中國要素」的政治與中臺兩地國族主義間的關聯將成為重點。

在執行這些研究活動中察覺，在《戰後臺灣政治史》中談論的中華民國臺灣化尚有未獲得充分討論的問題。即，中華民國臺灣化結束的問題，以及必然會規範中華民國臺灣化下國際環境的七二年體制之變質暨終結問題。關於後者，在第八章中指出已接近「名存實亡」的狀態，此處將針對前者進行論述。

1 〈諸帝国の周縁を生き抜く：台湾史における辺境ダイナミズムと地域主体性〉，川喜田敦子、西芳実編著，《歴史としてのレジリエンス》，京都大学学術出版会，二〇一六年；〈「台湾という来歴」を求めて：方法的「帝国」主義試論〉，若林正丈、家永真幸編《台湾研究入門》，東京大学出版会，二〇二〇年；〈可視化政策と秩序再編：再び「台湾という来歴」を求めて〉，早稲田台湾研究所ワーキングペーパーシリーズ01，二〇二二年，https://waseda-taiwan.com/activity/。

2 止步不前的國家重構

「兩國論」憲改與「公投制憲」的挫折

關於中華民國臺灣化的結束問題，在持續參加這些研究活動之中，我自問自答後得出的回答是：中華民國臺灣化出現不均衡的發展。若將中華民國臺灣化分成國家重構與國民重構兩種面向來看，前者並無進展，但後者則可見到一定的發展。

戰後在臺灣的中華民國雖說因《動員戡亂時期臨時條款》與長期戒嚴體制，致使國家實質體制遭到扭曲，但形式上仍是擁有明文憲法的立憲國家。如本書第II部所述，中華民國臺灣化這種政治結構變動的核心，也是「憲政改革」，亦即修憲的政治過程。作為中華民國臺灣化的國家重構面向，可以此憲法體制重構過程作為代表。

自不待言，一九四〇年代中國內戰時期制定的《中華民國憲法》乃以全中國為適用範圍，也就是所謂的「中國憲法」。但，「憲政改革」是透過由民主選舉選出的國民大會代表進行，且「增修條文」適用範圍自伊始便僅限於臺灣地區（此處指臺灣、澎湖、金門、馬祖），「憲政改革」是把誕生時身為「中國憲法」並被帶入臺灣的《中華民國憲法》賦予「臺灣憲法」的實質。換言之，這樣的《中華民國憲法》（文本上具備《中華民國憲法》本文、增修條文、司法院大法官會議釋憲而組成），帶有「中國憲法」與「臺灣憲法」的雙重性。

加上「增修條文」前言提及「為因應國家統一前之需要」而制定這些條文，這也明顯展示出此種雙重性。因為這段前言，使《中華民國憲法》在字面上包含了「中國憲法」的法理，亦即「一個中國」的法理。當然，此處即便所謂「中國憲法」的法理並未消失，但中華民國本身在其憲法制定地的中國大陸完全沒有效果，所以歸根結柢，現行《中華民國憲法》的「一個中國」法理不過只存於形式。

如此思考，所謂中華民國臺灣化的結束，從國家重構的面向來看，若透過制定新憲法，從臺灣政治實體中廢除中華民國國號則當然可視為結束，而透過現行修憲程序的形式以增修條文來加工，在字面的形式上、憲法的法理上都明確宣言臺灣並非包含中國大陸的國家，也就是從字面上清楚表示《中華民國憲法》是「臺灣憲法」，如此即便保持《中華民國憲法》、維持中華民國國號，仍可視為中華民國已經完成臺灣化。

往昔，至二〇〇八年為止，這種完結中華民國臺灣化的嘗試曾出現兩次。即首任民選總統李登輝的「兩國論」憲改，與首次實現政權輪替的陳水扁總統提倡「公投制憲」，然而二者皆面臨挫敗。

一九九九年七月進入民選總統任期最後一年，面對從過往起民進黨即要求的公民投票制度問題打出第五次修憲加以應對的李登輝，面對德國之聲的訪談回答：「一九九一年修憲以來，已經將兩岸關係定位在國家與國家，至少是特殊的國與國關係，而非一合法政府、一叛亂團體，或是一中央政府、一地方政府的內部關係」，此番發言引發爭議，而這段發言也被當時臺灣的媒體稱為「兩國論」。

據李登輝卸任總統後的說法，當時此發言的背後，政府正在研擬一系列、包含修憲在內的措施，以明確表達中華人民共和國與中華民國互為獨立的國家。關於憲法部分，據說有草案打算凍結憲法本文中關於領土的規定，在「增修條文」中增加「中華民國之領土以本憲法有效實施地區為限」之規定。然而，此發言恰好給當時的修憲過程帶來混亂，面對臺灣開始進行威嚇軍事演習的中國，認為應加以安撫中國的美國政府也介入對李登輝施壓，李登輝不得不進行降溫，表示「兩國論」的發言不過是描述兩岸關係現狀。「兩國論」修憲因此遭受挫折。

作為競選連任戰略的一環，陳水扁提出「公投制憲」（不透過現行憲法程序而由公民投票批准制定新憲法），前文已介紹過這是引起華府不滿的原因之一。最終陳水扁以微小的差距成功取得連任，但就職演說上並未提及「制憲」，僅訴求透過現行程序進行「憲法改造」。「公投制憲」至此也受挫。

寸步不得向前的憲法修正

此外，陳水扁連任任期中進行的「憲法改造」，亦即第七次憲改中訂定修憲程序：①修憲提案由立法院進行，超過四分之一的立委連署即可提案，但通過需要超過四分之三的立委出席，其中的四分之三投下贊同票；②立法院通過的修憲提案可通過公投核准成立，但須有投票權者過半同意，且票數須超過所有有投票權者的半數（不是投票人數的過半），方可通過。雖然民進黨數年來大力主張透過公民投票批准憲法修正，但從政治的角度來看，這些規定不如說是「禁止修憲式的」修憲程序條款。即便二〇〇八年起立委選舉導入小選區政黨比例代表制，但單一政黨甚至聯合政黨想佔有立法院四分之三席次，且對有不同意見的國家性問題能達成修憲共識，可謂難上加難。

之後，別說二〇〇八年登場的國民黨馬英九政權，連二〇一六年實現政黨再度輪替且在立法院首次獲得過半席位的民進黨蔡英文政權，也都無力著手再度修憲。

二〇二〇年五月開始連任任期的蔡英文，在總統就職演說中提及修憲為施政的課題之一，據此立法院於同年十月設置憲法修正委員會。之後雖然提出幾個修憲案，但到了二〇二〇年十二月，較民進黨更為激進、從二〇一四年「太陽花運動」中衍生而出的臺灣國族主義小政黨「時代力量」（當時擁有三個立院席位），公布了五項修憲案。①刪除憲法增修條文前文的「為因應國家統一前之需要」字句；②參政權年齡調降至十八歲；③廢止考試院與監察院，前者機能納入行政院，後者移交立法院，成為三權分立政府；④降低修憲門檻，改為立委三分之二出席、三分之二同意，公民投票則為二分之一投票、二分之一贊成；⑤立法院選舉制度的比例區議席分配最低得票率從百分之五調降至百分之三，期使國會能反映多元意見。[2]這並非要成立「臺灣共和國」、要求明確變更「國體」，而是在過往《中華民國憲法》存在的前提下，在此範圍內進行最大限度的修憲。如果第④得以實現，則第①大概也能成功。時代力量將此議題定位為「國家正常化」，不過對照前文的討論，這些要求堪稱「完成中華民國臺灣化」的提案。

但，最終在立法院決議時，在野黨國民黨也同意的只有把選舉權降到十八歲這條修憲案。修憲案在二〇二二年十一月的統一地方選舉中付諸公投，但未能依規定獲得選民總數過半的贊成票，首次利用公投的修憲，即便執政黨、在野黨已具共識，但仍遭到挫敗。

回顧「完成中華民國臺灣化」的努力，在以堅持維持海峽兩岸現狀為宗旨的蔡英文政權下，除了激進的小政黨提案之外並無進展，故此處才稱之為「止步不前的國家重構」。

3 漸進式的國民重構——「中國要素」的波動

訴說國民意識重構的兩項資料

與止步不前的國家重構相對，國民重構的進度可從各種問卷調查等方式，看出選民的國族認同動向。此處試圖使用從一九九二年起一貫使用相同提問方式並留下資料，由政治大學選舉研究中心實施之「臺灣民眾重要政治態度」之「臺灣民眾臺灣人／中國人認同趨勢」與

「統獨立場」的歷年調查，基於結果進行觀察。

所謂「臺灣民眾臺灣人／中國人認同趨勢」調查，是詢問受訪者「我們社會上，有人說自己是『臺灣人』，也有人說自己是『中國人』，也有人說都是。請問您認為自己是『臺灣人』、『中國人』，或者都是？」，並請求對方從三者中選一的調查。「統獨立場」調查則指出「關於臺灣和大陸的關係，有下面幾種不同的看法」，即「盡快統一」、「盡快獨立」、「偏向統一」、「偏向獨立」、「維持現狀再決定」以及「永遠維持現狀」，請受訪者從六者中選一。這部分是對臺灣將來國家歸屬的選擇表達意見的調查。

社會學者佐藤茂基根據班納迪克·安德森對「國族」(nation)的知名定義：「在特定的領域被想像為有主權的共同體」，認為「國族認同，是使用國族或與之等價的屬類做出自我理解的方法」。此處「與之等價的屬類」指國名、民族名，或者表現這類概念的思想，作為某種集合體式認同的言說出現在相互競爭的「公共言論界」[3]。政治大學選研中心的「臺灣

2　時代力量，〈時代力量公布五大憲改主張　盼具體落實世代正義〉https://www.newpowerparty.tw/news/ 時代力量公布五大憲改主張－盼具體落實世代正義，二〇二〇年（二〇二〇年十二月十日點閱）。

3　佐藤成基，〈ナショナル・アイデンティティの分析枠組み〉，《ナショナル・アイデンティティと領土：戦後ドイツの東方国境をめぐる論争》，新曜社，二〇〇八年，一四～三六頁。

民眾重要政治態度」與其他許多類似的調查，皆簡要展現出政治自由化後，臺灣國族認同的「公共言論界」樣態。在這些問卷調查的背後存在著報紙、雜誌討論，無數圍繞國族認同的爭論，且至今依然存在，選研中心的調查在這些爭論中成為最重要的資料。

但必須注意的是，前述介紹的二者雖皆可視為對國族認同（在「臺灣民眾臺灣人／中國人認同趨勢」的調查是眼下直接的，「統獨立場」調查是將來的國家歸屬，亦即未來的國族認同）的設問，但此二者在時間序列上的傾向卻未必一致。

漸進式擴張的臺灣國族認同

下一頁的圖表表示「臺灣民眾臺灣人／中國人認同趨勢」。面對三選一的問題，毫無前提地設定「臺灣人」與「中國人」的分類，乍看之下並未能清楚表達作為一種國族認同的「自我認知」。但，一九九〇年代以後中華民國臺灣化持續發展，對此中國加強外交與軍事上的壓力，且在二〇〇〇年後憑藉優越經濟力的「中國要素」起到重要作用的狀況下，所謂「臺灣人」與「中國人」已大致可視為國族認同自我認知的近似值。下文將「臺灣人」選項記為「臺灣國族認同」，「中國人」選項記為「中國國族認同」，「都是」則記為「雙重認同」。

同時，「都是」這個選項在推估理解上至少包含了兩種狀況：其一是政治認同上雖是臺灣人但文化上則是中國人，另一是雖是中國人但因長久居住臺灣，作為區域認同也可說是臺

臺灣民眾臺灣人／中國人認同趨勢與分布圖表（1992～2022）

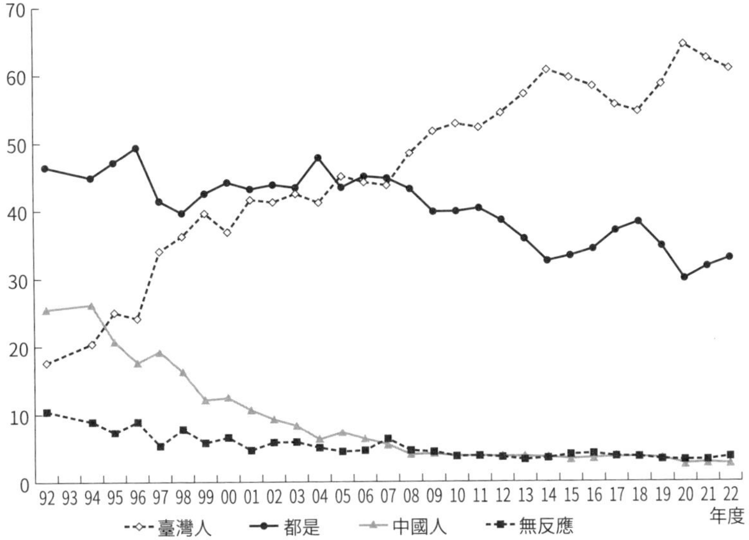

（出處）政治大學選舉研究中心網頁

灣人。

從圖表可見，一九九二年以後雖有若干起伏，但臺灣國族認同確實在增加，中國國族認同與雙重認同表現出逐漸減少的趨勢。即便二〇〇五年以後「中國要素」迅速滲透，臺灣國族認同仍逐漸增加，這也意味著「中國要素」未能抑制這種傾向。這種長期性、結構性的動向，若引用我的論述，也可視為循著中華民國臺灣化的結構變動而變化。又，根據看法不同，臺灣國族認同正因為基本上有這樣的上升傾向，因此才會如第八章所述般，兩次「中國要素」的作用出現作用與反作用的起伏狀況。

「維持現狀」邁向結構化的民意

下一頁圖表是「臺灣民眾統獨立場趨勢分布」，亦即關於選擇政治前途的歷年調查結果。作為當然的設定前提，「臺灣獨立」的選項中必然包含「臺灣獨立意味著戰爭」之威嚇及其帶來的抑制。華府當局也不樂於見到凸顯臺灣國族主義造成北京強烈反應的狀況。北京則預設華府的這種動向並進一步利用華府壓抑臺灣的政權。這是美中妥協下成立的七二年體制限制，推估臺灣選民也理解這樣的前提。此調查中因放入「維持現狀」的選項，因此可以觀察到在選擇國族認同時「躊躇」的狀況與七二年體制對臺灣民意的制約。

從圖表很快可以察覺到，若與「臺灣民眾臺灣人／中國人認同趨勢與分布」調查對比，「獨立選項」（「盡快獨立」＋「偏向獨立」）的上升極為緩慢，與前圖表顯示的臺灣國族認同上升不能相互呼應。只有二〇一八年至二〇二〇年迅速攀升，屬於例外，此處可視為對中國習近平政權鎮壓香港民主化運動而發生的反彈，之後雖維持在高點，但也呈現停滯。

又，觀察「維持現狀」選項可以見到，臺灣選民選擇將來國家走向時，「維持現狀」的意志清楚呈現結構化。為了說明此點，此處將圖表資料整理為（a）「傾向獨立」、（b）「傾向統一」，以及與之相反的（c）「拒絕統一」與（d）「拒絕獨立」，加上（e）「維持現狀」等五種傾向，並製成三〇四頁表格。

臺灣民眾統獨立場趨勢分布圖表（1994～2022）

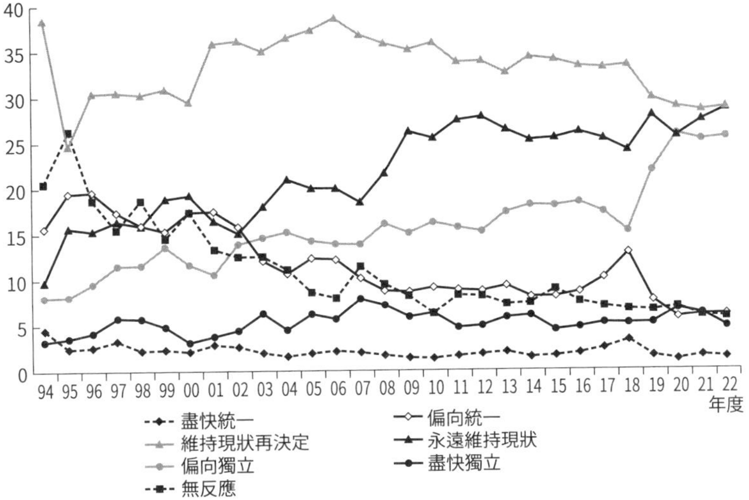

（出處）政治大學選舉研究中心網頁

首先發現，採取（e）最廣義的「維持現狀」態度之選民佔有壓倒性多數。其佔比在陳水扁第一任期超過八成，之後即便在致力接近中國的馬英九政權時期，或者進入被中國習近平政權更加強施壓的蔡英文政權時期，也都維持在高水準並呈現漸增。

接著說明筆者所整理資料展現出的政治意涵。臺灣總統選舉除去備齊四組有力候選人的一九九六年第一次選舉與典型三腳督的二〇〇〇年第二次選舉，皆呈現出國民黨與民進黨兩大勢力對抗的結構。在此前提下，考量雙方陣營在意識型態層面的選舉戰略，民進黨僅靠意識型態相近的（a）「傾向獨立」選民的票數並無法成功當選，同樣地國民黨也無法僅靠（b）「傾向統一」的選民票數當選。

表 臺灣居民關於國家選擇的態度變遷：採用六種選項的方式（1994～2022）（%）

時期	(a) 傾向「獨立」的合計（①＋②）	(b) 傾向「統一」的合計（⑤＋⑥）	(c)「拒絕統一」的合計」（①＋②＋③）	(d)「拒絕獨立」的合計」（③＋⑤＋⑥）	(e)「維持現狀」的合計」（②＋③＋④＋⑤）
1994	3.1	20.0	20.9	29.8	71.9
1996	13.6	22.0	28.9	37.3	74.8
1998	17.2	18.0	33.1	33.9	73.6
2000	14.7	17.3	33.9	38.5	77.6
2002	18.1	18.2	33.6	33.2	80.7
2004	19.6	12.1	40.5	33.0	83.2
2006	19.4	12.1	39.3	34.0	84.5
2008	23.0	10.2	44.6	31.7	82.0
2010	22.4	10.2	47.8	35.6	86.5
2012	19.9	10.4	47.9	38.1	85.4
2014	23.9	9.2	49.1	34.7	85.4
2015	22.2	9.6	47.6	35.0	85.4
2016	22.9	10.2	49.0	36.3	86.2
2017	22.3	15.9	47.6	37.7	85.7
2018	20.1	15.9	44.1	39.9	85.3
2019	25.7	10.4	52.6	37.3	86.1
2020	31.5	7.6	57.3	33.4	86.7
2021	30.9	7.4	58.2	34.7	86.8
2022	31.0	7.2	59.5	35.7	88.2

（出處）若林正丈使用圖表數據製作。2014 年之前為隔年資料

（選項）①盡快獨立②維持現狀再獨立③永遠維持現狀④維持現狀再決定⑤維持現狀再統一⑥盡快統一。另，其他納入「無反應」的範圍

接著改變觀察角度，審視回答（c）「拒絕統一」與（d）「拒絕獨立」的比例，前者在二〇一八年之前並未超過半數，後者在發生「韓國瑜現象」的二〇一八年出現約四成的最高值，之後呈漸減傾向。

從數學的意義上來看兩大政黨候選人的選舉戰略，民進黨的總統候選人不僅鞏固了二〇一九年以前「拒絕統一」的選民支持，但可說在意識型態上仍難以勝利。只有兩處意外，即二〇〇四年陳水扁連任戰略無論在內政或外交上都陷入極端困境，此已於前文說明。另一處則是二〇一六年面對蔡英文的勝選，包含如前

所述因二〇一四年太陽花運動，及之後統一地方選舉大敗而動搖的國民黨，反而給對方加分的面向。對此，二〇二〇年的選舉中，一如社會上評價習近平才是蔡英文「最大助選員」般，也可觀察到中國對香港採取強攻政策，導致蔡英文陣營得以最大限度集中「拒絕統一」的票數。

同時，簡要而言，國民黨候選人無法僅靠鞏固「拒絕獨立」選民的支持便獲勝的狀況一直維持不變。陳水扁第二任期之後，民進黨在意識型態上較國民黨在結構上具有優勢的狀況，但僅靠「傾向獨立」選民的支持依舊無法當選。雙方陣營都必須把觸手伸向各自意識型態外，向佔據數量最大的「維持現狀」輿論靠攏。

當然，總統選舉的趨勢並非僅靠國族認同相關立場來決定，如小笠原欣幸所指出，若「臺灣應有的狀態」（包含對中關係的大路線，意識型態問題）自一九九六年以後持續都是臺灣總統選舉的最大爭議點，回應此種「維持現狀」民意，對總統候選人而言便具有戰略上的重要性。臺灣政治上最大的活動——總統選舉的此種制約，可看作臺灣國族認同的相關國際政治限制，亦即七二年體制限制，將臺灣選民的意見分布推向「維持現狀」，使其出現結構化的現象。

國家重構與國民重構之不均衡開展

到目前為止並無總統候選人高舉「臺灣獨立」或「與中國統一」的主張，在政權上也沒有任何總統揭示這種政策目標。在不改變「中華民國」形式的前提下，以憲改的方式來完成中華民國臺灣化的嘗試，曾出現在李登輝政權的修憲計畫（「兩國論」修憲）和陳水扁連任競選的政見中，然而皆遭受挫敗。此後的政權便未致力於此事。

但，總統選舉譜出的政治節奏已維持四分之一個世紀，如前所述，正是這種廣泛強力動員選民的總統選舉，才是形成臺灣國民的最大活動。臺灣國族認同逐漸強化的政治結構，即便承認「中國要素」的作用也未出現重大變化。在國家重構上雖明顯出現踩煞車的狀況，但難以阻止國民重構。這源於國家重構與國民重構不均衡發展，同時也因為即便國民重構持續發展，但「維持現狀」選項仍在輿論中形成了結構性的共識。

終　章

展演的主權——「臺灣尚待定義？」

現在的臺灣究竟是什麼——必須加上一些修飾句之實質主權國家

臺灣的政治在這半個世紀中，隨著美中關係拉近而失去過往的國際地位，帶著這樣的經驗，也體驗了我所說的中華民國臺灣化這種重大的政治結構變動。經歷過這種變化，究竟該如何說明今日的臺灣？

若著眼於政治結構的變動，可以見到中華民國臺灣化呈現不均衡的發展，在改變認同上也有所躊躇，此在前一章已經說明。此處有些唐突地，特意從國際社會的角度遠眺並嘗試給民主化後的臺灣賦予國際關係論式的特性。如此一來，或許可用附帶幾個修飾句來說明今日的臺灣。在這種場合下的國家定義，與前一章為止一直使用的社會學廣義定義（在一定領域中具有排他性統治權力的組織）相異，此處指涉的國家，是在國際社會中作為一個主權實體活動，獲得相互承認的統治機構。以下將分為幾個部分嘗試檢討筆者所謂的修飾句。

（1）此國家在臺灣地區擁有排他性的統治權力。主張對臺灣具有主權的中華人民共和國國家機器，在此國家的統治範圍內，基本上無法實施統治行為（但因雙方存在經濟關係，因此可透過各種手段／伎倆發揮「中國要素」——中國影響力機制，實際上中國也正在運用這些影響力）。除中華人民共和國之外，在此國家即臺灣地區內並無其他企圖挑戰其排他性統治能力的國家。此國家雖有如下（2）的限制，但實際上屬於獨立狀態。

（2）此臺灣國家（自稱「中華民國」），僅有極少國家承認其為主權國家，在國際政治、經濟上具備重大影響力的主要國家在外交上並不承認此國家，在此意義上，此國屬於非被承認國家。此臺灣國家雖失去聯合國及附屬組織的成員資格，但過往曾是聯合國安理會的常任理事國。在這層意義上屬於具備特殊經歷的非承認國家。此外，此國家不僅在國際主權上受到如此重大的限制，在臺灣地區的排他性統治也總是遭受來自中華人民共和國包含軍事威嚇、經濟制裁、政治內部滲透等之挑戰。

（3）此臺灣國家在政治體制達成民主化後，以此國家的大小，亦即以臺灣為限的領土推動國民統合，這並非過往在「反共復國」基本國策下，臺灣人被強迫想像自己是大中國國民的一部分，而是對應此國家一九四九年以後實際上的統治範圍，不斷朝「臺灣人」的國族想像固定（順帶一提，在一九四五年以前半個世紀的日本殖民地統治下，臺灣人被強加的國族想像是自己乃日本臣民的一部分）。

簡要而言，臺灣是國際主權遭到制約，主權持續面臨重大挑戰，由民主制度選出的政府營運國家，實質上以臺灣的大小作為統治範圍的國民國家，且過往還曾是聯合國安理會常任國的特殊不被承認國家。

從「民主、自治的臺灣」走向「民主、自決的臺灣」

來臺灣看一九八三年立法院「增額選舉」，對我而言是首次的選舉觀察／參觀。在當地實際觀看此選舉的實施狀況，對我理解臺灣政治而言具有重大意義。從威權主義體制統治的空隙中萌生的「民主假日」的熱度，因威權主義選舉的制約使反對勢力出現各種各樣的兩難困境，這些都成為我日後認識臺灣政治的出發點。

此外，在此選舉中「黨外」首次公開主張「臺灣前途住民自決」，高舉「民主、自決、救臺灣」口號。在此主張中，因「臺灣住民」被設定為可決定自身國家歸屬的主權主體，因此可說，此時我目擊在臺灣政治選舉中臺灣國族主義的公然登場。

在第I部曾提及，此時的「黨外」活動讓我聯想到「這群人在搞大正民主」——產生這麼一個唐突的感想。在此場合所謂的「搞大正民主」，是只讓我聯想到一九二〇年代開展，由殖民地臺灣知識分子發起之臺灣議會設置請願運動等，出現訴求「民主、自治的臺灣」願景。而在一九八〇年代臺北街頭的我，感受到從過去「民主、自治的臺灣」到當下「民主、自決的臺灣」間，此種應有之臺灣願景的連結。在討論對戰後臺灣造成影響的民主思想時，多數指出《自由中國》雜誌的雷震等，戰後來自中國的自由主義者帶來影響，這樣的影響作為戰後臺灣政治的橫向切入力量確實應該獲得重視，但從「民主、自治的臺灣」走向「民主、自決的臺灣」這種縱向的思想繼承的力量，也不可忽視。

「住民自決」主張後的四分之一個世紀——「臺灣的定義尚未完成」？

從「臺灣前途住民自決」的主張公然出現後，至今已超過四分之一個世紀。這段期間臺灣實現了什麼，又還有什麼未實現？

浮現我腦海的是，本書中已經提及的臺灣歷史學者周婉窈在二〇〇九年撰寫的散文中如下一句：

臺灣尚待定義，但不要告訴我，她只能等待再度被外力重新定義。[1]

這段話，特別是後半部分，或許可以當作一九八三年選舉時「黨外」領袖之一康寧祥「臺灣現在面臨第三次的命運轉捩點」、「掌握臺灣住民命運」的主張在二十一世紀的回響。而周婉窈也指出，臺灣尚未達成自我決定，還沒有自身的明確定義。

當時「黨外」的「臺灣前途住民自決」主張有兩個部分。一是（A）臺灣命運面臨危機，但拒絕再次由外部力量（當時的說法是「國際強權」，主要指中國與美國）來決定自身命運。此主張也包含了對國際不承認臺灣的抗議。另一是（B）關於臺灣命運的選擇，當時國民黨一黨專政的政治體制並無法反映民意，因此要求政體民主化。

這是將「自決」與「民主」結合並投入政治過程。如前所述般這可視為一種追求，亦即「臺灣前途住民自決」的主張理論基於「臺灣住民」是擁有主權團體的設定，這也可以理解為，要求將臺灣的政治體制改造成得以體現「人民主權」的制度，據此即可對應處理（A）的狀況。

眾所周知，這些主張中（B）的政治制度民主化的部分已經實現。在行政首長部分，下至村、里長，鄉、鎮、縣、市長，上至總統；在議會部分，下至鄉民、鎮民代表，上至立法委員，皆已達成全由選舉選出的政治制度。此點我在二〇〇八年的《戰後臺灣政治史》中有如下評論：

在中國大陸東南方，日本南臨的海上，出現了擁有民主體制的島嶼國家。臺灣的選民

1 周婉窈，〈曾待定義的我的三十一歲，尚待定義的臺灣〉，收入氏著，《島嶼的愛和向望》，臺北：玉山社，二〇一七年，三七頁。

沒有例外，都有參與從鄉鎮到中央層級公職選舉的經驗，他們也就是所謂「選舉共同體」的成員。[2]

是的，就是「選舉共同體」。周婉窈所謂「臺灣尚待定義」中之「尚未定義」，大概指的是尚未克服內外在困難獲得自我定義，且尚未獲得支撐此事的「某種東西」。而這個「某種東西」，我感覺不僅單純指涉政治意義，還包含形成一種人文價值的意涵。若依循從周氏撰寫的隨筆中理解到的「中國要素」概念來看，她應該是在主張不被「中國要素」所擺弄，對臺灣擁有自信（confidence in Taiwan），打造出對確立這種自信有幫助的「某種東西」。

我對「選舉共同體」已然實現的觀察，以及本章開頭採取國際關係論形式論述的「現在的臺灣究竟是什麼」的觀察，若從臺灣內部來看，應該就可得出如周婉窈的觀點吧。

作為人民主權活動的總統選舉

只是，若從政治史的角度來看，二〇〇八年的選舉在我的眼中，反映出的是臺灣住民透過政治體制民主化將自身定義為「選舉共同體」。而且，無需多加解釋，這種四年一度的總統選舉正是代表「選舉共同體」的一種活動。

到今日為止的四分之一世紀期間，臺灣舉行了七次總統選舉。如第七章、第八章所記述，這四分之一世紀由於各種內外要素而動盪，是充滿起伏的一段過程。特別是暴露在中國軍方藉由在臺海進行大規模軍演做出威嚇下的首次選舉，成為此後中國「武力恫嚇（saber rattling）」與臺灣「民主」呈現對抗結構的原點，並且持續至今。

由本書至此為止論述的內容可以得知，臺灣的總統選舉這個制度體現出的，並非單純圍繞最高領導者地位的政治權力競爭，所謂每隔一定期間進行一次決定，進行受命於民的政治權力更新。如前章所見，這同時是每四年來訪一次，由國民形成的最大活動，更進一步從國際社會的角度來看，也能將其視為具備所謂「人民（＝國民）主權活動」意義的活動。部分借用周氏的陳述，換言之，藉由民主化形成的「選舉共同體」成為一個主權活動，以此向內向外表明、並強調自身是主權共同體＝國民（nation）的「自我定義」。

又，在競爭總統職位的民進黨與國民黨中，雙方雖未明確揭示「獨立」或「統一」作為政策，但因對與未來國家前途密切相關的對中政策（是否接受「一個中國」原則）在政見上有所異同，使總統選舉不容分說地具備一種關於國家認同的國民投票（referendum）性質。因此，每次政權輪替，臺灣社會都會面臨一次政治動盪，也得面對外來向量相異的壓力。這大

2 若林正丈，《台湾の政治》，二一九頁。

概是臺灣選民自身的決定，亦即做出自我定義時的代價。

為此，輿論出現不要將此代價推展到極限（與中國發生戰爭）的自我限制。亦即，如前章所述般，在臺灣這方看來，讓臺灣海峽「維持現狀」總是輿論的多數，且一路走來形成強固的輿論結構，不僅國民黨、民進黨，只要是想要挑戰總統選舉的政治家，都必須以此輿論結構為前提規劃自身的選舉戰略。

展演的主權

在競爭與對立並存的國際社會上，即便是享受著與主要國家的相互承認或保有聯合國成員資格等安定主權（適時性主權）的國家，也會透過首腦外交、友好親善交流活動、海軍敦睦艦隊互訪等活動適當展示主權，這些都是不可或缺的行動[3]。

何況，在不被承認的國家，雖然在安全保障上處於獲得一定確保，也就是能維持「事實上獨立」的條件，但仍得透過更加有意識的主權展演，經常性地補充其主權內在（展演的主權）。在「人民主權」即為準則（norm）的現代，這是政治菁英的課題，同時也是國民的課題。而臺灣住民對追求通過同性婚姻法案的社會運動，與在全球疫情流行下的防疫活動付出更高的熱情，也可說是基於這樣的背景因素。

因缺乏事實性主權而不得不更熱情於展現主權，且這樣的熱情仍難以與事實確認的主權相連結，這是不被承認主權的國家的悲哀，但透過這些活動展現出優異成績，提高國際知名度，越來越成為「國民性」的自豪，伴隨四年一度的總統選舉，皆成為臺灣住民不可或缺的主權展演。

3　關於事實性的主權與展示的主權的看法，來自鵜飼健史〈生きている主権論・台湾政治学と主権の現実性〉（日本政治学会《年報政治学》〔二〇一九年一月〕）的啟迪。

後記

本書是基於網路時事報導評論雜誌 nippon.com 上連載的〈我的臺灣研究人生〉（公開日期：二〇一九年四月十三日～二〇二〇年九月十七日）進行重新組織與部分潤色（第Ⅰ部），再加上針對民主化後的臺灣政治全新撰寫的散文（第Ⅱ部），集結成冊而來。如序章所言，始於一九七〇年代初的「我的臺灣研究人生」，偶然與充滿能量的臺灣政治民主化、臺灣化發展重疊，基於這樣的念頭，故將日文書定名為《臺灣的半世紀：民主化與臺灣化的現場》。

nippon.com 的連載是在當時該雜誌負責香港、臺灣的責任編輯野島剛（大東文化大學教授、前朝日新聞記者）的建議下書寫的，而本書也以政治史為核心追尋「臺灣的半個世紀」，則得益於筑摩書房的松本良次的構想。在此想對催生出本書的二位表達感謝。連載期間包含中文繁體字版的編輯在內，多受香港、臺灣版編輯部的高橋郁文關照，另如本文中所述，河原功、下荒地修二、吳俊瑩、洪郁如等諸位也提供我相關資料。此外，第Ⅱ部中關於事實關係的確認則委請小笠原欣幸執行。一併於此銘記並致謝。

更進一步而言，在我「臺灣研究人生」的半世紀之中，關照過我的各界人士，包含本文中舉出名字的諸位，人數實在多到數不過來。

實際上，從早稻田大學屆齡退休（二〇二〇年三月）後，曾計畫前往臺灣進行幾次較長期的旅行，打算向臺灣各地友人們致謝。然而這樣的計畫因新冠肺炎的全球大流行而無法如願。所以也藉著此處向臺灣的友人們致上衷心的感謝。

談起跨越半世紀的研究人生，面對我撰寫的文章總是擔任第一位讀者的吾妻惠子，也想獻上我的感謝。

此外，本書中出場的政治學者胡佛在 nippon.com 連載開始之前過世，李登輝、彭明敏二位則在連載中過世。除了對他們生前的賜教表達謝意，也表示哀悼並祈禱他們的冥福。

最後，此處想再度引用我在最初的臺灣政治研究專書後記中所寫，第二本著作中也曾再次引用，本書中又再引用過的一段話。身為研究者，能在人生精力最充沛的時期，恰逢臺灣現代社會邁向自由與民主的「最好的時光」，這是莫大的幸運。

「前去選舉觀察的臺北、臺南、高雄、宜蘭、桃園、屏東、板橋等城鎮的街頭，對筆者而言就是政治學的教室，也是民主主義的補習學校。因此，將本書獻給與我照面，或者擦肩而過的所有人們。」

撰於相模原市寓居　二〇二三年七月

歷史大講堂

臺灣政治有意思！若林正丈的臺灣民主化現場

2025年5月初版　　定價：新臺幣420元

著者	若林正丈
譯者	黃耀進
叢書編輯	陳胤慧
副總編輯	蕭遠芬
校對	呂佳真
內文排版	劉秋筑
封面設計	職日設計

出版者	聯經出版事業股份有限公司
地址	新北市汐止區大同路一段369號1樓
叢書編輯電話	(02)86925588轉5317
台北聯經書房	台北市新生南路三段94號
電話	(02)23620308
郵政劃撥	帳戶第0100559-3號
郵撥電話	(02)23620308
印刷者	文聯彩色製版有限公司
總經銷	聯合發行股份有限公司
發行所	新北市新店區寶橋路235巷6弄6號2樓
電話	(02)29178022

編務總監	陳逸華
副總經理	王聰威
總經理	陳芝宇
社長	羅國俊
發行人	林載爵

行政院新聞局出版事業登記證局版臺業字第0130號

本書如有缺頁，破損，倒裝請寄回台北聯經書房更換。　ISBN 978-957-08-7646-8 (平裝)
聯經網址：www.linkingbooks.com.tw
電子信箱：linking@udngroup.com

國家圖書館出版品預行編目資料

臺灣政治有意思！若林正丈的臺灣民主化現場/若林正丈著．黃耀進譯．初版．新北市．聯經．2025年5月．320面．14.8×21公分
（歷史大講堂）
ISBN 978-957-08-7646-8（平裝）
1.CST：臺灣政治　2.CST：民主化　3.CST：臺灣史

573.09　　114003657